일러두기
본문에 실린 치즈 하단에 표기된 문의처는 해당 치즈의 일본 내 수입처입니다.
이 표기는 도판 저작권을 겸하고 있으며, 자세한 정보는 222~223페이지의 목록을 참고하시기 바랍니다.

Knowledge of Cheese

치즈의 모든 것
치즈 도감

NPO법인 치즈프로페셔널협회 감수 송소영 옮김

세계의 치즈 209종과
치즈를 즐기기 위한 기초 지식

한스미디어

CONTENTS 치즈 도감

Introduction
치즈 기초 지식

알고 먹으면 더 맛난 치즈 ····· 6

치즈의 정의 ····· 8

전 세계인에게
사랑받는 치즈 ····· 10

치즈 종류 ····· 12

치즈 분류법 ····· 13

····· 프레시 타입 ····· 14 / 흰 곰팡이 타입 ····· 15 / 워시 타입 ····· 16 / 셰브르·브레비 타입 ····· 17 / 푸른곰팡이 타입 ····· 18 / 비가열 압착·가열 압착 타입 ····· 19 / 파스타 필라타 타입 ····· 20 / 가공 치즈 ····· 21

Part 1
먹어보고 싶다!
세계 치즈
181종

전 세계 치즈를 즐겨보자! ····· 24

🇫🇷 **프랑스** ····· 26
서부 ····· 28 / 중앙부 ····· 38 / 북부·북동부 ····· 50 / 동부 ····· 58 / 오베르뉴·남부 ····· 80

🇮🇹 **이탈리아** ····· 98
북부 ····· 100 / 중남부 ····· 116

유럽 대륙 ····· 122
스위스 ····· 124 / 스페인 ····· 130 / 독일 ····· 136 / 오스트리아 ····· 140 / 벨기에 ····· 142 / 네덜란드 ····· 144

북유럽 ····· 150
덴마크 ····· 152 / 노르웨이 ····· 160

영어권 ····· 162
영국·아일랜드 ····· 164 / 미국·뉴질랜드 ····· 170

🇯🇵 **일본** ····· 174
일본의 가공 치즈 ····· 182

Part 2
조금 더 치즈를
맛있게 즐기기
위한 지식

치즈의 역사 ····· 186 / 치즈의 영양 ····· 188 / 맛있는 치즈 고르는 법 ····· 190 / 치즈 도구 ····· 192 / 본연의 맛을 살리는 치즈 자르는 법 ····· 194 / 치즈 담는 법 ····· 196 / 치즈&음료 ····· 198 / 치즈&음식 ····· 206 / 치즈 보존법 ····· 209 / 전문점에서 치즈 즐기기 ····· 210

Column

고대 치즈에서 따온
'치즈의 날' ····· 22

한 번쯤은 먹고 싶은!
마음을 설레게 하는 치즈들 ····· 173

치즈 공방
SHIBUYA CHEESE STAND ····· 184

치즈 자격증 ····· 212

도감 보는 법 ····· 5
치즈를 즐기기 위한
용어 모음 ····· 213

CHEESE INDEX
국가별 치즈 색인 ····· 3
치즈 이름 색인 ····· 216
종류(타입)별 색인 ····· 219
도판 제공처 및 일본 내 수입처 ····· 222

CHEESE INDEX
국가별 치즈 색인

🇫🇷 프랑스

서부

- 뇌샤텔 ➡ p.32
- 르 생 오뱅 ➡ p.33
- 르 카망베르 ➡ p.31
- 르 쿠탕스 ➡ p.31
- 르 퀴레 낭테 ➡ p.35
- 리바로 ➡ p.35
- 마담 로익(갈릭/연어) ➡ p.37
- 생 모르공 ➡ p.37
- 제라르 프로마주 루 ➡ p.36
- 카망베르 드 노르망디 ➡ p.30
- 퐁 레베크 ➡ p.34
- 프로마주 블랑 ➡ p.33

중앙부

- 모테 쉬르 푀이유 ➡ p.48
- 미니 뷔슈 ➡ p.45
- 발랑세 ➡ p.46
- 부르소 ➡ p.43
- 브리 ➡ p.41
- 브리 드 모 ➡ p.40
- 브리 드 물렁 ➡ p.41
- 브리 오 그랑 마니에 ➡ p.42
- 브리야 사바랭 ➡ p.43
- 생트 모르 ➡ p.45
- 생트 모르 드 투렌 ➡ p.44
- 샤비슈 뒤 푸아투 ➡ p.49
- 셀 쉬르 셰르 ➡ p.47
- 쿨로미에 ➡ p.42
- 크로탱 드 샤비뇰 ➡ p.47

북부·북동부

- 랑그르 ➡ p.53
- 마루왈 ➡ p.52
- 묑스테르 ➡ p.53
- 미몰레트 ➡ p.57
- 샤무아 도르 ➡ p.56
- 샤우르스 ➡ p.54
- 쉬프렘 ➡ p.55
- 제라르 카망베르 ➡ p.56
- 카프리스 데 디외 ➡ p.55

동부

- 그뤼예르 ➡ p.62
- 라미 뒤 샹베르탱 ➡ p.73
- 루이 ➡ p.75
- 루쿨롱 ➡ p.74
- 르 피에 당글로이 ➡ p.74
- 르블로숑 드 사부아 ➡ p.64
- 리고트 드 콩드리유 ➡ p.66
- 마코네 ➡ p.66
- 모르비에 ➡ p.61
- 몽 도르 ➡ p.70
- 바라카 ➡ p.76
- 바라트 ➡ p.68
- 보포르 ➡ p.63
- 브레스 블뢰 ➡ p.79
- 블뢰 뒤 베르코르 사스나주 ➡ p.77
- 블뢰 드 젝스 ➡ p.79
- 생 마르슬랭 ➡ p.69
- 생 펠리시앙 ➡ p.69
- 샤롤레 ➡ p.67
- 수맹트랭 ➡ p.72
- 슈브로탱 ➡ p.68
- 아봉당스 ➡ p.64
- 아페리프레(이탈리아/프로방스) ➡ p.70
- 아피델리스 ➡ p.72
- 에멘탈 ➡ p.62
- 에푸아스 ➡ p.71
- 제라르 셀렉숑 프로마주 블뢰 ➡ p.77
- 콩테 ➡ p.60
- 톰 드 사부아 ➡ p.61
- 파베 다피누아 ➡ p.75
- 푸름 드 몽브리종 ➡ p.78
- 피코동 ➡ p.65

오베르뉴·남부

- 가프롱 ➡ p.93
- 라귀올 ➡ p.97
- 로카마두르 ➡ p.87
- 로크포르 ➡ p.82
- 르 나폴레옹 ➡ p.95
- 르 로브 데 가리그 ➡ p.89
- 바농 ➡ p.89
- 브로슈 ➡ p.90
- 블뢰 데 코스 ➡ p.83
- 블뢰 도베르뉴 ➡ p.83
- 블뢰 드 라케이유 ➡ p.86
- 생 넥테르 ➡ p.92
- 생 니콜라 ➡ p.88
- 생 아구르 ➡ p.84
- 생 앙드레 ➡ p.92
- 솜 ➡ p.86
- 오쏘 이라티 ➡ p.94
- 카이에 드 브레비 ➡ p.91
- 캉탈 ➡ p.96
- 트라프 데슈냐크 ➡ p.97
- 페라르동 ➡ p.88
- 푸름 당베르 ➡ p.85
- 프레 플레지르 드 생 아구르 ➡ p.84
- 프티 아구르 ➡ p.95
- 플뢰르 뒤 마키 ➡ p.91

🇮🇹 이탈리아

북부

- 고르곤졸라 돌체 ➡ p.102
- 고르곤졸라 마스카르포네 ➡ p.103
- 고르곤졸라 피칸테 ➡ p.102
- 그라나 파다노 ➡ p.108
- 그란 몬테오 ➡ p.110
- 라 투르 ➡ p.105
- 로비올라 ➡ p.105
- 마스카르포네 ➡ p.104
- 모차렐라 ➡ p.115
- 몬타지오 ➡ p.108
- 브라 ➡ p.112
- 블루'61 ➡ p.103
- 아지아고 ➡ p.109
- 우브리아코 ➡ p.110
- 카스텔마뇨 ➡ p.111
- 탈레지오 ➡ p.106
- 파르미지아노 레지아노 ➡ p.107
- 폰티나 ➡ p.113
- 프로볼로네 발파다나 ➡ p.114
- 피아베 ➡ p.111

중남부

리코타 ➡ p.118
모차렐라 디 부팔라 캄파나 ➡ p.120
부라타 ➡ p.121
스카모르차 아푸미카타 ➡ p.121
페코리노 로마노 ➡ p.119
페코리노 토스카노 ➡ p.120

유럽 대륙

스위스

그뤼예르 ➡ p.126
라클레트 ➡ p.129
스브린츠 ➡ p.127
아펜젤러 ➡ p.127
에멘탈 ➡ p.125
테트 드 무안 ➡ p.128

스페인

마온 ➡ p.132
이디아사발 ➡ p.132
카브랄레스 ➡ p.133
케소 데 무르시아 알 비노 ➡ p.135
케소 데 발데온 ➡ p.134
케소 만체고 ➡ p.131
케소 테티야 ➡ p.133

독일

마운틴 허브스 레벨 ➡ p.139
셀렉트 카망베르 ➡ p.138
슈테펜 ➡ p.139
캄보졸라 ➡ p.137
쾨니히 루트비히 비어케제 ➡ p.138

오스트리아

치겐케제토르테 ➡ p.141
크라허 ➡ p.141

벨기에

시메 아 라 시메 루주 ➡ p.143
에르브 ➡ p.143

네덜란드

고다(하우다) ➡ p.145
바지롱 ➡ p.149
베이비 고다 ➡ p.147
베임스터르 클래식 ➡ p.146
블루 드 그라벤 ➡ p.149
에담 ➡ p.148
올드 더치 마스터 ➡ p.146
올드 암스테르담 ➡ p.147

북유럽

덴마크

다나블루 ➡ p.156
마리보 ➡ p.154
모차렐라 ➡ p.155
미셀라 ➡ p.157
삼소 ➡ p.153
아페티나 페타 ➡ p.159
알라 부코 ➡ p.159
카스텔로 크리미 블루 ➡ p.157
카스텔로 크리미 화이트 ➡ p.158
크리미 하바티 ➡ p.155
프렌드십 카망베르 ➡ p.158

노르웨이

리더 ➡ p.161
예토스트 ➡ p.161

영어권

영국·아일랜드

블루 스틸톤 ➡ p.165
세이지 더비 ➡ p.168
슈롭셔 블루 ➡ p.166
아이리시 포터 ➡ p.168
웨스트 컨트리 팜하우스 체더 ➡ p.166
체더(레드·화이트) ➡ p.167
화이트 스틸톤(블루베리) ➡ p.169

미국·뉴질랜드

몬터레이 잭/콜비 잭/페퍼 잭 ➡ p.171
아메리칸 크림치즈 ➡ p.172
앵커 크림치즈 ➡ p.172

일본

가림파 ➡ p.176
갓 만든 모차렐라 ➡ p.179
니세코 쿠 ➡ p.178
다카나시 홋카이도 마스카르포네 ➡ p.179
로비올라 다이와 ➡ p.181
자연 치즈 '쓰루이' 실버 라벨 ➡ p.177
자우스다케 ➡ p.180
프로마주 드 미라사카 ➡ p.181
하나바타케보쿠조 도카치 라클레트 ➡ p.177

도감 보는 법

치즈 이름 현지 표기 (알파벳)   **한글 표기**

흰 곰팡이 치즈의 대표이자 '카망베르'의 원조
Camembert de Normandie
카망베르 드 노르망디

프랑스/서부

외관
먹기 전에 눈으로 보는 외관과 내용물의 특징, 숙성 후의 변화 등.

맛
좋은 상태, 숙성한 치즈를 입에 넣었을 때 느끼는 식감과 맛 등.

향
먹기 전에 풍기는 향. 입에 물거나 넘기고 나서 느끼는 향 등.

계절
특별히 맛있게 먹을 수 있는 제철과 먹기 최적의 상태인 시기 등. 생산 시기가 한정된 치즈도 있다.

- **외관**: 껍질은 흰 곰팡이가 덮고 있으며, 속살은 크림색을 띠고 매끄럽다.
- **맛**: 일반 카망베르에 비해 개성이 강하다. 감칠맛과 짠맛, 풍미도 강하다.
- **향**: 확실하게 숙성한 치즈에서는 발효취(암모니아 냄새)가 난다.
- **계절**: 연중. 봄에서 가을까지가 특히 더 맛있다.

DATA

종류	소프트(흰 곰팡이)
생산지	바스 노르망디권
A.O.C 연도	1983년
원료유	소(무살균유)
숙성 기간	최저 21일간
고형분 중 유지방 함량	최저 45%

출처: 닛폰 마이스터

종류
치즈 종류. 분류법(p.12~13)에 근거해서 기술하고, 필요에 따른 표현을 보충한다.

생산지
해당 치즈를 특징지을 수 있는 테루아(풍토)를 가진 생산지. 실제 생산지가 다르다면 따로 보충 설명한다.

A.O.C 연도
원산지 명칭 보호 인정을 받은 연도. 인가를 받은 연도와 국가의 표기 방식에 따라 적는다.

원료유
치즈의 원료인 젖을 얻은 동물. 주로 소, 산양, 양, 물소.

숙성 기간
치즈를 성형하고 카브(지하 저장 숙성고)에 두어 숙성한 기간.

고형분 중 유지방 함량
치즈의 고형분(치즈에서 수분 중량을 뺀 것)에 포함된 유지방. MG/ES(프랑스)로 표기한다.

---

❶ A.O.C의 카망베르 원료유는 무살균유를 사용한다. 노르망디 동중이라고 불리는 그 지역 소에서 착유한 것이다. 이 치즈는 반드시 나무 상자에 넣어 포장한다. 무살균유를 사용하는 목적은 원료유 안에 있는 박테리아를 활용해 풍미가 좋은 치즈로 완성하기 위해서다.

❷ 전 세계에서 만드는 카망베르 치즈의 원조가 바로 이 카망베르 드 노르망디다. 프랑스의 노르망디 지방에서 전통 제조 방식을 고수하며 만드는 치즈만이 이 이름을 낼 수 있다. 제조 시 무살균유를 사용해야 하는 등 규칙이 엄격하다.
기원은 1791년경으로 거슬러 올라간다. 카망베르에 사는 농부의 아내인 마리 아렐(Marie Harel)이 한 수도사(샤를 장 봉부스트 Charles Jean Bonvoust)로부터 치즈 제조법을 배우게 된다. 수도사 고향의 치즈 제조법을 말한다. 이 치즈를 나폴레옹에게 헌상하여 아주 흡족해했다고 전해진다.
많은 사람이 먹는 일반 카망베르에 비해 카망베르 드 노르망디는 진하고 짠맛이 강해 개성적이다. 흰 곰팡이에 둘러싸인 속살은 부드럽고 광택이 도는 노란색 커스터드 같은 상태다. 같은 노르망디에서 생산하는 시드르와 매칭하기 좋다.

* 취급하는 회사에 따라 한글/국내 표기와 종류 (분류)가 다를 수 있다.
* 생산국과 수입원의 상황, 법률 개정 등의 사유로 국내 수입이 어려워질 수 있다.

치즈 해설❶, ❷
치즈 이름의 유래, 원산지와 생산자(제조사) 등을 적는다.
함께 먹으면 좋은 식품도 소개한다.

Introduction 치즈 기초 지식

알고 먹으면
더 맛난 치즈

종류도 풍부하고 맛도 심오한 치즈.
치즈를 잘 알수록 고를 때 한층 더 즐거워진다!
이제 매력적인 치즈의 세계로 출발해보자.

'치즈'라는 단어를 들으면 어떤 이미지가 떠오르는가?
어릴 때 자주 먹던 베이비 치즈와 스틱 치즈, 피자 마르게리타로 익숙한 모차렐라, 와인과 잘 어울리는 카망베르와 고르곤졸라…. 다양한 치즈가 떠오를 것이다.
치즈는 동물의 젖을 원료로 만든 발효 식품이다. 하지만 '치즈 종류를 10개 말해보라면', 바로 답할 수 있는 사람은 생각보다 많지 않을 것이다. '자연 치즈 Natural Cheese'와 '가공 치즈 Processed Cheese'의 차이를 확실히 아는 사람도 적을지 모른다. 우리에게 친근한 먹거리인데도 잘 알려지지 않은 부분이 많은 것이다.
치즈의 기원은 오래되었다. 그 원형은 산양과 양

을 가축으로 기르기 시작한 기원전 9000년경 메소포타미아까지 거슬러 올라간다. 가축 문화와 함께 치즈도 세계 각지로 널리 퍼졌으며, 각 지역 풍토에 어울리는 치즈가 만들어지게 되었다. 최근에는 전 세계에 1000종이 넘는 치즈가 있다고 한다.

많은 사람이 치즈를 더 잘 알고 즐겼으면 하는 바람으로 이 책을 기획하게 되었다. 이 책이 치즈와의 새로운 만남의 계기가 되길 바란다. 아마 치즈를 알면 알수록 심오한 치즈의 매력에 푹 빠지게 될 것이다.

이제부터 지금까지 알지 못했던 치즈의 세계로 한 발 내디뎌보자!

Introduction 치즈 기초 지식

치즈의 정의

아주 오래된 역사를 자랑하는 치즈는
'인류가 만든 가장 오래된 식품'이라고 한다.
치즈가 어떤 식품인지 그 비밀을 파헤쳐보자.

카망베르 드 노르망디 (➡ p.30)
에멘탈 (➡ p.125)
생트 모르 드 투렌 (➡ p.44)

누구나 한 번쯤은 먹어봤을 치즈. 치즈란 무엇일까? 원료유를 응고해서 수분을 제거한 먹거리가 치즈다. 원료유의 단백질과 지방을 굳힌 물질을 치즈라고 부르는 것이다.

치즈의 주원료는 우유가 대부분이다. 유럽 등지에서는 산양유와 양유, 물소유로 치즈를 만들기도 한다.

그렇다면 치즈는 어떻게 만들까? 만드는 법은 다양하지만, 기본 공정만 소개한다.

제1공정은 원료유를 굳히는 응고. 응고에는 유산균의 힘을 이용한 '산 응고', 렌넷(응유효소)을 이용한 '렌넷 응고', 가열하는 '열 응고'가 있다. 두부처럼 응고된 원료유를 응유(커드)라고 한다. 응유에는 유청(훼이)이라는 수분이 들어 있

다. 유청을 제거하고 몰드(틀)에 넣어 성형을 거쳐 응유끼리 서로 붙인다. 이것이 제2공정이다. 이때 무거운 물체를 올려 압착하면 단단한 치즈가 된다. 단단한 치즈는 유청을 제거할 때 40℃ 이상으로 가열하는지 아닌지로 제조법이 달라진다.
성형한 치즈는 틀을 벗기고 소금을 직접 바르거나(건염법), 소금물에 담가(습염법) 가염하는 과정을 거쳐 숙성한다. 가염은 보존성 향상만을 위한 공정이라서 프레시 치즈(Fresh Cheese, 신선 치즈)에는 가염을 하더라도 아주 조금만 한다. 숙성 기간도 전부 다르며, 1주일을 숙성해 완성하는 치즈부터 1년 이상 숙성해야 겨우 하나의 치즈가 완성되는 것도 있다.

Introduction 치즈 기초 지식

전 세계인에게 사랑받는 치즈

치즈는 유럽인들만의 먹거리가 아니다!
중동과 아시아 등지에서도 오래전부터 먹어온 식품이다.
지금도 치즈 사랑은 전 세계로 퍼져가고 있다.

세계에서 손꼽는 치즈 소비국
그리스

그리스는 유럽에서도 치즈 제조 역사가 가장 오래된 나라다. 기원전 8세기경 고대 그리스의 시인 호메로스가 쓴 서사시에 치즈가 등장한다. 산양유와 양유로 만드는 치즈가 많고, 그리스인 1명당 1년에 먹는 치즈의 양은 약 30kg! 치즈 소비량도 톱클래스다.

칭기즈 칸이 좋아했던 치즈!?
몽골

고대 몽골족은 기원전 3세기경부터 다양한 가축의 젖으로 가공식품을 만들었다고 한다. 몽골을 대표하는 치즈 '바슬락'은 단단하고 산미가 강하다. 칭기즈 칸이 이끌던 기마 군단이 원정을 나갈 때 휴대했다고 한다.

치즈 발상지
메소포타미아

중동에는 치즈와 관련된 옛날이야기가 있다. "아주 먼 옛날 아라비아 대상(캐러밴)이 양의 위장으로 만든 물통에 젖을 넣어 여행을 떠났다. 저녁이 되어 목을 축이려고 물통을 열자 그 속에는 흰색 덩어리와 노란 물이 나왔다. 덩어리를 조심스레 먹어보니 아주 맛있었다." 치즈는 이렇게 우연히 태어났다고 전해진다.

산악 지대의 친숙한 보존 식품
티베트 · 네팔

히말라야 산악 지대에 많은 야크(고산 지대에 생식하는 솟과 동물). 그 야크유로 치즈를 만든다. 보존 식품으로 오래전부터 친숙하게 이용한 식재료이며, 건조시켜 단단하다.

치즈는 프랑스, 이탈리아, 스위스 같은 유럽 음식이라는 이미지가 강하다. 하지만 중동과 아시아 지역에서도 독특한 치즈를 발전시켜왔으며, 오래전부터 친숙한 먹거리였다.

치즈의 발상지로 불리는 중동에서는 치즈가 아침 식사에 빠지지 않는 메뉴다. 아시아에서는 몽골, 티베트, 네팔 등의 고원 지대에서 치즈 제조가 성행했다.

치즈보다 종류가 많고 전 세계인의 사랑받는 먹거리가 또 있을까? 여행을 떠난다면 그 나라 특유의 치즈를 찾아 맛보는 것도 또 하나의 즐거움이 될 것이다.

불교와 함께 들어온 최고의 맛
일본

6세기에 불교와 함께 아시아 치즈의 원형인 '소蘇'(→p.22)가 들어왔다. '다이고미醍醐味'는 불교 용어로 '아주 좋은 맛'을 의미하는데, '다이고醍醐'는 치즈 같은 유제품을 가리킨다. 당시 치즈는 고급품이었다. 아마 치즈 맛을 본 사람이 치즈의 복잡하고 깊은 맛이 부처의 최상의 가르침과 같은 깊이가 있다고 생각해서 '다이고미'라는 단어가 생긴 것은 아닐까.

Introduction 치즈 기초 지식

치즈 종류

치즈는 크게 자연 치즈와 가공 치즈로 나눈다.
자연 치즈는 다시 세밀하게 분류한다.
이 분류법을 알아두면 치즈와
더욱 친숙해질 수 있다.

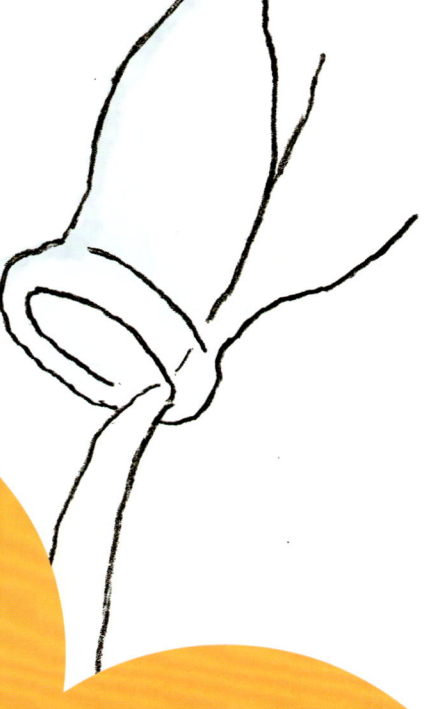

자연 치즈 & 가공 치즈

치즈는 크게 두 종류로 분류한다.
'자연 치즈'는 유산균과 효소 작용으로 원료유를 굳히는 치즈이며, 시간이 지나면서 숙성하는 과정에서 변화가 일어난다. 프레시 치즈처럼 숙성하지 않는 타입도 있지만, 자연 치즈는 유산균 같은 다양한 미생물이 살아 있는 치즈를 말한다. 이 책에서는 주로 자연 치즈를 소개한다.
'가공 치즈'는 자연 치즈를 녹여 유화시킨 다음 다시 성형하고 살균 상태에서 포장한 치즈다. 흔히 접하는 슬라이스 치즈가 가공 치즈에 속한다.

다양화에 대응한 치즈 분류법

일본은 프랑스식 분류법을 따라 자연 치즈를 7가지 타입으로 나눈다. 하지만 전 세계에서 다양한 제조법을 받아들이고 다양한 종류의 치즈를 수입하게 되자 7가지 분류법으로 모든 치즈를 적용하기 어려워졌다.
그래서 '치즈프로페셔널협회'에서는 제조상의 특징에 따른 분류법도 받아들이고 있으며, 이 책은 치즈프로페셔널협회의 분류법을 참고해서 치즈를 폭넓게 소개할 것이다.

치즈 분류법

치즈는 제조법과 완성품의 특징에 따라 분류할 수 있다. 치즈를 고를 때 참고하자.

※이 분류법으로 모든 치즈를 분류할 수 없으며, 2가지 이상의 분류에 포함되는 치즈도 있다. 이 책에서는 고르곤졸라 마스카르포네(→p.103)와 프레 플레지르 드 생 아구르(→p.84)가 해당한다.

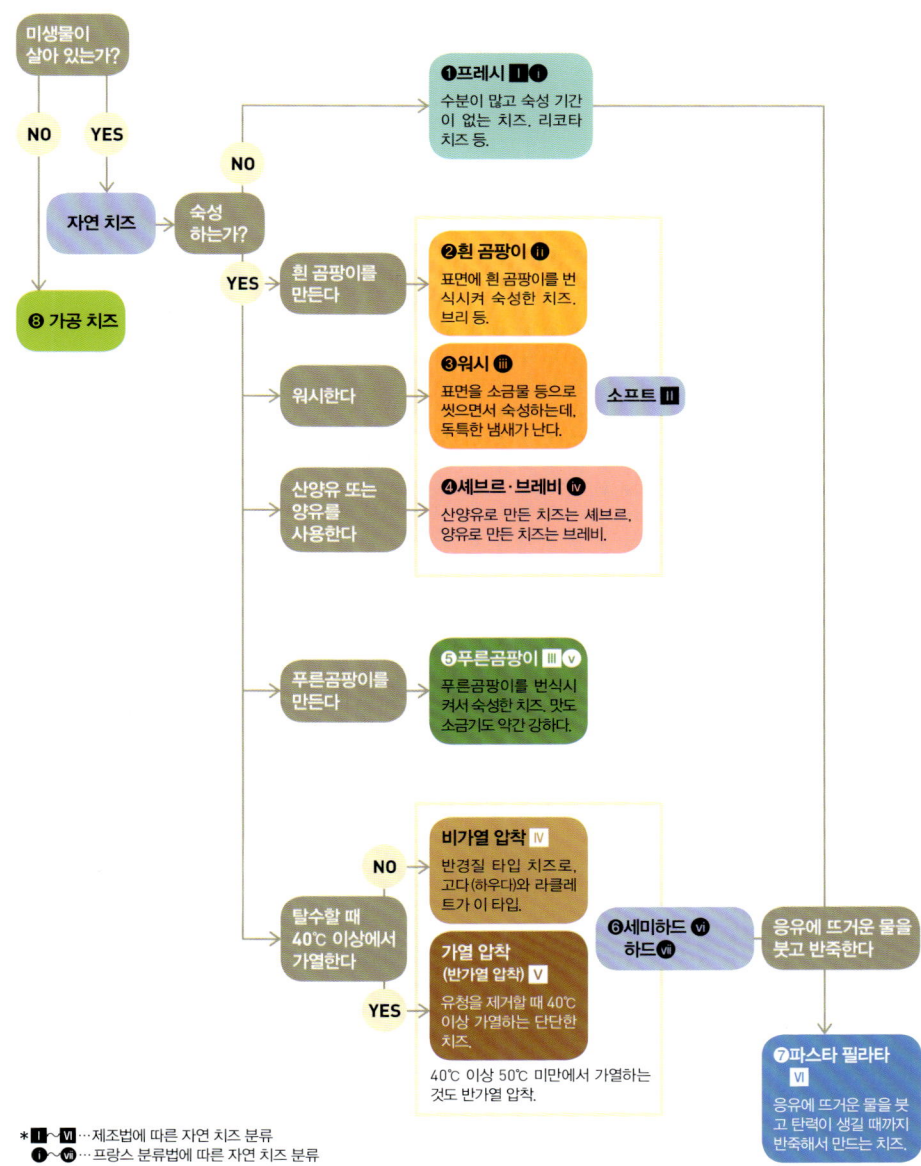

* Ⅰ~Ⅶ …제조법에 따른 자연 치즈 분류
* ❶~❽ …프랑스 분류법에 따른 자연 치즈 분류

Introduction 치즈 기초 지식

치즈 종류 ①
프레시 타입

숙성하지 않은 치즈! 부드러운 식감에 순한 맛으로 인기

유산균이나 효소 또는 열로 원료유를 굳혀 수분을 배출시키고, 숙성 기간 없이 바로 먹는 치즈다. 요구르트에서 수분을 제거한 것이 이 타입이다. 일반적으로 수분이 많고 부드러운 것이 특징이다. 부드러운 식감과 적당한 산미를 즐길 수 있다.

훼이로 만드는 리코타를 시작으로 지방 성분을 높여서 만드는 마스카르포네, 크림치즈, 지방 성분을 제거한 코티지치즈 등이 해당한다. 하나같이 맛이 깔끔하고 튀지 않아 요리와 과자 등에 폭넓게 사용한다.

성형의 유무와 상관없이 숙성하지 않으면 프레시 치즈로 분류한다.

How to make
*프로마주 블랑(➡ p.33)

1. 원재료 데우기
살균한 우유를 30℃ 전후로 데우고, 유산균을 넣어 유산 발효를 촉진한다.

↓

2. 응고하기
렌넷을 넣고 14시간 정도 굳히는데, 유산 발효만으로 굳히기도 한다.

↓

3. 탈수하기
원료유가 응고하면 천 주머니에 넣어 수분을 제거한다. 굳은 원료유를 떠내서 탈수하기도 한다.

치즈 종류 ❷
흰 곰팡이 타입

카망베르가 대표 선수!
농후하고 크리미한 맛이
친근함을 불러일으킨다

표면에 흰 곰팡이를 번식시켜 숙성해서 만든다. 흰 곰팡이가 만드는 효소에 의한 농후하고 크리미한 맛이 특징이다. 효소가 단백질을 분해하기 때문에 껍질rind부터 속살paste 쪽으로 발효가 진행된다.

주로 우유를 원료유milk로 사용하며, 산양유와 양유로 만들기도 한다. 최근에는 원료유에 생크림을 넣어 지방분을 높여 만드는 '더블 크림', '트리플 크림'이라 불리는 타입도 인기가 있다.

흰 곰팡이의 대표 치즈라면 카망베르가 있다. '치즈의 왕'으로 불리는 브리 드 모 등 튀는 맛이 별로 없고 편하게 먹을 만한 것이 많아서 치즈 초심자에게 추천할 만하다.

How to make
∗브리 드 모(➜ p.40)

1. 원재료 데우기

우유를 30℃ 전후로 데워 50~60ℓ들이 용기에 넣는다.

2. 응고하기

렌넷을 넣고 2시간에 걸쳐 굳힌다.

3. 틀에 넣고 성형하기

응고한 원료유를 펠르 아 브리Pelle à brie라는 전용 국자를 사용해 여러 번에 나누어서 이중 틀에 담는다. 다음 날까지 두어 충분히 수분을 배출하고 안쪽 틀을 벗겨서 뒤집는다.

4. 가염하기

표면에 소금을 바르고, 다음 날 뒤집어서 반대쪽도 소금을 발라 곰팡이를 뿌린다.

5. 예비 숙성하기

온도 13~15℃, 습도 70~75%로 유지하며 약 1주일간 예비 숙성한다.

6. 숙성하기
숙성 전문가(아피뇌르Affineur)가 관리하는 숙성실에서 약 4주간 숙성한다.

Introduction 치즈 기초 지식

치즈 종류 ❸
워시 타입

소금물이나 알코올로 껍질을 씻어 숙성한 풍미가 풍성한 치즈

이름 그대로 표면을 소금물 등으로 여러 번 씻어 숙성한 치즈다. 맥주, 와인, 브랜디 등 각 지역에서 만드는 알코올로 씻어서 숙성하기도 한다.
껍질은 붉고 점성이 있으며 냄새가 비교적 강하다. 껍질을 씻을 때 번식한 브레비박테리움 리넨스가 풍기는 냄새다. 먹을 때 껍질을 잘 라내면 냄새는 그리 신경 쓰지 않아도 된다. 냄새가 강해서 맛도 강할 것 같지만, 속살은 진하고 크리미하다. 오히려 먹기 편한 타입이다. 술과 궁합도 아주 좋다.
워시 타입(Wash Type, 세척 치즈)은 소금물로 씻어 숙성한 묑스테르가 대표적이다. 부르고뉴 지방의 '마르 드 부르고뉴'로 씻은 에푸아스도 유명하다.

How to make
*묑스테르(➡ p.53)

1. 원재료 데우기
유산 발효가 진행된 전날 저녁에 착유한 원료유와 당일 아침에 착유한 원료유를 섞어 35℃ 전후로 데운다.

2. 응고하기
렌넷을 넣고, 1시간 정도에 걸쳐 굳힌다.

3. 커팅하기
피아노 줄을 맨 커팅기로 응유를 가로세로 약 1.5cm 크기로 자른다.

4. 틀에 넣고 성형하기
수분을 빼고 파스와르(여과기)를 이용해 틀에 담는다.

5. 뒤집기
여러 번 뒤집어서 모양을 만들고, 다음 날 틀을 벗긴다.

6. 가염하기
손으로 표면에 소금을 일일이 바른다.

7. 숙성하기
표면 상태를 확인하며 소금물로 씻거나, 세척 작업을 하면서 3주간 숙성한다.

치즈 종류 ④
셰브르·브레비 타입

원료유는 산양유와 양유, 숯가루를 뿌린 제품 등 개성파가 다수!

'셰브르chèvre'는 프랑스어로 '암 산양'을 뜻한다. 산양유로 만든 치즈를 하나의 카테고리로 구분한다. 종류는 많지만 향이 독특한 산양유는 호불호가 확연히 갈린다. 조직이 부드러워 잘 부서지는 탓에 작게 만드는 것도 특징이다. 주로 어린 산양이 젖을 떼기 시작하는 봄부터 번식기인 가을까지 생산한다.

셰브르 치즈는 어떤 유산균을 사용하느냐에 따라 속살부터 숙성하는 것과 건조 방지용으로 뿌리는 숯가루나 흰 곰팡이의 작용으로 껍질부터 숙성하는 것이 있다. 발랑세는 숯가루를 뿌려 만든 치즈다.

'브레비brebis'는 프랑스어로 '암양'을 뜻한다. 산양유와 달리 단백질과 지방 입자가 커서 우유와 같은 제조법으로 만들 수 있다. 맛은 농후하고 크리미하다.

How to make
*발랑세(➡ p.46)

1. 원재료 데우기
산양유를 30℃ 전후로 데우고, 유산균을 넣어 유산 발효를 촉진한다.
↓

2. 응고하기
렌넷을 소량 넣고 천천히 굳힌다. 커팅은 거의 하지 않는다.
↓

3. 틀에 넣고 성형하기
응고한 산양유를 피라미드형 그릇에 옮겨 담는다.
↓

4. 탈수하고 뒤집기
수분을 충분히 빼고, 틀을 벗겨 뒤집는다.
↓

5. 소금·숯가루 뿌리기
소금과 숯가루를 섞어 표면에 고루 뿌린다.
↓

6. 숙성하기
바람이 잘 통하고 습도가 높은 숙성고에서 숙성한다.

Introduction 치즈 기초 지식

치즈 종류 ❺
푸른곰팡이 타입

고르곤졸라도 이 타입, 강렬한 풍미와 자극에 빠지는 치즈

푸른곰팡이를 번식시켜 숙성한 치즈로 '블루 치즈'라고 불린다. 성형하기 전에 푸른곰팡이를 섞어 넣기 때문에 외부부터 숙성하는 흰곰팡이 타입과 달리 내부부터 숙성한다.

푸른곰팡이를 생육하려면 효소가 반드시 필요하다. 그래서 치즈 내부에 일부러 '틈'을 만들어 번식을 촉진한다.

우리가 친숙하게 접할 수 있는 푸른곰팡이 치즈는 이탈리아의 고르곤졸라다. 양유로 만든 프랑스의 로크포르, 영국의 블루 스틸톤과 더불어 '세계 3대 블루치즈'로 불린다.

강렬한 풍미와 톡 쏘는 자극이 인상적인 블루치즈는 맛도 소금기도 약간 강하다. 무염버터나 크림치즈와 함께 섞으면 먹기 좋다. 서양배, 포도, 꿀과도 궁합이 좋다.

How to make
* 로크포르 (➡ p.82)

1. 원재료 데우기
양유에 푸른곰팡이(페니실리움 로크포르티)를 넣고, 30℃ 전후로 데워서 유산균을 넣어 유산 발효를 촉진한다.

2. 응고하기
렌넷을 넣고, 2시간에 걸쳐 굳힌다.

3. 커팅하기
커드 나이프로 가로세로 약 1.5cm로 자른다.

4. 틀에 넣기
응착한 커드를 잘 주무르고 휘저어 섞으면서 틀에 담는다.

5. 성형하기
틀에 옮기면서 뒤집는 과정을 반복하고 모양을 잡는다.

6. 가염하기
표면에 매일 조금씩 소금을 문질러서 치즈의 염분이 4.5% 전후가 되도록 만든다.

7. 숙성하기
푸른곰팡이가 잘 번식하도록 금속제 꼬챙이를 세로로 찔러 기공을 뚫는다. 동굴 숙성고에서 최저 3개월간 숙성한다.

8. 포장(숙성)하기
충분히 숙성하면 푸른곰팡이에 공기와 빛이 닿지 않도록 알루미늄 포일로 싼다. 포장하고 나면 숙성이 천천히 진행된다.

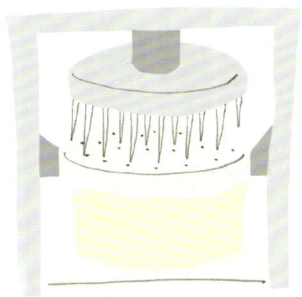

치즈 종류 ⑥
비가열 압착·가열 압착 타입

단단하고 중후한 중량감, 장기 숙성으로 감칠맛과 깊이감이 업!

장기간 숙성한 치즈다. 단단한 정도에 따라 '하드 타입'과 '세미하드 타입'으로 나눈다. 수분을 제거할 때 40℃ 이상 가열할지의 여부로 비가열 압착, 가열 압착으로 나눈다.

하드 타입(Hard Type, 경질 치즈)은 수분량이 극히 적고, 숙성 기간이 몇 개월부터 몇 년까지 길다. 장기간 숙성으로 아미노산 등의 감칠맛 성분이 증가해서 서걱서걱한 결정이 나온다. 파르미지아노 레지아노가 이 타입이다.

세미하드 타입(Semi-hard Type, 반경질 치즈)은 숙성이 덜 되어도 단단하고 탄력 있다. 숙성 기간은 종류에 따라 다르지만 1개월 정도부터 2년 이상 숙성하기도 한다. 여러 종류를 시식해보고 취향에 맞는 숙성 정도를 찾는 것도 좋은 방법이다. 고다(하우다)나 체더처럼 마일드하면서도 먹기 쉬운 치즈가 여기에 속한다.

> **How to make**
> * 파르미지아노 레지아노 (➡ p.107)

1. 원재료 데우기
전날 저녁에 착유한 원료유를 하룻밤 재우고, 정치 분리로 지방분을 일부 뺀다. 이 재료를 당일 아침에 착유한 원료유에 섞고, 가마솥에 데워 전날 나온 유청을 넣는다.

2. 응고하기
렌넷을 넣고, 15~20분간 굳힌다.

3. 커팅하기
원형 망처럼 생긴 전통 기구인 시프노Spino를 이용해 응유를 쌀알 크기로 잘게 자른다.

↓

4. 탈수하기
섞으면서 55~56℃ 정도까지 가열해 커드 입자에 탄력이 생기면 가마솥 바닥에 가라앉히고 수분을 절반 정도 뺀다. 응고한 덩어리를 큰 천으로 건지고 둘로 나눠 절반씩 천에 싼 다음 가마솥에 걸쳐놓은 봉에 걸어 솥 안에 매단다.

↓

5. 압착 성형하기
천으로 감싼 상태에서 틀에 넣고 누름돌을 얹어 24시간 정도 둔다. 압착 틀은 북 모양의 스테인리스 틀을 사용한다.

↓

6. 가염하기
틀을 벗겨내고, 농도가 높은 소금물에 3~4시간 담근다.

↓

7. 숙성하기
공장의 숙성고에서 일정 기간 숙성시킨다. 그 후 숙성 전문가가 관리하는 숙성고에서 숙성한다.

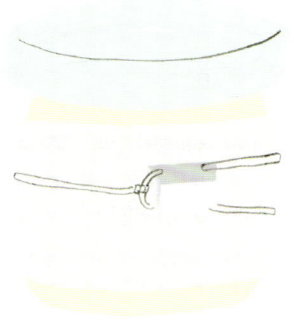

치즈 종류 ❼
파스타 필라타 타입

모차렐라가 대표!
탄력이 있으며 가늘고 길게 찢어지는 것이 특징

파스타 필라타란 이탈리아어로 '섬유상의 반죽'이라는 의미다. 치즈를 만들 때 반죽을 늘리면서 섬유 상태로 만드는 공정(필라투라)이 있는 치즈를 하나의 타입으로 분류한다.

이 타입의 대표 치즈는 피자 마르게리타와 카프레제 샐러드로 이름이 익숙해진 모차렐라. 섬유상 조직이어서 스펀지처럼 수분을 유지하는 것이 특징이다. 이 조직이 모차렐라 특유의 쫄깃한 식감을 만든다.

이탈리아 남부에서는 이 파스타 필라타 타입 치즈를 많이 만든다. 구워 먹는 치즈로 화제를 모았던 호리병 모양의 카치오카발로도 이 타입이다.

How to make
* 모차렐라 디 부팔라 캄파나 (➡ p.120)

1. 원재료 데우기
물소유를 36℃로 데우고, 유산균을 넣어 유산 발효를 촉진한다.

2. 응고하기
렌넷을 넣고, 1시간 정도에 걸쳐 굳힌다.

3. 커팅하기
시프노를 이용해 응유를 잘게 자른다.

4. 탈수하기
수분을 빼고, 반죽을 보온 상태로 유지하면서 정치한다.

5. 잘게 자르기
열이 골고루 전해지도록 잘게 자른다.

6. 반죽하기 (필라투라)
뜨거운 물을 넣어 커드를 녹이고 반죽한다.

7. 성형하기
정해진 크기로 뜯고 소금물에 담근다.

치즈 종류 ⑧
가공 치즈

슬라이스 치즈처럼 우리에게 익숙한 숙성하지 않은 치즈

유산균 외의 미생물이 살아 있는 상태의 '자연 치즈'(→p.14~20)와 달리 가열 용융을 한 '가공 치즈'는 미생물이 사멸한 상태다. 더는 숙성을 통한 변화가 일어나지 않는다는 얘기다.

원료는 주로 체더, 고다(하우다) 같은 세미하드 타입의 자연 치즈다. 이 치즈들을 열로 녹여 유화제를 넣고 굳힌다. 숙성 변화를 하지 않으므로 품질과 맛이 안정되고 보존성도 뛰어나다. 슬라이스 치즈와 6P 치즈 등이 이 타입에 속한다.

자연 치즈 혹은 가공 치즈를 원료로 사용해 향신료, 조미료, 첨가물 등을 넣고 가공 치즈 같은 방법으로 제조한 것 중에서 제품 속의 치즈 중량이 51% 이상이라면 '치즈 푸드'로 분류한다.

How to make
*일반 가공 치즈 (➡ p.182)

1. 원재료 치즈를 잘게 빻기
한 종류 혹은 여러 종류의 자연 치즈를 합해서 잘게 부순다.

2. 유화제를 넣고 가열 용융하기
유화제를 넣고 열을 가한 다음 녹여서 유화시킨다.

3. 틀에 넣기
뜨거울 때 틀에 붓고, 무균 상태로 포장한다.

4. 냉각하기
식혀서 굳힌다.

고대 치즈에서 따온 '치즈의 날'

일본에서는 11월 11일이 치즈의 날이다.
6세기 후반~7세기 중반에 일본에서 처음 치즈를 만든 데서 유래하였다.
그 시절에 만들던 치즈인 '소'에 대해서 알아보자.

11월 11일은 일본 치즈의 날!

일본에서 치즈의 날을 제정한 것은 1992년. 그 후 매년 '치즈 페스티벌' 등의 이벤트를 열고 치즈 보급 활동을 해왔다. 하필이면 왜 11월 11일일까? 1300년 전에 일어난 일로 시간을 거슬러 올라가보아야 알 수 있다.

일본에서 치즈와 비슷한 식품을 만들었다는 가장 오래된 기록은 700년 10월. '소穌'라고 불리는 유제품이다. 유럽의 치즈와 다른 아시아에서 유래된 치즈다. 황족이나 귀족만 먹었으며, 서민은 먹을 수 없었던 고급품이었다.

제조법은 밝혀지지 않았지만, 우유를 끓여 캐러멜처럼 천천히 졸여서 굳힌, 숙성하지 않은 식품으로 추측한다. 자양강장에 도움이 된다고 해서 소중히 여겨진 소는 710~794년에는 당번제를 만들어 각지에서 조정에 헌상하도록 했다는 기록이 남아 있다. 그 기록이 남아 있는 날짜가 700년 10월이다. 이날은 오늘날의 11월에 해당하여 외우기 쉽도록 11일을 '치즈의 날'로 정했다고 한다.

소를 재현해보니 된장 같은 색깔에 맛은 우유의 단맛과 고소한 맛이 희미하게 있다고 한다. 당시의 치즈도 한번 맛보고 싶다.

복원한 치즈, 소

우유를 졸여 만든 아시아에서 유래된 치즈. 뚝뚝 끊어지는 듯한 질감이 나며, 입속에서 퍼지는 연한 유당의 단맛과 우유의 풍미를 즐길 수 있다.

고대 치즈, 소
문의 밀크 공방 아스카 www.asukamilk.com

치즈 도감
Knowledge of Cheese

Part 1
먹어보고 싶다! 세계 치즈 181종

유럽 치즈를 중심으로
전 세계 맛있는 치즈 중에서
엄선한 181종을 소개한다.

CHEESE IN

아일랜드 ➡ p.164

네덜란드 ➡ p.144

노르웨이 ➡ p.160

영국 ➡ p.164

덴마크 ➡ p.152

EUROPE 유럽

독일 ➡ p.136

벨기에 ➡ p.142

ASIA 아시아

프랑스 ➡ p.26

오스트리아 ➡ p.140

이탈리아 ➡ p.98

스위스 ➡ p.124

OCEANIA 오세아니아

스페인 ➡ p.130

뉴질랜드 ➡ p.170

THE WORLD

U.S.A
미국

일본
➡p.174

미국
➡p.170

전 세계 치즈를 즐겨보자!

치즈는 아주 즐거운 먹거리다.
모든 치즈는 각자의 독특한 개성이 있다.
한 동물에서 착유한 원료유라도 환경이나
제조법에 따라 맛이 달라진다.
Part 1에서는 맛있는 치즈를
국가와 지역별로 소개할 것이다.
치즈를 통해 각 나라가 지닌
풍토성을 알아보자.

프랑스

🇫🇷 **La France**

'한 마을 한 치즈'
다종다양하고 방대한 치즈를
탄생시키는 치즈 대국

프랑스는 '한 마을 한 치즈Un village un fromage'라는 말이 있을 정도로 치즈가 다종다양하다. 이유는 극심하게 변화가 풍부한 토양과 자연환경의 다양성에 있다. 치즈는 해당 토지의 특색을 그대로 왕성하게 담고 있는 먹거리다.

1년 내내 싱싱한 풀을 먹을 수 있는 북부에서는 느긋하게 자란 우유에서 농후한 풍미의 부드러운 치즈가 만들어진다. 산이 많고 평탄한 농지가 펼쳐지는 동부에서는 보존성이 좋은 치즈와 크리미한 워시 치즈를 만든다. 더 아래쪽으로 내려가 지중해 기후인 남부에서는 산양유와 양유로 다양한 치즈를 만든다.

프랑스에서는 각 지역의 독자성과 다양성에 경의를 표하고, 뛰어난 농산물을 보호하기 위한 'A.O.C'라는 제도를 운영한다. A.O.C란 'Appellation d'Orgine Contrôlée'의 약자로 원산지 호칭 통제라는 의미다. 제품이 만들어내는 테루아, 제조법, 품질, 규격에 대해 각각 엄격한 확인을 거쳐 적합하다고 판정한 제품에만 A.O.C 허가를 내준다.

A.O.C 치즈는 2015년 현재 45종이다. 대부분의 제품이 그 지역에서만 구할 수 있지만, 전 세계로 수출하는 제품도 있다. 물론 프랑스인 중에서 A.O.C 치즈의 종류를 모르는 사람도 적지 않다. 이유는 자기 고장에서 만드는 치즈가 가장 맛있다고 생각하기 때문이다.

*A.O.C 인가를 거친 치즈는, EU위원회에 A.O.P(원산지 명칭 보호)를 신청해서 인가를 받으면 A.O.P 마크를 표시할 수 있다. 현재는 EU 인정 A.O.P가 주류다.

| 프랑스/서부

La France/Ouest
AREA MAP

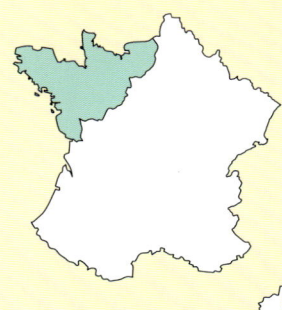

프랑스 서부
대표 치즈

퐁 레베크
(➡ p.34)

노르망디 지방 중에서도 역사가 깊다고 알려진 워시 치즈. 탄력이 있어서 씹는 맛이 그만이다.

카망베르 드 노르망디
(➡ p.30)

토지의 무살균유를 사용해서 전통 제조법으로 만드는 흰 곰팡이 치즈. 맛에 깊이가 있으며 짠맛이 강한데, 시드르와 매치하면 좋다.

Haute-Normandie
오트 노르망디

La Seine
센강

● Caen
캉

La Manche
라 망슈 해협

Basse-Normandie
바스 노르망디

Bretagne
브르타뉴

Océan Atlantique
대서양

Pays de la Loire
페이 드 라 루아르

La Loire
루아르강

● Angers
앙제

● Nantes
낭트

르 퀴레 낭테
(➡ p.35)

18세기 브르타뉴의 사제(퀴레)가 만든 워시 타입 치즈. 묵직한 식감에 온화한 원료유의 맛을 느낄 수 있다.

Part 1 먹어보고 싶다! 세계 치즈 181종

완만한 목초지가 펼쳐진 유제품 산업이 활성화된 지역

영국 해협(라 망슈 해협)에 면한 노르망디 지방부터 대서양과 접한 브르타뉴 지방에 걸쳐 완만한 구릉지에 목초지가 펼쳐지는 프랑스 남부. 연간 강수량이 많고 낮과 밤의 기온 차도 별로 없으며 온화하고 녹지가 풍부한 이 지방은 해산물과 사과를 대표로 하는 농작물이 풍부하다. 싱싱한 목초지에서 방목하는 소에서 착유한 우유로 유제품을 만든다. 특히 노르망디 지방의 치즈는 와인이 아닌 시드르(사과로 만든 술)와 먹는 것이 현지 방식이다. 칼바도스(사과를 원료로 만든 브랜디)로 숙성한 치즈도 있다. 하지만 최근 들어 낙농업도 대량 생산 회사가 늘어 예전에는 수제 치즈를 만들던 농가가 지금은 우유만 생산하는 곳이 늘고 있다.

오트 노르망디권
(㉗외르, ㉚센 마리팀)

'오트'란 높은 지대라는 의미로, 노르망디 지방 동쪽에 있다. 풍부하게 착유할 수 있는 양질의 우유로 결이 고운 흰색 치즈를 만들고 있다. '뇌샤텔', '프로마주 블랑' 등이 유명하다.

바스 노르망디권
(⑭칼바도스, ㊿망슈, ㉛오른)

'바스'란 낮은 지대라는 의미로, 노르망디 지방 서쪽에 있다. '카망베르 드 노르망디', '리바로', '퐁 레베크'등과 같은 전통적이면서 개성적인 치즈를 만든다. 이 치즈 생산 지역을 연결하는 치즈 로드가 있다.

페이 드 라 루아르권
(㊹루아르 아틀랑티크, ㊾멘 에 루아르, ㉝마옌, ㉒사르트, ㉟방데)

루아르강은 이 지역을 통과해서 대서양으로 흘러간다. 루아르강 상류와 공통되는 풍토를 갖고 있으면서, 브르타뉴권과 마찬가지로 켈트족 문화의 영향을 받고 있다. 낭트에서 만드는 '르 퀴레 낭테'가 손꼽을 만하다.

브르타뉴권
(㉒코트 다르모르, ㉙피니스테르, ㉟일 에 빌렌, ㊻모르비앙)

오래전부터 브르타뉴 공국으로 불리는 지역이다. 켈트족의 영향을 받아 독자적인 문화가 강하게 남아 있다. 유제품은 치즈가 아닌 브르타뉴의 게랑드 염전에서 생산하는 소금을 넣어 제조하는 버터가 성행하고 있다.

*㉗, ㉚ 등은 프랑스의 행정 구역(데파르트망) 번호이다.

프랑스/서부

흰 곰팡이 치즈의 대표이자 '카망베르'의 원조

Camembert de Normandie

카망베르 드 노르망디

A.O.C의 카망베르 원유유는 무살균유를 사용한다. 노르망디 품종이라고 불리는 그 지역 소에서 착유한 것이다. 이 치즈는 반드시 나무 상자에 넣어 포장한다. 무살균유를 사용하는 목적은 원료유 안에 있는 박테리아를 활용해 풍미가 좋은 치즈로 완성하기 위해서다.

외관 — 껍질은 흰 곰팡이가 덮고 있으며, 속살은 크림색을 띠고 매끄럽다.

맛 — 일반 카망베르에 비해 개성이 강하다. 감칠맛과 짠맛, 풍미도 강하다.

향 — 확실하게 숙성한 치즈에서는 발효취(암모니아 냄새)가 난다.

계절 — 연중. 봄에서 가을까지가 특히 더 맛있다.

DATA

종류	소프트(흰 곰팡이)
생산지	바스 노르망디권
A.O.C 연도	1983년
원료유	소(무살균유)
숙성 기간	최저 21일간
고형분 중 유지방 함량	최저 45%

문의: 니폰 마이세라

전 세계에서 만드는 카망베르 치즈의 원조가 바로 이 카망베르 드 노르망디다. 프랑스의 노르망디 지방에서 전통 제조 방식을 고수하며 만드는 치즈만이 이 이름을 내걸 수 있다. 제조 시 무살균유를 사용해야 하는 등 규칙이 엄격하다.

기원은 1791년경으로 거슬러 올라간다. 카망베르에 사는 농부의 아내인 마리 아렐Marie Harel이 한 수도사(샤를 장 봉부스트Charles Jean Bonvoust)로부터 치즈 제조법을 배우게 된다. 수도사 고향의 치즈 제조법을 말이다. 이 치즈를 나폴레옹에게 헌상하자 아주 흡족해했다고 전해진다.

많은 사람이 먹는 일반 카망베르에 비해 카망베르 드 노르망디는 진하고 짠맛이 강해 개성적이다. 흰 곰팡이에 둘러싸인 속살은 부드럽고 광택이 도는 노란색 커스터드 같은 상태다. 같은 노르망디에서 생산하는 시드르와 매칭하기 좋다.

노르망디에서 전 세계로 퍼져나간 흰 곰팡이 치즈의 대표
Le Camembert
르 카망베르

르 카망베르는 세계 각국에서 사랑받는 치즈다. 오늘날에는 원 제조법대로 무살균유를 사용하는 제품도 있고, 더블 크림 타입 등 다양한 제조법으로 만들고 있다.

외관 껍질은 흰 곰팡이가 덮고 있으며, 속살은 숙성이 진행되면 부드러워진다.

맛 크리미하며 부드러운 맛. 숙성하면 농후한 맛으로 바뀐다.

향 카망베르 드 노르망디에 비해 향이 약하다.

계절 연중. 숙성되어 내부의 심이 없어지면 먹는다.

DATA
종류
소프트(흰 곰팡이)
생산지
바스 노르망디권
A.O.C 연도
인가 외
원료유
소(살균유)
숙성 기간
—
고형분 중 유지방 함량
45%

문의 체스코(주)

크리미한 맛의 먹기 편한 치즈
Le Coutances
르 쿠탕스

버터같이 농후한 맛의 르 쿠탕스. 숙성이 진행되면 독특한 맛이 약간 강해져서 치즈 마니아 취향의 맛으로 변하므로 숙성이 되기를 기다렸다가 먹어도 좋다.

외관 흰 곰팡이가 덮은 껍질. 숙성될수록 안쪽은 페이스트 상태가 되어간다.

맛 크리미하다. 단맛, 신맛, 짠맛의 균형이 잘 맞는 고급스러운 맛.

향 르 카망베르보다 향이 온화하다.

계절 연중. 수입 후 35일 이내가 적기.

DATA
종류
소프트(흰 곰팡이)
생산지
바스 노르망디권
A.O.C 연도
인가 외
원료유
소(살균유)
숙성 기간
—
고형분 중 유지방 함량
60%

문의 체스코(주)

전 세계에서 만드는 흰 곰팡이 치즈를 대표하는 르 카망베르. 1850년대에 파리와 프랑스 북서부를 연결하는 철도가 개통되면서 더 널리 유통되기 시작했다. 지금 A.O.C의 카망베르 드 노르망디에 의무화된 나무 상자는 1880년에 고안되었다고 한다. 이 나무 상자 덕분에 운송이 편해지면서 프랑스에서 전 세계로 퍼져나가게 되었다.

노르망디 지방에서 탄생한 르 쿠탕스의 가장 큰 특징은 유지방율이 높다는 점이다. 원료유에 생크림을 넣은 '더블 크림'으로 유지방분이 높은 치즈를 만든다. 고급스러운 크리미한 맛에 짠맛과 연한 신맛, 희미한 단맛이 조화를 이룬다. 만들어진 지 30년도 되지 않은 젊은 치즈지만 맛이 자극적이지 않고 먹기 편해서 치즈를 좋아하지 않는 사람에게도 권할 만하다.

프랑스/서부

로맨틱한 하트 모양으로 유명
Neufchâtel

뇌샤텔

 외관 껍질은 솜털 같은 흰 곰팡이가 덮고 있으며, 속살은 결이 곱고 부드럽다. 하트 모양 등이 있다.

 맛 버터 같은 진한 맛과 약간 강한 짠맛. 약한 신맛.

 향 껍질에서 희미하게 흰 곰팡이가 치즈다운 양송이버섯 같은 향이 난다.

 계절 연중.

주로 선물용으로 이용하는 뇌샤텔. 다만, 짠맛이 강하고 숙성이 진행되면 자극성이 강해져서 선물 받는 사람의 취향을 고려해야 한다.

DATA	
종류	소프트(흰 곰팡이)
생산지	노르망디 지방 일부 피카르디권
A.O.C 연도	1969년
원료유	소
숙성 기간	최저 10일간
고형분 중 유지방 함량	45%

문의 프로마주 내추럴 치즈 통신판매

하트 모양 치즈로 알려진 제품이지만, 보기보다 역사가 오래되었다. 뇌샤텔이라는 이름으로 바꾸기 전에는 '프로므통'(치즈라는 뜻)으로 불렸다. 11세기 초에는 수도원에서 세금으로 이 치즈를 걷어갔다는 기록이 남아 있다.
뇌샤텔의 모양으로는 하트 모양 외에 원통형, 사각형, 직사각형 등 6가지가 A.O.C에 인정을 받았다.
하트 모양의 뇌샤텔이 만들어진 것은 백년 전쟁 때다. 당시 뇌샤텔 마을의 여성이 적국인 영국 병사와 사랑에 빠져 하트 모양의 치즈를 선물한 것이 기원이라고도 한다. 19세기 초에 미식가 알렉상드르 그리모 드 라 레니에르(Alexandre Balthazar Laurent Grimod de la Reynière, 1758~1837)가 레스토랑 평론 가이드북 《미식가 연감 Almanach des gourmands》에 소개하면서 파리에도 알려져 인기를 끌게 되었다.
하트 모양은 '쾨르 드 뇌샤텔(Cœur de Neufchâtel, 하트 모양 뇌샤텔)'이라고 부르며, 귀여운 모양 덕분에 밸런타인데이같이 이벤트 시기에 인기가 아주 높다.

자극적이지 않은 크리미한
워시 치즈
Le St-Aubin
르 생 오뱅

심플한 제조법으로 만든
새하얀 치즈
Fromage Blanc
프로마주 블랑

La France/Ouest

숙성이 진행되면 껍질이 베이지색으로 변하고 맛도 진해진다. 바게트나 팽 드 캉파뉴(시골빵)같이 소박한 맛의 빵과 곁들이면 풍미가 더 살아난다.

꿀이나 잼을 얹어 디저트로 먹어도 맛있는 프로마주 블랑. 무지방 제품도 있어서 다이어트하는 사람에게 권하고 싶다.

		DATA
외관	껍질에 효모가 얇게 덮여 있으며, 속살은 걸쭉한 크림 상태이다.	종류 소프트(워시) 생산지 페이 드 라 루아르권 A.O.C 연도 인가 외 원료유 소(살균유) 숙성 기간 — 고형분 중 유지방 함량 60%
맛	튀지 않는 크리미한 맛. 입속에서 살살 녹는다.	
향	향은 별로 강하지 않다. 워시 치즈를 접하지 못한 사람에게 권할 만하다.	
계절	연중. 봄부터 가을까지가 맛있다.	

문의 체스코(주)

		DATA
외관	블랑(흰색)이라는 이름처럼 하얗다. 껍질은 없으며 부드러운 크림 상태.	종류 프레시 생산지 프랑스 전역 ＊사진의 치즈는 푸아투 샤랑트권에서 생산 A.O.C 연도 인가 외 원료유 소 숙성 기간 — 고형분 중 유지방 함량 0~40%
맛	연한 신맛이며 농도는 적절하다. 깔끔하고 상쾌한 맛.	
향	치즈 자체의 향은 희미하지만, 입속에 발효한 원료유 향이 남는다.	
계절	연중. 상쾌한 맛은 여름에 제격이다.	

문의 프로마주 내추럴 치즈 통신판매

크리미한 맛의 르 생 오뱅은 루아르 지방의 앙주에서 탄생하였다. 더블 크림 타입으로 가볍게 워싱한 껍질을 흰 곰팡이 효모가 얇게 덮고 있다.
독특한 맛이 없어 모두가 좋아할 만한 맛이며, 사각의 나무 상자 포장이 고급스러워 선물용으로 제격이다. 르 생 오뱅과 함께 미디엄 보디의 레드 와인이나 드라이한 맛의 풀 보디 화이트 와인을 페어링하면 입이 즐거울 것이다.

심플한 프레시 타입 치즈. 따뜻하게 데운 소의 탈지유나 전유에 유산균을 넣어 발효하고 나서 효소를 넣어 굳힌다.
요구르트만큼은 아니지만 신맛이 약간 돌며 깔끔한 맛이다. 지방분은 제품에 따라 다르지만 높아도 40% 정도다.
아이 간식으로도 적당해서 프랑스에서는 이유식으로 쓰인다.

순한 맛에 먹기 편한 워시 치즈
Pont l'Evêque
퐁 레베크

외관 껍질은 옅은 보릿짚 색깔이며, 숙성 작업 시 놓아둔 발판 자국이 남아 있다. 속살은 크림색.

맛 마일드한 맛. 맛이 진하고, 연하게 원료유의 맛과 나무 열매의 풍미가 느껴진다.

향 껍질에서 절임 채소의 향이 약간 난다.

계절 연중. 권장 시기는 5~11월.

DATA	
종류	소프트(워시)
생산지	바스 노르망디권
A.O.C 연도	1972년
원료유	소
숙성 기간	최저 14일간
고형분 중 유지방 함량	최저 45%

예전에는 껍질도 단단하고 워시 타입 다운 향과 강한 맛의 개성 있는 치즈였다고 한다. 오늘날처럼 순한 타입을 만들기 시작한 시기는 2차 세계 대전이 끝나고 나서다.

문의 프로마주 내추럴 치즈 통신판매

이 치즈는 리조트 지역으로 유명한 도빌 가까운 곳에 자리한 퐁 레베크에서 만든다. 노르망디 지방에서 가장 역사가 깊은 워시 치즈다.

8세기경, 도빌 주변에서 만들던 치즈는 모두 '앙젤로'(Angelot, 천사상이 새겨진 금화)라고 불렀다. 퐁 레베크도 그중 하나다. 13세기에 기욤 드 로리Guillaume de Loris가 쓴 〈장미 이야기Roman de la Rose〉에도 앙젤로를 노래한 것이 있다.

이 고장에서 만드는 치즈의 개성을 인정해 퐁 레베크라고 부르게 된 것은 17세기 말이다. 19세기가 되자 철도가 발전하면서 파리까지 6시간 정도면 이 치즈를 운반할 수 있게 되었다. 그때부터 퐁 레베크는 중앙 시장 등지에서 자주 볼 수 있게 되었고, 파리 시민에게도 친숙한 치즈로 자리잡았다.

치즈 애호가들이 환호하는
개성적인 치즈
Livarot
리바로

사제가 만든
브르타뉴 치즈
Le Curé Nantais
르 퀴레 낭테

독특하고 강한 향이 나서 상급자용 치즈로 분류되는 리바로. 맛 자체는 향보다 온화해서 껍질을 벗겨내면 훨씬 먹기 편하다.

산미가 강하고 개성적인 르 퀴레 낭테는 생산자가 끊겨 한 번 모습을 감췄다. 1978년에 부활한 르 퀴레 낭테는 온화한 인상을 주는 제품으로 변신했다.

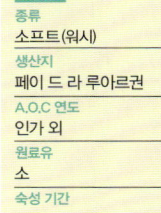

 외관 — 껍질은 오렌지색이며 측면에 끈을 둘렀고, 속살은 연한 크림색이다.

 맛 — 탄력이 있고 크리미하다. 풍부한 맛은 숙성이 되면서 더 강해진다.

 향 — 뒤집으며 소금물로 씻어 숙성한 탓에 어간장 같은 자극적인 냄새가 난다.

계절 — 연중. 제조 후 5~6주 이상 지나야 제맛이 난다.

DATA
종류
소프트(워시)
생산지
바스 노르망디권
A.O.C 연도
1975년
원료유
소
숙성 기간
최저 3주간
고형분 중 유지방 함량
40%

문의 프로마주 내추럴 치즈 통신판매

 외관 — 껍질은 노란색이며 촉감이 촉촉하다. 속살은 부드럽고 폭신한 노란색 반죽 형태다.

 맛 — 원료유의 순한 단맛이 느껴진다. 탱탱하며 숙성 후에도 탄력 있다.

 향 — 워시 타입다운 낫토 같은 향이 연하게 난다.

 계절 — 연중. 봄가을은 특히 맛있다.

DATA
종류
소프트(워시)
생산지
페이 드 라 루아르권
A.O.C 연도
인가 외
원료유
소
숙성 기간
—
고형분 중 유지방 함량
25%

문의 알파주

리바로는 퐁 레베크와 마찬가지로 '앙젤로'로 불렸던 노르망디 지방을 대표하는 워시 치즈 중 하나다. 측면에 골풀(갈대의 한 종류) 끈이 5줄 둘러 있는 것이 특징이다. 이 부분이 육군 대령 군복의 소맷부리와 비슷하다고 해서 '커넬'(육군 대령이라는 의미)이라는 애칭으로 불리기도 한다. 골풀은 치즈의 모양을 잡아주는 용도로 사용하였지만, 오늘날에는 장식적인 의미가 강해서 종이 재질로 감기도 한다.

르 퀴레 낭테의 역사는 1794년까지 거슬러 올라간다. 프랑스 혁명(1789~1799)의 혼란 속에서 낭트로 이동해온 사제(퀴레)가 만든 것이 시작이었다고 한다. 오늘날 낭트는 페이 드 라 루아르권에 속하지만 18세기에는 브르타뉴 지방에 속해 있었다. 그래서 지금도 르 퀴레 낭테를 브르타뉴 지방의 치즈라고 말하기도 한다. 같은 낭트 지방의 뮈스카데(드라이한 맛의 화이트 와인)가 생각나는 맛이다.

프랑스 / 서부

언제나 맛있는 롱 라이프 타입의 워시 치즈
Gérard Fromage Roux
제라르 프로마주 루

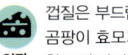 외관   껍질은 부드럽고, 아주 약간의 흰 곰팡이 효모가 있다. 속살은 걸쭉한 크림 맛이 난다.

 맛   향이 좋고 진하며 부드럽다. 굵은 후추 등을 곁들이면 그 맛이 배가 된다.

 향   워시 타입 치즈치고는 향이 조금 약하다.

 계절   연중. 품질 유지 기한 내라면 언제라도 맛있게 먹을 수 있다.

르 피에 당글로이(→p.74)를 견본으로 삼아 만든 워시 타입 치즈. 먹기 편한 맛으로 워시 타입 초심자에게 적당하다.

DATA

종류	소프트(워시)
생산지	페이 드 라 루아르권
A.O.C 연도	인가 외
원료유	소
숙성 기간	—
고형분 중 유지방 함량	59%

문의 체스코㈜

제라르 브랜드는 봉그랑사가 만드는 치즈다. 역사가 오래된 제라르 치즈는 1800년대 프랑수아 제라르 François Gérard가 낙농가들의 치즈를 매입해 자택 곳곳에서 숙성한 것이 그 시작이다. 항상 일정한 품질을 유지하며 맛있게 숙성한 치즈를 즐길 수 있다는 평을 받았다고 한다. 프랑수아의 자손인 으제니 Eugénie가 본격적인 치즈 제조를 시작해, 세계에서 처음 치즈의 제조부터 숙성까지 한 시설 내에서 할 수 있는 프랑스 치즈 생산의 선구자가 되었다.

제라르 프로마주 루는 숙성 타이밍을 맞추기가 어려운 워시 타입을 롱 라이프 제조법을 도입해 언제나 최상의 치즈를 유지할 수 있도록 만들었다. 온화한 맛인데 흑후추를 듬뿍 뿌린 감자와 곁들이면 한층 더 맛있게 즐길 수 있다.

워시 치즈와
흰 곰팡이 치즈의 장점만 모은
Saint Morgon
생 모르공

보르도처럼 맛이 강한 와인과, 바게트 같은 소박한 빵과 함께 먹고 싶은 맛이다.

갈릭과 연어의
풍미를 즐길 수 있는 딥 치즈
Madame Loïk
마담 로익(갈릭/연어)

La France/Ouest

부드러운 치즈라서 바게트 같은 플레인 빵에 바로 발라 먹는다. 프레시 치즈이니 신선할 때가 가장 맛있다.

외관 오렌지색 껍질에는 흰 곰팡이가 피어 있으며, 속살은 크림색이다.

맛 워시의 탄력 있는 식감에 전체적으로 마일드하면서 크리미하다.

향 흰 곰팡이 덕분에 워시 특유의 향이 줄어들어 온화한 향이 난다.

계절 연중. 가을부터 봄까지가 특히 맛있다.

DATA
종류
소프트(워시)

생산지
바스 노르망디권

A.O.C 연도
인가 외

원료유
소

숙성 기간

고형분 중 유지방 함량
50% 이상

문의 무라카와

외관 갈릭은 여러 종류의 허브를 섞은 흰색 치즈다. 연어는 오렌지색.

맛 2가지 모두 식욕을 불러일으키는 맛. 식탁에 악센트를 준다.

향 갈릭과 연어 모두 소재의 향이 확실하게 느껴진다.

계절 연중.

DATA
종류
프레시

생산지
브르타뉴권

A.O.C 연도
인가 외

원료유
소

숙성 기간

고형분 중 유지방 함량
갈릭 62% 이상
연어 65% 이상

문의 무라카와

생 모르공은 워시 타입이면서 동시에 흰 곰팡이가 껍질을 덮고 있는 믹스 타입 치즈다. 흰 곰팡이 작용으로 브레비박테리움 리넨스가 억제당해 워시 타입 치고는 향과 풍미가 전체적으로 온화하다. 워시 치즈를 먹어보고 싶지만, 풍미가 강해서 먹기 힘들어하는 사람에게 적합하다. 큰 각오 없이도 먹을 수 있어서 워시 치즈 첫걸음으로 그만이다.

마담 로익은 프랑스에서 유명한 딥 타입 치즈다. 차이브(파의 일종)를 비롯해 여러 종류의 허브가 갈릭 맛과 연어 맛에 섞여 있다. 크래커나 스틱 채소와 함께 그대로 플레이트하기도 하고, 요리의 풍미를 더하는 데 사용하는 등 용도가 폭넓다. 파스타 소스에 가미해도 맛있다. 귀여운 깅엄체크 포장은 가정용뿐 아니라 선물용으로도 좋다.

La France/Centre
AREA MAP

프랑스/중앙부

프랑스 중앙부
대표 치즈

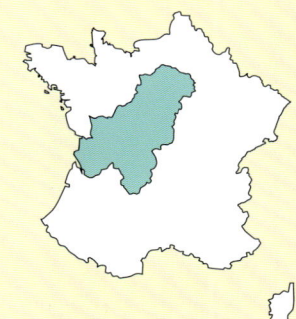

모테 쉬르 푀이유
(➡ p.48)

늪지가 많은 푸아투 지방에서 밤나무 잎 위에 숙성하는 셰브르. 온화한 산미와 크리미한 맛이 특징이다.

브리 드 모
(➡ p.40)

'치즈의 왕'이라 불리는 흰 곰팡이 치즈. 극상의 맛은 8세기에 이미 완성되었다고 한다. 브리 치즈는 타입이 아주 다양하다.

셀 쉬르 셰르
(➡ p.47)

숯가루가 뿌려져 있는 셰브르 치즈. 숯가루는 벌레를 쫓는 역할 외에 탈수 작용과 곰팡이를 끌어들이는 역할을 한다.

왕후 귀족에게 사랑받은 흰 곰팡이 치즈와 상큼한 셰브르를 생산

프랑스의 수도 파리에서 루아르강 중류 지역의 상트르 발 드 루아르권을 지나 대서양이 보이는 푸아투 샤랑트권, 내륙부의 오베르뉴 지방에 접한 리무쟁권까지 펼쳐지는 프랑스 중앙부. 광대하고 평탄한 토지가 펼쳐져 농업이 발달한 일대다. 파리를 거느린 일 드 프랑스권에서는 오래전부터 낙농을 해왔으며, 8세기경에는 브리를 만들었다고 한다.

상트르 발 드 루아르권부터 푸아투 샤랑트권에 걸쳐 루아르강 지역의 푸아투 지방과 투렌 지방, 베리 지방은 셰브르의 메카다. 동시에 '루아르 와인'으로 통칭하는 드라이한 맛부터 단맛까지 갖춰진 친숙한 와인을 만드는 토지이기도 하다. 특히 셰브르와 드라이한 맛의 화이트 와인의 궁합은 특별하다. 그야말로 테루아가 고스란히 드러나는 맛이다.

일 드 프랑스권
(⑦⑤ 빌 드 파리, ⑦⑦ 센 에 마른, ⑦⑧ 이블린, ⑨① 에손, ⑨② 오 드 센, ⑨③ 센 생 드니, ⑨④ 발 드 마른, ⑨⑤ 발 두아즈)

프랑스의 수도권. 예전에는 왕후 귀족들이 수렵을 즐겼다는 초록이 풍성한 일대다. 파리 주변에서 만드는 '브리 드 모'와 '브리 드 믈룅'은 프랑스를 대표하는 흰 곰팡이 치즈다.

상트르 발 드 루아르권
(⑱ 셰르, ㉘ 외르 에 루아르, ㊱ 앵드르, ㊲ 앵드르 에 루아르, ㊶ 루아르 에 셰르, ㊺ 루아레)

프랑스 중앙에 펼쳐진 곡창 지대. 루아르 강줄기를 따라 투렌 지방, 베리 지방은 산양유로 만든 치즈로 유명하다. 섬세하고 크리미한 셰브르를 만든다. 치즈 껍질을 숯가루로 덮거나 밀짚이나 잎 등으로 싼 것들도 있다.

푸아투 샤랑트권
(⑯ 샤랑트, ⑰ 샤랑트 마리팀, ㊻ 되 세브르, ㊽ 비엔)

루아르강 유역인 이 지역 역시 오래전부터 산양 치즈로 유명하다. 8세기에 사라센인이 이 지방에 셰브르 치즈를 가져와 프랑스 각지로 퍼졌다고 한다.

리무쟁권
(⑲ 코레즈, ㉓ 크뢰즈, ㊼ 오트 비엔)

연중 온난한 지역이다. 동쪽은 오베르뉴권과 접하고 있으며, 코레즈는 오베르뉴에서 탄생한 무거운 치즈인 A.O.C '캉탈'의 생산지로도 인정받고 있다.

*⑦⑤, ⑦⑦ 등은 프랑스의 행정 구역(데파르트망) 번호이다.

프랑스/중앙부

치즈의 왕으로 칭송받는 세련된 맛
Brie de Meaux
브리 드 모

 외관 — 바퀴 모양. 흰 곰팡이가 덮인 치즈 휠의 지름은 36~37cm. 속살은 부드럽고, 숙성하면 크림 상태다.

 맛 — 탄력 있는 조직에 세련되고 풍부하며 깊이 있는 진한 맛이 난다. 숙성이 진행되면 매끄럽고 걸쭉해진다.

 향 — 버섯 같은 기품 있는 흰 곰팡이 향. 숙성한 우유의 강한 향.

 계절 — 연중. 봄부터 가을에 걸쳐 특히 더 맛있다.

DATA
종류	소프트(흰 곰팡이)
생산지	일 드 프랑스권 외
A.O.C 연도	1980년
원료유	소(무살균유)
숙성 기간	최저 4주간
고형분중 유지방 함량	최저 45%

문의 프로마주 내추럴 치즈 통신판매

한 지역에서 만들어진 브리 드 믈룅(→p.41), 쿨로미에(→p.42)와 함께 브리 삼 형제라 부른다. 개성이 강하고 야성적인 믈룅에 비해 모와 쿨로미에는 맛이 순하다.

우아한 치즈라고 불리는 브리는 프랑스인에게 오랫동안 사랑받아온 치즈다. 왕후 귀족과 관련이 깊은 치즈이기도 하다.
8세기, 브리 드 모를 처음 먹어본 프랑스 황제 샤를마뉴 1세는 "지상 최고의 맛을 발견했다"고 말했다고 한다. 루이 16세가 바렌이라는 마을에서 브리를 구하려고 마차를 세우는 바람에 혁명파에게 붙잡혔다는 에피소드도 있다.

브리 드 모가 '치즈의 왕'이라고 불리게 된 것은 1815년에 열린 빈 회의에서다. 60종의 치즈 중에서 만장일치로 그랑프리를 수상한 것이다. 그때 오스트리아 수상이 "브리야말로 치즈의 왕이며 최고의 디저트"라고 칭찬했다.
치즈 휠의 지름은 36~37cm로, 흰 곰팡이 타입치고는 파격적인 크기이며 고상하고 아름답다. 와인이라면 역시 기품 있는 보르도의 레드 와인이 어울린다.

브리 삼 형제 중
가장 개성적인 맛
Brie de Melun
브리 드 믈룅

개성적인 맛 덕분에 남성적이라고 표현되는 믈룅. 일 드 프랑스 지방의 믈룅 시에서는 매년 브리 드 믈룅 축제가 열린다.

외관 갈색이 섞인 흰 곰팡이가 덮인 얇은 껍질. 숙성되면 전체가 다갈색으로 변한다.

맛 강력하고 농후한 맛. 짠맛도 신맛도 강해서 자극적인 남성적 치즈로 불린다.

향 버섯과 밀짚이 섞인 듯한 자연스럽고 소박함이 넘치는 향.

계절 연중. 여름부터 가을 사이가 맛있다.

DATA
종류
소프트(흰 곰팡이)
생산지
일 드 프랑스권 외
A.O.C 연도
1980년
원료유
소(무살균유)
숙성 기간
최저 4주간
고형분 중 유지방 함량
최저 45%

문의 프로마주 내추럴 치즈 통신판매

브리 삼 형제 중 하나인 브리 드 믈룅. 셋 중에서 맛이 가장 개성적이다. 그 맛은 우유를 응고할 때 유산균을 발효하거나 숙성하는 기간이 길어서 생긴다. 제조하는 데 시간과 공이 꽤 들며, 무난한 치즈를 원하는 요즘에는 피하는 제품이라서 생산량도 매년 서서히 감소하고 있다. 그러나 실제로 먹어보면 그 강력한 진미에 빠져드는 사람이 많다.

여러 제조사가 만드는
프랑스를 대표하는 치즈
Brie
브리

숙성이 진행되지 않은 브리는 미숙성 상태의 카망베르처럼 중심에 심이 있다. 완전히 숙성이 진행되어 속살이 녹아내릴 정도의 치즈가 좋다.

외관 껍질은 얇고 흰 곰팡이가 덮고 있다. 숙성되면 주변부부터 페이스트 상태로 변화.

맛 크리미하고 깊이가 있으며 엘레강트한 맛.

향 고급스러운 향. 숙성이 진행되어도 향이 별로 강하지 않다.

계절 연중. 다양한 타입이 있다.

DATA
종류
소프트(흰 곰팡이)
생산지
일 드 프랑스권 외
A.O.C 연도
인가 외
원료유
소
숙성 기간
—
고형분 중 유지방 함량
60%

문의 체스코㈜

현재 전 세계에서 다양한 제조사가 만드는 브리. 유지방분을 높여 식감을 좋게 만든 제품이 특히 인기 있다. 파리 동쪽에 있는 브리 지방에서는 8세기 이전부터 여러 종의 흰 곰팡이 치즈를 만들어왔다. 세월이 흘러 1790년경 브리 지방의 수도사가 카망베르 마을로 도망갔을 때, 자기 고향의 흰 곰팡이 치즈 제조법을 전해줘서 만든 것이 카망베르라고 한다. 브리와 카망베르를 나란히 놓고 비교하며 먹는 것도 또 다른 재미다.

프랑스/중앙부

다양한 표정의
브리 삼 형제 중 막내
Coulommiers
쿨로미에

그랑 마니에 향이 나는 고급 디저트
Brie au Grand Marnier
브리 오 그랑 마니에

제조법에 딱히 정해진 규정이 없는 쿨로미에는 만드는 지역의 특징을 고스란히 담는다. 쿨로미에를 만드는 사람들은 우리 마을의 쿨로미에가 모든 브리의 선조라고 말할 정도다.

과일 맛이 넘쳐나고, 세련된 외관이 돋보이는 브리 오 그랑 마니에. 스파클링 와인이나 샴페인과 페어링하면 풍미는 물론이고 분위기도 살아난다.

외관 흰 곰팡이가 껍질을 덮고 있으며, 속살은 연노란색에 숙성하면 페이스트 상태다.

맛 크리미하면서 순한 맛. 숙성이 덜 되면 산미가 있어서 깔끔하다.

향 특징적인 향은 거의 없다. 약간 시큼한 향은 숙성되고 있다는 사인이다.

계절 연중. 농가 제품이라면 봄부터 가을 초에 만든 것이 좋다.

DATA
종류
소프트(흰 곰팡이)
생산지
일 드 프랑스권
*사진의 치즈는 노르망디 지방에서 생산
A.O.C 연도
인가 외
원료유
소(살균유)
숙성 기간
4주간
고형분 중 유지방 함량
45%

문의 오더 치즈

외관 흰 곰팡이가 껍질에 오렌지 필이 악센트. 마스카르포네 층이 있다.

맛 쓴맛, 신맛, 단맛이 어우러진 맛. 프루티하고 순한 맛.

향 그랑 마니에(오렌지 리큐어)의 상큼한 감귤 계열 향.

계절 연중. 흰 곰팡이가 껍질 전체를 덮었을 때가 최고.

DATA
종류
소프트(흰 곰팡이)
생산지
일 드 프랑스권
A.O.C 연도
인가 외
원료유
소
숙성 기간
―
고형분 중 유지방 함량
―

문의 프로마쥬 내추럴 치즈 통신판매

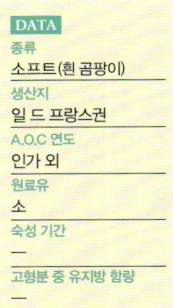

브리 삼 형제 중 하나인 쿨로미에. A.O.C에 지정되지 않아 제조법에 규정이 없어서 제조자에 따라 맛이 다르다. 다만, 현재 일본에서 유통하는 쿨로미에에는 대부분 공장 생산품인데, 카망베르와 비슷한 맛이다.

전통 제조법을 지켜 무살균유로 만드는 농가 제품은 풍부한 맛과 견과류 같은 풍미가 있다. 기회가 있으면 꼭 각 지역의 전통 쿨로미에를 만나보기를 권한다.

프레시한 상태의 브리에 마스카르포네 크림을 끼워 넣고 흰 곰팡이를 부착시켜 숙성한 치즈다. 마스카르포네는 코냑에 비타 오렌지 엑기스를 넣어 숙성한 '그랑 마니에'로 풍미를 만들었다.

크리미하지만, 오렌지의 풍미가 전체를 가볍게 감싸 프루티하고 순하다. 스파클링 와인과 페어링하면 과일 향이 더 살아난다. 물론 디저트로도 제격이다.

흰색이 도드라지는
케이크 같은 치즈
Brillat-Savarin
브리야 사바랭

과일을 곁들이거나 과일 소스를 끼얹어 먹으면 입이 즐겁다. 레어 치즈 케이크를 먹듯이 커피와 홍차와의 궁합도 좋다. 와인이라면 프루티하고 가벼운 것을 고른다.

브리 맛이 나는
더블 크림
Boursault
부르소

지방분이 70%인 더블 크림 타입이다. 버터 같은 농후한 식감인데 바게트에 듬뿍 발라서 먹어도 좋고, 과일을 곁들여 디저트로 먹어도 그만이다.

외관	희고 매끄럽다. 흰 곰팡이 타입도 있는데 껍질에 노란색이 돈다.
맛	크리미하고, 적절한 산미로 상큼한 맛이 난다. 아피네는 녹녹하고 농후하다.
향	향은 거의 없다. 아피네는 흰 곰팡이의 버섯 향이 느껴진다.
계절	연중. 프레시 타입은 쓴맛이 나지 않도록 최대한 신선할 때 먹는다.

DATA
종류
프레시
생산지
일 드 프랑스권
*사진의 치즈는 부르고뉴권에서 생산
A.O.C 연도
인가 외
원료유
소
숙성 기간
—
고형분 중 유지방 함량
73%

문의 프로마주 내추럴 치즈 통신판매

외관	껍질은 솜털 같은 연한 흰 곰팡이가 덮고 있으며, 크림색으로 촉촉하다.
맛	희미한 산미에 식감은 부드럽다. 브리와 비슷한 풍미도 감돈다.
향	발효 버터 같은 상큼한 향과 과일 향이 연하게 난다.
계절	연중.

DATA
종류
소프트(흰 곰팡이)
생산지
일 드 프랑스권
*사진의 치즈는 페이 드 라 루아르권에서 생산
A.O.C 연도
인가 외
원료유
소
숙성 기간
—
고형분 중 유지방 함량
70%

문의 체스코㈜

1930년에 앙리 앙드루에라는 파리의 치즈 제조상이 노르망디 지방의 치즈를 참고해서 만들었다. 미식가 브리야 사바랭(1755~1826)의 이름을 따서 지었다.
생크림을 연상하게 하는 순백색의 외관에 단맛을 줄인 레어 치즈 케이크 같은 맛이 난다. 고지방유로 만든 브리야 사바랭은 농후함 속에 상쾌한 산미가 있고 뒷맛은 깔끔하다. 숙성시킨 아피네 등 다양한 변화를 준 제품이 있다.

1950년대, 치즈 장인 앙리 부르소Henri Boursault가 만든 치즈다. 치즈로서는 드물게 제조하고 고안한 사람의 이름을 따서 지었다. 브리 같은 고급스러운 뒷맛과 현지에서 생산하는 원료유의 풍미를 살린 비숙성 치즈를 목표로 개발했다.
얇고 부드러운 껍질에 둘러싸인 조직은 더블 크림 타입인데 버터처럼 부드럽다. 브리 같은 고급스러운 맛이 입속에 확실히 남는 것도 매력 중 하나다.

밀짚이 중심을 관통하는, 산양유 치즈의 대표
Sainte Maure de Touraine
생트 모르 드 투렌

 외관 한쪽 끝이 약간 오므라진 봉 모양. 껍질에는 숯가루가 뿌려졌고, 중심에 밀짚이 하나 관통해 있다.

 맛 숙성이 진행되기 전에는 신선한 신맛. 숙성이 진행되면 크리미하고 견과류 같은 진한 맛.

 향 미숙성 치즈는 요구르트 같은 유산 발효에서 나오는 향이. 숙성이 진행되면 산양 향이 강하다.

계절 연중. 농가 제품은 봄부터 늦가을까지 만든다.

한 번에 전부 먹는다면 중심에 박힌 밀짚을 빼내고 자른다. 숙성이 진행된 치즈는 밀짚이 빠지지 않으므로 그대로 자른다. 봉 모양의 굵은 쪽 끝을 1㎝ 정도 남기고 먹는 것이 전통이다.

DATA
종류	소프트(셰브르)
생산지	상트르 발 드 루아르권
A.O.C 연도	1990년
원료유	산양(무살균유)
숙성 기간	최저 10일간
고형분 중 유지방 함량	최저 45%

문의: 니폰 마이세라

중심을 관통하는 밀짚 하나가 특징인 생트 모르 드 투렌.
A.O.C 생트 모르에는 '드 투렌'이라는 이름이 반드시 붙는다. 치즈 속 밀짚은 치즈가 부드러운 상태로 운반될 때 형태를 보존하는 목적으로 넣은 것이 시초다. 이 밀짚을 넣는 것이 A.O.C에 의해 의무화된 시기는 1999년. 밀짚에는 생산자 번호도 적는다.
이 치즈를 다시 맛보고 싶다면 생트 모르에 가서 생트 모르 생산자 시장에 발걸음해보라. 매년 6월 첫 주 주말에 축제가 열리며, 자신이 먹었던 생트 모르의 생산자와 만날지도 모른다.
먹기 좋은 시기는 3주 정도 지난 제품인데, 숯가루가 천연 곰팡이를 끌어들여 껍질이 검은색에서 연회색으로 바뀌는 때다. 강한 맛을 좋아하면 5~6주 지난 것을 먹는다.

숙성과 함께 강해지는
셰브르다운 풍미
Sainte Maure
생트 모르

건포도나 견과류 등과 잘 어울린다. 숙성이 진행된 생트 모르는 얇게 썰어서 불에 살짝 구워 먹어도 황홀한 맛이다. 샐러드 토핑용으로도 쓰인다.

눈처럼 새하얀
프레시 셰브르
Mini-Bûche
미니 뷔슈

숙성이 진행되면 맛이 농후해진다. 숙성 단계에 따라 먹는 방법에 변화를 줄 수 있다. 얇게 잘라서 잼을 발라 디저트로 먹기도 한다.

La France/Centre

		DATA
외관	흰 곰팡이에 덮인 껍질. 흰 곰팡이의 작용으로 바깥쪽부터 크림색으로 바뀐다.	**종류** 소프트(셰브르) **생산지** 푸아투 샤랑트권 **A.O.C 연도** 인가 외 **원료유** 산양 **숙성 기간** — **고형분 중 유지방 함량** 45%
맛	자극적이지 않아서 먹기 쉽다. 숙성이 덜 진행되면 상큼한 신맛이 난다.	
향	숙성이 진행되면서 점점 더 산양유 특유의 향이 강해진다.	
계절	연중. 수입 후 50일 동안까지가 적기다.	

문의 체스코(주)

		DATA
외관	상당히 싱싱하다. 새하얀 조직은 균일하며 곱고 세밀하다.	**종류** 소프트(셰브르) **생산지** 푸아투 샤랑트권 **A.O.C 연도** 인가 외 **원료유** 산양 **숙성 기간** — **고형분 중 유지방 함량** 45%
맛	신선한 산미 이외에 희미한 단맛. 크리미하다.	
향	셰브르 치즈다운 향이 약간 난다.	
계절	연중. 상큼하고 싱그러운 맛은 여름이 생각난다.	

문의 ㈜도쿄 데일리

A.O.C인 생트 모르 드 투렌(→p.44)이 숯가루가 뿌려진 거무스름한 외관인 데 비해 생트 모르는 흰 곰팡이에 덮인 새하얀 치즈다. 두 치즈를 나란히 놓으면 완전히 달라 보인다.
흰 곰팡이인 생트 모르는 약간 신맛이 나는 상큼한 맛이다. 다른 셰브르 치즈에 비하면 산양 향도 연하다. 숙성이 진행되면 향과 맛이 강해지므로 셰브르다운 맛을 느끼고 싶다면 좀 더 숙성시키면 된다.

'미니 뷔슈'(작은 가지)로 알려진 셰브르 치즈. 생트 모르보다는 작은 봉 모양인데, 프레시한 상태에서 포장한다. 이 치즈로 대표되는 '메르시 셰프!'는 푸아티에에 공장을 둔 유리아 푸아투렌사의 유제품 브랜드다. 버터와 우유, 치즈 등도 취급한다. 2012년 새 브랜드를 런칭하기 전까지 회사의 셰브르 치즈는 1895년부터 운영해온 역사 깊은 '소이뇽_{Soignon}'이라는 이름을 딴 브랜드로 판매하고 있었다.

프랑스 / 중앙부

Valençay
발랑세

나폴레옹의 분노를 산, 피라미드 모양의 치즈

숙성이 진행되기 전에는 순한 산미에 상큼한 맛이 난다. 디저트를 먹기 전에 입가심으로 제격이다. 발랑세는 숙성이 진행되면 말랑하고 조직이 끈적해진다. 단맛도 느낄 수 있어서 건포도빵이나 샐러드에 곁들이기도 한다.

외관 위쪽을 잘라낸 피라미드 모양. 표면은 숯가루와 천연 곰팡이로 덮여 있다.

맛 깔끔하고 시원한 신맛. 부드럽고 촉촉하며 고급스럽다.

향 산양 향이 약간 나지만, 숯으로 억제해서 냄새는 거의 없다. 숙성이 진행되면 향이 약간 강해진다.

계절 연중. 특히 봄부터 가을 사이에 만든 제품이 맛있다.

DATA
종류	소프트(셰브르)
생산지	상트르 발 드 루아르권
A.O.C 연도	1998년
원료유	산양(무살균유)
숙성 기간	최저 7일간
고형분 중 유지방 함량	최저 45%

문의 프로마주 내추럴 치즈 통신판매

발랑세라는 이름은 나폴레옹 시대의 외무대신 탈레랑 Talleyrand-Périgord이 소유한 발랑세성에서 유래한 것이다. 원래는 완전한 피라미드 모양이었다고 전해지지만, 오늘날에는 피라미드 윗부분이 잘려나간 모양이다.

발랑세의 모양과 얽힌 에피소드가 있다. 이집트 원정에 패한 나폴레옹이 발랑세성을 방문했을 때 이 치즈를 보고 '피라미드가 생각난다'고 화를 내서 윗부분을 잘라버렸다고 한다.

발랑세 표면에는 새까만 숯가루가 뿌려져 있다. 벌레를 쫓으려고 뿌렸지만, 탈수와 숙성에 필요한 곰팡이를 끌어들이는 작용도 한다. 껍질이 검은 데 비해 속살은 새하얀색으로 차이가 선명해서 보는 재미도 있다. 숙성이 진행되면 흰 곰팡이에 덮인 표면은 검은색에서 회색으로 변한다. 속살은 그냥 보기에는 변함없이 흰색이지만 끈적끈적해진다. 맛도 신맛이 약해지고 약하게 단맛과 헤이즐넛 같은 풍미가 생긴다.

균형 잡힌 맛
셰브르 치즈의 걸작
Selles sur Cher
셀 쉬르 셰르

맛의 밸런스가 훌륭하다. 견과류든 과일이든 다 잘 어울린다. 마리아주는 드라이한 화이트 와인이나 프루티한 레드 와인.

- 외관: 껍질은 숯가루가 뿌려져 있어 블루그레이를 띠며, 속살은 희고 촉촉하다.
- 맛: 셰브르 특유의 진한 맛과 신맛, 희미한 단맛과 짠맛의 밸런스가 좋다.
- 향: 먹고 나면 입속에서 셰브르 특유의 향이 퍼진다.
- 계절: 연중. 봄부터 가을 사이에 만든 제품은 특히 더 맛있다.

DATA
종류
소프트(셰브르)
생산지
상트르 발 드 루아르권
A.O.C 연도
1975년
원료유
산양(무살균유)
숙성 기간
최저 10일간
고형분 중 유지방 함량
최저 45%

[문의] 프로마주 내추럴 치즈 통신판매

파리의 남서부를 흐르는 루아르강과 그 지류인 셰르강 사이에 있는 마을에서 태어난 셀 쉬르 셰르. 19세기 문헌에 '옛날부터 있던 치즈'라고 소개될 정도로 역사가 깊다.
산양 특유의 산미를 억제하기 위해 표면에 미루나무 숯가루가 뿌려져 있다. 표면이 바삭바삭 마르면서 블루그레이의 곰팡이가 진해지면 먹기 좋은 때라는 신호다. 껍질도 함께 먹어야 이 치즈의 묘미를 즐길 수 있다.

숙성 정도에 따라 다른 맛을 즐긴다
Crottin de Chavignol
크로탱 드 샤비뇰

프레시한 크로탱은 뜨겁게 구워서 샐러드에 얹어 먹는 것이 맛있다. 와인은 상세르의 화이트 와인, 숙성이 진행되었다면 같은 상세르의 레드 와인이 어울린다.

- 외관: 얇고, 가루를 뿌린 것 같은 껍질. 숙성되면 곰팡이가 뒤덮어 회색으로 변한다.
- 맛: 갓 만든 크로탱은 상큼하고, 숙성하면 농후한 원료유의 폭신한 단맛이 난다.
- 향: 셰브르 치즈 특유의 발효 취가 난다.
- 계절: 연중. 특히 봄과 여름에 만든 제품이 좋다.

DATA
종류
소프트(셰브르)
생산지
상트르 발 드 루아르권 외
A.O.C 연도
1976년
원료유
산양
숙성 기간
최저 10일간
고형분 중 유지방 함량
최저 45%

[문의] 프로마주 내추럴 치즈 통신판매

크로탱이라는 이름은 숙성이 진행되면 곰팡이에 뒤덮인 모습이 '동물의 똥'과 아주 닮아서 붙여졌다고 한다. 파리 카페의 대표 메뉴 '크로탱 샐러드'는 미숙성 상태의 크로탱을 바게트에 얹어 오븐에 구운 것이다. 그 이미지가 강해서인지 숙성 전의 치즈가 인기 있다. 하지만 숙성이 진행된 크로탱은 농후한 원료유의 풍미와 향, 밤 같은 포슬포슬한 식감이 더해져 한층 더 입이 즐거워진다.

푸아투 지방의 풍토를 느끼게 하는 밤나무 잎
Mothais sur Feuille
모테 쉬르 푀이유

외관 바닥에 깔린 커다란 밤나무 잎이 치즈 전체를 감싸고 있다. 껍질도 속살도 부드럽다.

맛 온화한 산미. 숙성이 약간 진행되면 풍미가 배가된다.

향 숙성 중에 베인 치즈를 감싼 밤나무 잎의 향. 약간 헤이즐넛 같은 향도 난다.

계절 여름~초가을.

DATA
종류	소프트(셰브르)
생산지	푸아투 샤랑트권
A.O.C 연도	인가 외
원료유	산양
숙성 기간	—
고형분 중 유지방 함량	45%

문의 알파주

밤나무 잎 위에서 숙성하는 모테. 제조법상의 또 다른 특징은 원료유를 응고시킬 때 이틀에 걸쳐 천천히 응고시키는 점이다. 그래서 온화한 산미와 크리미한 깊은 맛을 느낄 수 있다.

밤나무 잎으로 감싼 비주얼이 특징인 모테 쉬르 푀이유. 두 번에 걸친 세계 대전의 영향으로 제조법이 사라져서 한때는 생산이 끊기기도 했다. 향토 치즈를 사랑하는 폴 조르주Paul Georges가 5년에 걸쳐 레시피를 연구해서 빛을 보게 되었다.

마른 밤나무 잎을 사용하는 제조법은 푸아투 지방의 풍토 탓이다. 셰브르 치즈는 다른 치즈보다 온도가 낮고 통기성이 좋은 장소에서 숙성한다. 그러나 푸아투 지방 주변은 늪지가 많고 습도도 높아서 치즈를 숙성할 때 마른 잎을 사용하게 되었다고 한다.

마른 밤나무 잎을 치즈 밑에 깔면 여분의 수분을 잎이 흡수하고, 적당한 습도를 유지해준다. 3~4주간 숙성한 모테는 숙성이 덜 되었지만 껍질도 말랑하고 끈끈하다. 숙성이 되면 푸른곰팡이가 퍼져 맛이 강해진다.

아라비아에서 들어온 셰브르
Chabichou du Poitou
샤비슈 뒤 푸아투

샤비Chabi는 아랍어로 '산양'을 의미하는 '셰블리chebli'에서 따온 이름이다. 8세기, 아라비아에서 침공해 온 사라센인이 전투가 끝나고 나서 그 지역에 남아 산양을 길러 치즈를 만든 것이 샤비슈의 기원이라고 한다.

외관 술통 마개 모양. 껍질은 얇고 주름이 깊으며, 숙성되면 곰팡이가 나타난다. 속살은 결이 곱고 흰색이다.

맛 적당한 산미와 단맛. 다른 산양 치즈보다 약간 더 자극적이고 농후한 맛이 난다.

향 껍질이 단단해지면서 회색빛이 돌면 산양 향이 강해진다.

계절 연중. 농가 제품이라면 봄~가을. 봄과 여름에 만든 치즈는 특히 맛있다.

DATA
종류	소프트(셰브르)
생산지	푸아투 샤랑트권
A.O.C 연도	1990년
원료유	산양
숙성 기간	최저 10일간
고형분 중 유지방 함량	45%

문의 알파주

'샤비'라는 애칭으로 친숙한 샤비슈 뒤 푸아투는, 푸아투 지방에서 태어난 치즈다. 8세기 초에 일어난 투르와 푸아티에 간의 전쟁에서, 남스페인에서 침공해 온 사라센인(이슬람교도)이 푸아티에에서 치명타를 입고 패퇴했다. 그 후 그 지역에 남은 사라센인이 산양 기르는 법과 산양유를 사용한 치즈 제조법을 전파했다고 한다.

이 지방은 석회암 평야와 연못이 많은 곳으로 풍요로운 토양은 아니었다. 그래서 메마른 토지에서도 잘 자라는 산양 사육이 뿌리를 내려 그 젖을 사용한 치즈 제조도 성행했다. 오늘날 푸아투 지방은 프랑스의 산양 사육 지대가 되었다.

1990년 A.O.C를 취득했을 때, 봉동Bondon이라는 상부 쪽이 좁아지는 전통 마개 모양으로 통일되었다. 그전까지는 다양한 모양으로 만들었다고 한다.

La France/Nord et Nord-est AREA MAP

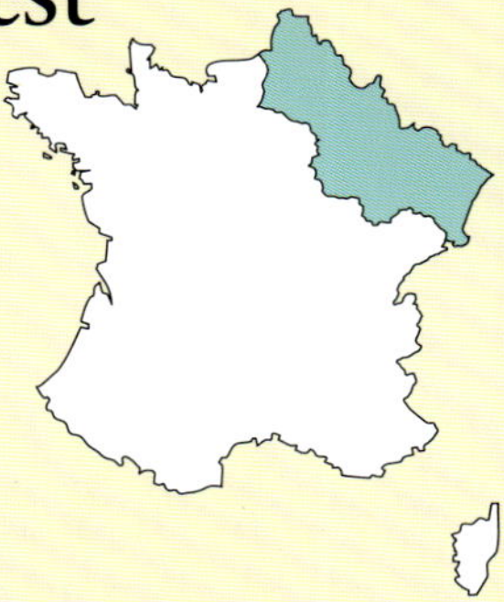

프랑스 북부·북동부

대표 치즈

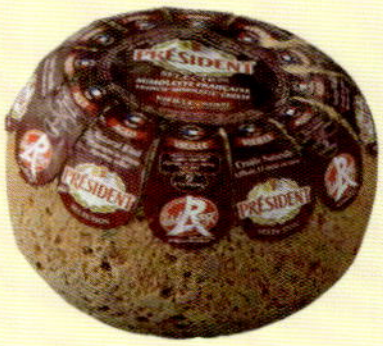

미몰레트
(➡ p.57)

네덜란드의 '에담'과 거의 같은 크기의 치즈. 중간 정도 연하다 Mi-mou는 의미의 프랑스어에서 유래한 이름이다.

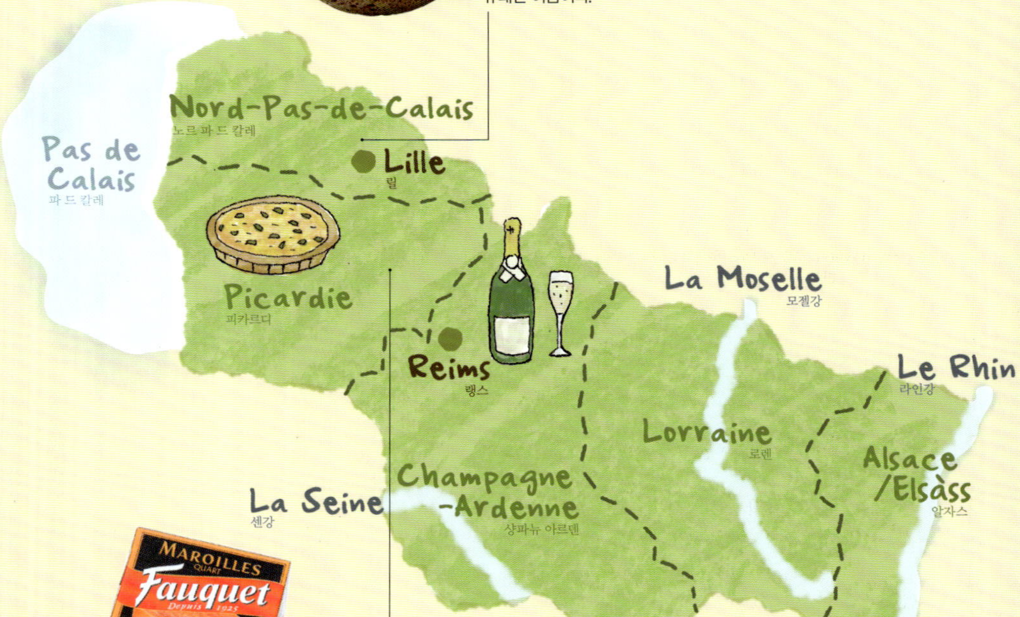

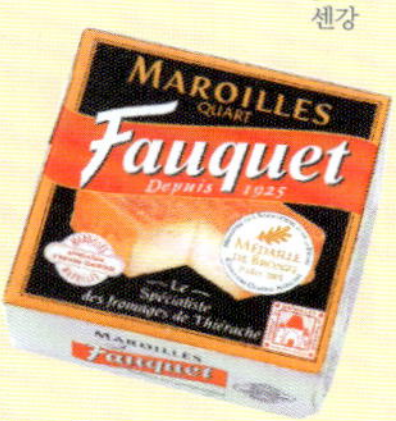

Nord-Pas-de-Calais
노르 파 드 칼레
Pas de Calais
파 드 칼레
Lille
릴
Picardie
피카르디
Reims
랭스
La Moselle
모젤강
Le Rhin
라인강
Lorraine
로렌
Alsace /Elsàss
알자스
Champagne -Ardenne
샹파뉴 아르덴
La Seine
센강

MAROILLES QUART
Fauquet
Depuis 1925
Le Spécialiste des fromages de Thiérache

마루왈
(➡ p.52)

1000년 전부터 만들어온 치즈. 주로 벨기에의 맛이 강한 맥주와 함께 즐긴다.

벨기에와 독일에 인접한 이색적인 문화권
발포성 술에 어울리는 치즈를 만든다

프랑스 최북부의 벨기에와 접한 플랑드르. 이 지방에서 만드는 '미몰레트'는 '북쪽의 공', '릴의 공'이라 불렸다고 한다. 프랑스에서는 노르 파 드 칼레권의 북부에 해당하며, 벨지안 스타일의 맥주와 잘 어울리는 향이 강하고 식감이 좋은 워시 타입 치즈도 만들고 있다.

동쪽에는 역사적으로 독일령과 프랑스령을 반복한 알자스권이 있다. 독일 영향을 받은 독특한 마을 정경과 음식 문화가 있으며, 이곳 치즈도 독일 맥주와 잘 맞는다.

양쪽 사이에 낀 로렌권과 샹파뉴 아르덴권. 이 주변은 완만한 구릉지가 많고 온난한 기후 덕분에 예부터 농업과 낙농업이 성행했다.

노르 파 드 칼레권
(59 노르, 62 파 드 칼레)

벨기에와 접한 플랑드르 지방과 내륙부의 아르투아 지방은 맥주로 유명하다. 맥주와 매칭하기 좋은 치즈가 많고, 맥주로 씻은 워시 타입 치즈도 있다.

피카르디권
(02 엔, 60 우아즈, 80 솜)

노르 파 드 칼레권과 마찬가지로 벨기에의 영향을 받아 씹는 맛이 있는 워시 치즈를 만든다. 향도 강해서 현지에서는 벨지안 스타일의 강한 에일(상면 발효 맥주)에 곁들인다.

샹파뉴 아르덴권
(08 아르덴, 10 오브, 51 마른, 52 오트 마른)

샴페인 생산지로 전 세계에 알려진 비옥한 대지. 발포성 샴페인에 잘 어울리는 '랑그르'나 '샤우르스'처럼 부드럽게 입속에서 녹아내리는 치즈를 만든다.

로렌권
(54 뫼르트 에 모젤, 55 뫼즈, 57 모젤, 88 보주)

알자스, 콩테, 샹파뉴에 인접한 독일 국경과 가까운 지역이다. 이 지방만의 독특한 특징이 드러난 치즈는 없고, 흰 곰팡이 치즈를 중심으로 한 공장제 치즈를 만든다.

알자스
(67 바 랭, 68 오 랭)

프랑스에서 가장 작은 지방권이면서 독일에 접해 있지만, 독자적인 알자스 문화가 있다. 치즈도 독일로부터 영향을 받았다. 이 지방에서 만드는 '묑스테르'는 필스너 스타일의 맥주와 매칭하기 좋다.

*59, 62 등은 프랑스의 행정 구역(데파르트망) 번호이다.

맥주와 어울리는 벽돌색 워시 치즈
Maroilles
마루왈

북부 프랑스 / 북동부

외관 정사각형. 크기는 4종류. 껍질은 적갈색이며 촉촉하고, 속살에는 작은 기공이 있다.

맛 부드럽고 순한 맛. 짠맛과 감칠맛. 끝 맛은 우유의 단맛.

향 워시 타입다운 자극적이고 강한 향. 숙성이 진행되면 더 강해진다.

계절 여름~겨울.

DATA
종류	소프트(워시)
생산지	피카르디권
A.O.C 연도	1955년
원료유	소
숙성 기간	최저 5주간
고형분 중 유지방 함량	최저 45%

문의 니폰 마이세라

파이 반죽에 마루왈을 얹고 아파레이유(유동성 혼합 반죽)를 부어 구운 '마루왈 타르트'는 치즈의 자극적인 향이 누그러져 맛이 부드러워진다. 마루왈만 먹는 것보다 먹기 편해서 인기있다.

프랑스 북동부 마루왈 마을에서 1000년 전부터 만들어온 치즈. 예전에는 '크라크농'이라 불렸다. 962년경, 마루왈 수도원의 수도사가 제조법을 확립하면서 시작되었다고 한다.

숙성이 진행되면 마루왈 껍질은 벽돌 같은 적갈색이 된다. 마루왈 마을에도 기와 건물이 많은데, 그야말로 그 고장을 표현하는 치즈의 자태다. 이 독특한 껍질을 붉은 껍질을 키우는 페르망 루주(Ferment Rouge, 붉은 효소)라는 박테리아의 활동으로 만들어진다.

얼마 전만 해도 껍질을 반복해서 씻고 이 지역의 독특한 지하실 카브(Cave, 숙성고)에 두어 박테리아를 끌어들였다. 현재는 자연 숙성고가 줄어들고 있으며, 미리 원료유에 박테리아를 첨가하는 것이 일반적이다.

마루왈 마을은 벨기에 국경에서 30분 정도면 닿는 곳이다. 그래서인지 현지 사람은 맛이 진하고 강한 벨기에 맥주와 매칭하는 방식을 즐긴다.

수도사들이
만든 치즈
Munster
묑스테르

요새화한 마을의
섬세한 워시
Langres
랑그르

주로 유통되는 것은 '프티 묑스테르'로 불리는 120g이나 200g 정도의 작은 치즈. 현지에서는 450g 크기의 농가 제품이 주류를 이룬다. 알자스에서 만든 향이 좋은 화이트 와인과 페어링하기 좋다.

샘이라고 부르는 옴폭하게 눌린 자국은 치즈를 숙성할 때 뒤집는 작업을 잊어서라고 한다. 그 모습이 개성으로 자리잡은 것은 아마도 맛이 더 좋아서일 것이다.

 외관 껍질은 오렌지색이며 촉촉하고, 속살은 진득하다.

 맛 향과는 정반대로 자극성이 강하지 않아서 먹기 편하다. 우유의 감칠맛과 단맛.

향 숙성하는 동안 여러 번 씻은 덕분에 향이 상당히 강하다.

 계절 연중. 보주 산지에서 여름에 만드는 농가 제품은 여름부터 가을까지가 제철이다.

DATA
종류
소프트(워시)
생산지
알자스권
A.O.C 연도
1969년
원료유
소
숙성 기간
최저 14일간(소형)
고형분 중 유지방 함량
최저 45%

문의 치즈 허니

 외관 껍질은 노란색~적갈색. 중심부가 치즈의 무게로 쑥 패였고, 속살은 결이 곱다.

 맛 농후한 맛. 식감이 좋고 녹아내리는 듯한 느낌을 준다. 신맛과 짠맛이 꽉 차 있다.

향 상당히 개성적인 향. 숙성이 진행되면 향이 더 강해진다.

 계절 연중. 제철은 늦봄~가을.

DATA
종류
소프트(워시)
생산지
샹파뉴 아르덴권
A.O.C 연도
1991년
원료유
소
숙성 기간
15일간(소형)
고형분 중 유지방 함량
최저 50%

문의 알파주

묑스테르라는 이름은 '모나스테르'(Monastère, 수도원)에서 따왔다고 한다. 이 치즈의 역사는 오래되었는데, 7세기 아일랜드에서 온 수도사들이 보주 산지 안에서 만들기 시작한 것이 최초라고 한다.
보주산맥을 끼고 이 치즈를 부르는 이름이 다르다. 둘 다 마을 이름을 따왔는데, 동쪽의 알자스 쪽에서는 묑스테르, 서쪽의 로렌 쪽에서는 묑스테르 제로메Munster Géromé라고 부른다. 요리에 자주 사용되며, 현지에서는 대개 우유와 함께 먹는다.

랑그르고원에서 만드는 치즈로, 퐁텐(Fontaine, 샘)이라 불리는 움푹 팬 곳이 있다. 현지에서는 퐁텐에 샴페인을 붓고 추가로 숙성시켜 더 개성적인 맛을 즐긴다고 한다.
랑그르는 로마 시대에 요새화한 마을이다. 지금도 2세기 로마 시대에 지어진 문을 둘러싼 성벽에 갇혀 있다. 그런 지역성 탓에 18세기가 되어서야 알려졌다. 1991년, A.O.C에 들어오기 전까지 거의 현지에서만 소비되던 치즈다.

고양이와 곰을 의미하는, 입에서 사르르 녹는 흰 곰팡이 치즈
Chaource
샤우르스

원산지에 맞춰 샴페인류의 스파클링 와인이나 같은 부르고뉴산 와인과 페어링하면 좋다. 특히 샤블리Chablis 같은 차갑게 식힌 드라이 화이트 와인이 잘 어울린다.

 외관 — 껍질은 벨벳 같은 흰 곰팡이로 덮여 있고, 속살은 담황색에 조직이 보들보들하다.

 맛 — 깊이 있는 맛. 짠맛과 신맛도 강하고, 헤이즐넛과 버섯 같은 풍미가 있다.

 향 — 연한 우유 향. 미숙성 상태에서는 버섯 향도 느낄 수 있다.

 계절 — 연중. 특히 여름에서 가을까지의 제품이 맛있다.

DATA
종류	소프트(흰 곰팡이)
생산지	샹파뉴 아르덴권
A.O.C 연도	1970년
원료유	소
숙성 기간	최저 15일간
고형분 중 유지방 함량	최저 50%

문의 오더 치즈

르 카망베르(→p.31)나 브리(→p.41) 같은 자극성 없는 흰 곰팡이 치즈를 생각하며 샤우르스를 먹으면 놀라게 된다. 숙성이 진행되면 워시 타입에도 지지 않는 깊은 맛을 지니게 된다. 중급자용 치즈다.
크리미한 맛과 녹아내리는 식감, 연하게 견과류 껍질이 생각나는 풍미다. 숙성이 덜 된 것을 선호해서 15일간 숙성한 후(특별히 최저 10일간 숙성한 제품도 있다)부터 먹을 수 있다.

부르고뉴의 수도사가 12세기경에 만들었으며, 오늘날에도 부르고뉴 지방의 욘과 그 옆 샹파뉴 지방의 오브 일부에서 생산한다. 샤우르스라는 이름은 샹파뉴 지방의 작은 마을 이름에서 따왔다. 프랑스어로 '샤'는 고양이, '우르스'는 곰을 의미하며, 마을의 문장紋章과 패키지에도 고양이와 곰이 그려져 있다. 그 마을의 남쪽에서는 부르고뉴의 샤블리를, 북쪽에서는 샴페인을 만들고 있으며 두 와인 모두 이 치즈와 페어링하기 좋다.

신의 변덕으로
만들어진 치즈?
Caprice des Dieux
카프리스 데 디외

자극이 없고
모든 사람이 좋아하는 맛
Suprême
쉬프렘

La France
Nord et Nord-est

레드 와인이나 로제 와인이라면
상표와 상관없이 다 잘 어울린다.
라이트 보디 쪽이 치즈의 맛을 좀
더 즐길 수 있다. 화이트 와인이라
면 프루티한 것을 선택한다.

감칠맛과 풍성한 향은 없지만 크
리미하고 마일드하다. 자극성도
없어서 먹기 편하다. 안정적인 타
입으로 처음부터 심이 없고 맛과
식감이 늘 한결같다.

		DATA	
외관	껍질은 솜털 같은 흰 곰팡이로 덮여 있다. 타원형의 포장이 고급스럽다.	종류	소프트(흰 곰팡이)
		생산지	샹파뉴 아르덴권
맛	크리미하고 순하다. 튀는 맛도 없고 신맛과 짠맛도 거의 없다.	A.O.C 연도	인가 외
		원료유	소
향	특징적인 향이 없다. 숙성이 진행되면 양송이 향을 느낄 수 있다.	숙성 기간	약 2주간
계절	공장제 치즈로 1년 내내 먹을 수 있는데, 중심의 심이 약간 남아 있을 때가 적기.	고형분 중 유지방 함량	60% 이상

문의 체스코㈜

		DATA	
외관	타원형. 새하얀 곰팡이가 덮고 있다. 속은 탄력이 좋은 조직에 크림색.	종류	소프트(흰 곰팡이)
		생산지	로렌권
맛	농후한 우유의 풍미를 맛볼 수 있다. 크리미하고 매끄럽다.	A.O.C 연도	인가 외
		원료유	소
향	입에 머금으면 버터 같은 우유 향이 연하게 퍼진다.	숙성 기간	
계절	연중. 품질 유지 기간은 약 50일 이내.	고형분 중 유지방 함량	60%

문의 프로마주 내추럴 치즈 통신판매

카프리스 데 디외가 세상에 나온 것은 1956년. 공장 생산 치즈의 선구자 같은 존재다. '신의 변덕'이라는 의미의 이름 탓인지 포장에는 귀여운 천사 일러스트가 그려져 있다. 패키지 디자인과 타원형이라는 드문 모양 덕분에 선뜻 사가는 사람도 많다. 치즈 모양은 디저트인 칼리송(아몬드 과자)에서 영감을 받았다고 한다. 자극성이 없으며 버터 같은 농후하고 크리미한 맛이 특징인 더블 크림 타입이다. 치즈 초심자도 먹기 좋다.

'쉬프렘'은 프랑스어로 '최고'라는 의미다. 우유에 생크림을 넣어 만드는 더블 크림 타입이라서 농후한 원료유의 풍미를 즐길 수 있다. 독특한 맛이나 짠맛이 강하지 않아 먹기 편하다.
과일과 함께 오르되브르로 먹거나 생크림에 녹여 드레싱으로 만들어도 훌륭하다. 술이라면 프루티한 와인이 잘 어울린다. 진한 홍차나 커피와도 최적의 맛을 즐길 수 있다.

북프랑스/북동부

어떤 메뉴와도 어울리는
만능 흰 곰팡이 치즈
Chamois d'Or
샤무아 도르

흰 곰팡이 치즈는 대체로 맛이 농후한데, 이 치즈는 깔끔하다. 남녀노소 모두 좋아하며 어떤 요리와도 어울린다. 바퀴 모양의 큰 사이즈(2.45kg)를 잘라서 팔기도 한다.

외관 타원형 외에 커다란 바퀴 모양도 있다. 껍질은 솜털 같은 흰 곰팡이에 덮여 있다.

맛 순하고 질리지 않는 고급스러운 맛. 입속에서도 부드럽다.

향 자극성이 없다. 입에 넣으면 발효한 우유 향이 연하게 퍼진다.

계절 연중. 품질 유지 기간은 약 65일.

DATA
종류
소프트(흰 곰팡이)
생산지
샹파뉴 아르덴권
A.O.C 연도
인가 외
원유유
소
숙성 기간

고형분 중 유지방 함량
52%

문의 니폰 마이세라

봉그랑사에서 생산하는 아르덴의 흰 곰팡이 치즈. 흰 곰팡이에 덮인 치즈 속살이 옅은 황색이어서인지 유난스럽지 않지만 고급스러운 맛 덕분인지 '골든 브리'라고도 부르며 누구나 좋아한다.
튀는 맛이 없어서 어떤 요리에 곁들여도 맛있게 먹을 수 있다. 아침, 낮, 밤 어느 때나 어떤 상황에도 모두 어울린다. 맛이 순해서 레드 와인에 제격이다.

롱 라이프 제조법의
카망베르
Gérard Camembert
제라르 카망베르

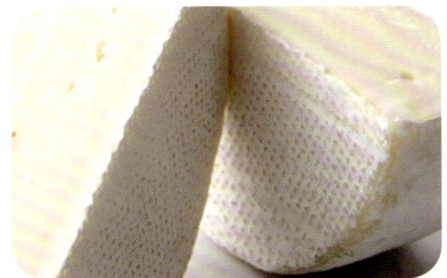

가열 처리로 흰 곰팡이 활성을 멈추게 하고 밀폐해서 포장한 제품이다. 주로 숙성해서 먹는 카망베르와는 식감과 향이 약간 다르다. 장기 보존할 수 있다.

외관 껍질은 얇은 흰 곰팡이가 덮고 있고, 속살은 적절하게 숙성되어 부드럽다.

맛 언제라도 가장 적절한 숙성 상태로 먹을 수 있다. 크리미하고 순한 맛.

향 거의 나지 않는다. 가열 처리로 생기는 독특한 향이 연하게 느껴진다.

계절 연중.

DATA
종류
소프트(흰 곰팡이)
생산지
샹파뉴 아르덴권
A.O.C 연도
인가 외
원유유
소
숙성 기간

고형분 중 유지방 함량
50%

문의 체스코(주)

슈퍼마켓이나 편의점에서 쉽게 구할 수 있게 된 카망베르. 그중에서도 제라르사의 카망베르는 롱 라이프 타입으로 가장 대중적인 치즈다.
쓴맛의 원인인 껍질을 얇게 잘라 벗겨내서 크리미하고 먹기 편한 치즈를 추구한다. 프루티한 화이트 와인과 잘 어울린다.

네덜란드가 원조인 선명한 오렌지색 치즈
Mimolette

미몰레트

숙성 기간에 따라 죈(Jeune, 2~6개월), 드미 비에이유(Demi Vieille, 6~12개월), 비에이유(Vieille, 12~18개월), 엑스트라 비에이유(Extra-Vieille, 18~24개월)로 불린다.

외관 껍질은 숙성이 진행되면 구멍이 숭숭 생기고 가루 상태로 된다. 속살은 선명한 오렌지색.

맛 미숙성일 때는 마일드하다. 숙성이 진행되면 농후하게 변해서 카라스미 같은 맛이 난다.

향 견과류 향. 숙성하면서 향이 강해진다.

계절 연중. 먹기 좋은 때는 숙성 3개월이 지난 후부터다.

종류	비가열 압착 (세미하드·하드)
생산지	플랑드르 지방 등 *사진의 치즈는 페이 드 라 루아르권에서 생산
A.O.C 연도	인가 외
원료유	소
숙성 기간	6주간 이상
고형분 중 유지방 함량	40%

문의 세카이 치즈 쇼카이

프랑스어로 '중간 정도 연하다'는 어원을 가진 미몰레트. 그 이름 그대로 미숙성일 때는 약간 탄력이 있으며 부드럽다. 17세기, 프랑스에서는 외국 제품의 수입을 금했다. 그래서 네덜란드의 미몰레트(현지에서는 Commissiekass)를 흉내 내어 만들게 되었다. 오늘날에도 프랑스 북부(플랑드르)를 중심으로 제조하고 있다. 선명한 오렌지색은 천연 색소인 아나토에서 얻은 것이다. 옛날에는 당근을 이용해 물들였다고 한다.
건조한 흙 같은 껍질은 숙성을 도와주는 시롱(Ciron, 치즈 진드기)이 만든다. 미숙성 상태에서는 껍질도 매끈하고 부드러우며, 상큼하고 밀키한 맛이 난다. 숙성 기간이 1년 이상 지나면 미몰레트만의 울퉁불퉁한 껍질이 만들어져서 맛이 진하고 감칠맛이 나는 독특한 맛이 발달한다.

숙성이 진행된 후의 맛은 카라스미(숭어알을 염장한 후 건조한 것)와 비슷해서 사케와 매칭하기 좋다. 프루티한 화이트 와인, 라이트 보디의 레드 와인과 페어링하기 좋고, 맥주와도 잘 어울린다.

La France/Est
AREA MAP

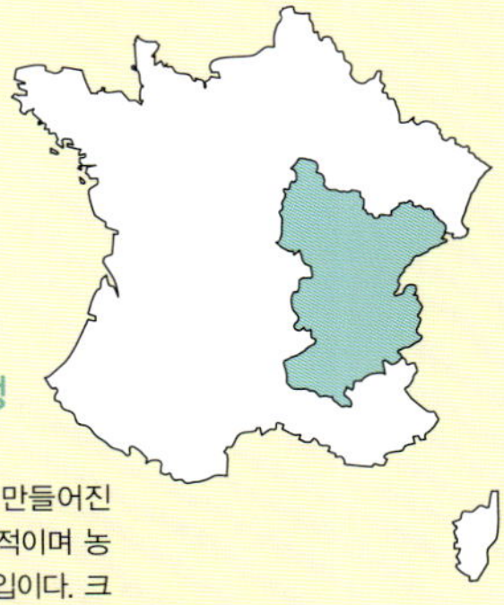

프랑스 동부

대표 치즈

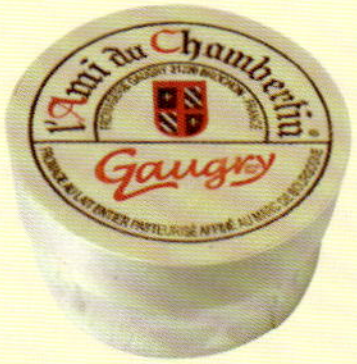
l'Ami du Chambertin
Gaugry

라미 뒤 샹베르탱

(➡ p.73)

2차 세계 대전 후에 만들어진 새내기 치즈로, 개성적이며 농후한 풍미의 워시 타입이다. 크리미하며 연한 짠맛이 맛을 살린다.

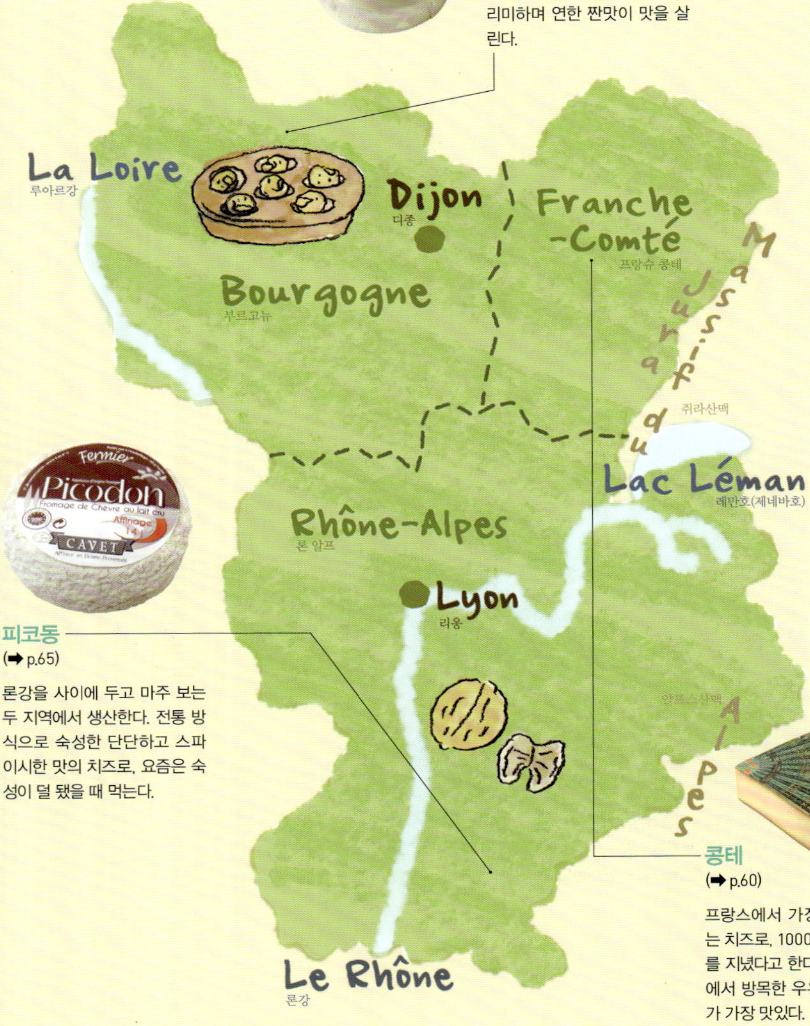
La Loire
루아르강
Dijon
디종
Franche-Comté
프랑슈 콩테
Bourgogne
부르고뉴
Massif du Jura
쥐라산맥
Lac Léman
레만호(제네바호)
Rhône-Alpes
론 알프
Lyon
리옹
알프스산맥
Alpes
Le Rhône
론강
Fermier
Picodon
Fromage de Chèvre au lait cru
Affinage 14 j
CAVET

피코동

(➡ p.65)

론강을 사이에 두고 마주 보는 두 지역에서 생산한다. 전통 방식으로 숙성한 단단하고 스파이시한 맛의 치즈로, 요즘은 숙성이 덜 됐을 때 먹는다.

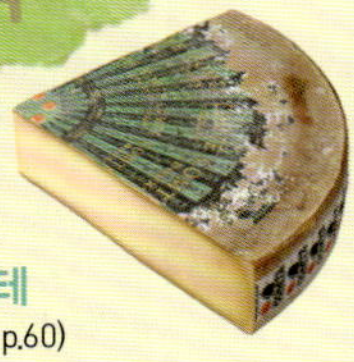

콩테

(➡ p.60)

프랑스에서 가장 많이 소비하는 치즈로, 1000년 이상의 역사를 지녔다고 한다. 여름 동안 산에서 방목한 우유로 만든 콩테가 가장 맛있다.

포도밭이 펼쳐지는 평탄한 농지와 첩첩산중에서 만드는 전혀 다른 맛

쥐라산맥을 끼고 스위스와 국경을 접한 프랑슈 콩테권. 알프스산맥으로 스위스·이탈리아로 연결되는 론 알프권. 두 지역 모두 고산 식물을 먹고 자란 동물들의 양질의 원료유를 사용한 치즈 제조가 성행한 곳이다. 쥐라 일대의 치즈 역사는 오래되었으며, 겨울 식량용으로 장기 숙성한 하드 치즈를 만들어왔다. 물론 푸른곰팡이 치즈도 있다. 이 지역의 블루치즈에는 하드 치즈에서 주로 나는 나무 열매 같은 깊은 맛이 느껴진다.

부르고뉴권은 온난한 기후와 경작에 적합한 평탄한 토지 덕분에 농경이 성행한 곳이다. 수도원이 많고, '그리스도의 피'로 상징되는 레드와인을 만들기 위한 포도밭이 펼쳐져 있다. 해당 지역의 술로 씻는 개성적인 워시 치즈는 '미식의 도시'에 어울리게 맛이 명품이다. 론 알프권에서는 숙성이 진행되면 풍부한 풍미를 지니는 셰브르 치즈와 블루치즈도 만든다.

부르고뉴권

(㉑코트 도르, (58)니에브르, (71)손 에 루아르, (89)욘)

포도밭이 펼쳐지는 부르고뉴. 머스터드로 유명한 디종은 미식의 도시로도 유명하다. '에푸아스'로 대표되는 버터처럼 농후하고 끈적한 식감의 워시 치즈를 만든다.

프랑슈 콩테권

(㉕두, ㊴쥐라, (70)오트 손, (90)테리투아르 드 벨포르)

스위스와 국경을 접한 산악 지대. 길고 혹독한 겨울을 나기 위해 전통적으로 커다란 홀 타입의 하드 치즈를 만들어왔다. 대표 치즈 '콩테'는 스위스와 이탈리아 북서부 치즈의 영향을 받은 맛이 난다.

론 알프권

(①앵, ⑦아르데슈, ㉖드롬, ㊳이제르, ㊷루아르, (69)론, (73)사부아, (74)오트 사부아)

알프스산맥을 끌어안고 스위스, 이탈리아와 접한 지역이다. 스위스까지 걸쳐진 레만호부터 지중해로 이어지는 론강이 거의 중앙을 가로지른다. '보포르'처럼 단맛이 도는 치즈 외에 '피코동' 같은 스파이시한 셰브르도 생산한다.

*㉑, (58) 등은 프랑스의 행정 구역(데파르트망) 번호이다.

프랑스/동부

프랑스 인기 No1. 숙성에 따른 맛의 차이
Comté
콩테

콩테 지방의 역사적인 명품 치즈. A.O.C 치즈 중에서도 생산량이 가장 많고 프랑스에서도 큰 인기를 자랑한다. 장기 숙성이 만들어내는 프루티하고 독특한 풍미가 특별하다.

외관 껍질은 미숙성 상태에서는 노란색. 숙성이 진행되면 색이 짙어져 갈색이 된다. 속살은 꽉 찬 크림색.

맛 풍미와 깊이 모두 농후하지만 진한 느낌은 없다. 숙성할수록 부드러운 단맛이 늘어 관능적이다.

향 농후한 우유 향과 나무 열매 향 등 다양한 향을 느낄 수 있다.

계절 연중. 여름에 착유한 우유로 만든 콩테는 겨울부터 봄까지가 적기. 맛은 숙성 기간이 좌우한다.

DATA
종류	가열 압착(하드)
생산지	프랑슈 콩테권
A.O.C 연도	1958년
원료유	소
숙성 기간	최저 120일간
고형분 중 유지방 함량	최저 45%

문의 세카이 치즈 쇼카이

1000년 이상의 역사를 자랑하는 콩테는 프랑스에서 가장 많이 소비하는 치즈다. 원산지는 스위스 국경과 가까운 프랑슈 콩테권. 산도 있고 평지도 있는 풍요로운 자연의 혜택을 누리는 지역이다. 차바퀴처럼 생긴 대형 콩테 1개(평균 40㎏)를 만드는 데 약 450l의 우유가 들어간다.

특징은 뭐니 뭐니 해도 숙성에 따른 맛과 향의 변화다. 숙성할수록 단맛이 늘어 먹고 나면 긴 여운이 남는다.

4개월간 숙성하고 검사해서 20점 만점에 12점 이상을 받으면 측면에 갈색 테이프를 감아 '콩테'로 인정한다. 14점 이상은 녹색 테이프를 감아 '콩테 엑스트라Comté extra'로 부르는 1등급이 된다. 각각 다시 한 번 숙성을 거쳐 출하한다. 콩테는 치즈 자체의 맛을 충분히 음미할 수 있는 것이 특징이다. 가벼운 타입의 레드 와인이나, 드라이한 화이트 와인이 페어링하기 좋다.

생활의 지혜가 만들어낸
보드라운 치즈
Morbier
모르비에

입에 넣으면 가벼운 단맛과 폭신하고 부드러운 맛이 퍼진다. 치즈 속에 향신료를 뿌린 것 같은 검은 선이 가로로 중앙에 나 있는데, 이 검은 선은 숯 검댕이다. 맛과는 상관없다. 완전 숙성이 되기 전에 먹는 것이 좋다.

외관 껍질은 베이지색~오렌지색. 노란색 단면 중심에 검은 선이 보인다.

맛 가벼운 단맛에 부드러운 과실 맛. 탱탱한 식감을 즐길 수 있다.

향 입에 머금으면 풍성하고 크리미한 향이 코끝을 스쳐 간다.

계절 연중. 특히 여름~겨울.

DATA
종류
비가열 압착
(세미하드)

생산지
프랑슈 콩테권

A.O.C 연도
2000년

원료유
소

숙성 기간
최저 45일

고형분 중 유지방 함량
45%

문의 세카이 치즈 쇼카이

콩테와 고향이 같다. 콩테를 만들다가 남은 우유를 활용해서 만든 자가 소비용 치즈였다고 한다. 냄비에 남은 커드만으로는 치즈를 만들 수 없을 때, 벌레 퇴치용 숯 검댕을 뿌리고 다음 날 아침에 또 남은 커드를 더 넣어서 1개의 모르비에를 완성했다. 현재는 이 방식을 이용해 커드를 모으지 않지만, 당시 습관의 잔재로 숯 검댕을 넣는다.
프루티하고 드라이한 화이트 와인을 추천한다.

외관은 중품,
맛은 일품
Tomme de Savoie
톰 드 사부아

회색이 도는 껍질에 마치 먼지가 앉은 것 같은 가지각색의 곰팡이가 보이는가. 맛있어 보이는 비주얼은 아니지만 깔끔한 맛 속에 숙성으로 빚어진 깊이가 있다. 탄력이 있어서 씹는 맛도 일품이다.

외관 회색 껍질에 천연 곰팡이가 피었다. 속살은 담황색이며 기공이 여기저기 뚫려 있다.

맛 깔끔한 우유의 감칠맛. 진하고 깊이 있는 맛.

향 견과류를 떠올리게 하는 고소한 향이 씹을수록 입 속에 퍼진다.

계절 연중. 특히 초여름~늦가을, 초겨울이 적기.

DATA
종류
비가열 압착
(세미하드)

생산지
론 알프권

A.O.C 연도
인가 외(I.G.P 1996년)

원료유
소

숙성 기간
3~4개월 이상

고형분 중 유지방 함량
40%

문의 오더 치즈

사부아의 산악 지대에서 만든다. 궁핍한 시절에 그 지역 농가에서 버터용 크림을 빼고 난 다음 탈지유로 만든 치즈라고 한다. 그래서 지방분은 약간 낮다.
A.O.C보다 약간 기준이 느슨한 I.G.P 인정으로 명칭을 보호받고 있다.
복잡한 감칠맛이 나지만 저지방 치즈라서 맛은 깔끔하다. 프루티하고 드라이한 와인과 페어링하거나 치즈를 녹여 빵과 함께 먹으면 좋다.

프랑스/동부

최적기 판단이 까다로운,
마니아층이 선호하는 스위스의 한 조각

Emmental
에멘탈

지역 밖에서는 거의 구할 수 없는
희귀한 지역 치즈

Gruyère
그뤼예르

친숙한 과일 맛과 씹는 맛을 주는
식감이 특징. 장기 숙성하면 단맛
이 얼굴을 드러낸다. 14개월간 숙
성한 '프리미에르 크뤼Premieur
Cru'는 풍미도 품질도 최고다.

보들보들하고 속이 꽉 찬 치즈로,
혀끝의 감촉도 씹는 맛도 최고다.
생으로 먹어도 맛있지만 온화하
면서도 크리미한 맛은 포타주나
감자 요리와 잘 어울린다.

 외관 껍질은 단단하게 건조되어 있다. 속살은 연노란색이며 큰 치즈 아이가 불규칙하다.

 맛 적당히 단단한 식감이다. 숙성이 진행되면 신맛이 단맛으로 변한다.

 향 약간 시큼한 우유의 발효 취가 나지만 신경 쓰이지 않을 정도다.

 계절 계절보다는 숙성 기간이 중요한데, 6개월간 숙성한 치즈의 맛은 특별하다.

DATA
종류
가열 압착(하드)
생산지
프랑슈 콩테권
A.O.C 연도
인가 외(I.G.P 1996년)
원료유
소(무살균유)
숙성 기간
4개월 이상
고형분 중 유지방 함량
45~49%

문의 닛쇼쿠㈜

 외관 바퀴 모양. 황갈색의 껍질은 매끈하다. 속살은 아이보리색~연노랑.

 맛 단맛과 순한 신맛. 숙성이 진행되면 좀 더 풍성하고 깊은 맛이 난다.

 향 밤과 나무 열매 비슷한 향이 코끝을 간질이는데, 숙성하면 향도 진해진다.

 계절 연중. 숙성 8개월부터가 적기이며, 6~9월에 만든 그뤼예르는 진미.

DATA
종류
가열 압착(하드)
생산지
프랑슈 콩테권
A.O.C 연도
인가 외(I.G.P 2013년)
원료유
소(무살균유)
숙성 기간
5개월 이상
고형분 중 유지방 함량
45~48%

문의 닛쇼쿠㈜

알프스 산기슭인 프랑슈 콩테 일대에서 만든다. '치즈 아이'라고 하는 특유의 큰 기공이 특징이다. 이 치즈 아이가 너무 크면 먹을 수 있는 부분이 적고, 작으면 끈끈한 식감이 되니 적절한 크기를 골라야 한다.
피노 그리 품종으로 만드는 같은 알자스 지방의 화이트 와인과 궁합이 좋다. 동량의 콩테(→p.60)를 넣어 치즈 포타주(수프의 일종)를 만들면 풍미가 살아난다.

알프스의 사부아 지방에서 옛날부터 전해오는 전통 방식으로 만든다. 그뤼예르는 현지인들이 일상적으로 소비하는 치즈이며, 다른 지역에서는 거의 찾아보기 힘들다. 튀는 개성은 없지만 매일 먹어도 질리지 않는 온화한 맛이 일품이다.
그뤼예르는 오래전부터 스위스와 프랑스에서 만들어 온 마운틴 치즈다. 2013년 프랑스에서도 I.G.P가 승인되어 스위스산에만 허가되던 '그뤼예르'라는 이름을 붙일 수 있게 되었다.

고급스러운 맛과 화려한 단맛을 자랑하는 치즈계의 왕자
Beaufort
보포르

우유를 듬뿍 사용한 고급스러운 맛. 꿀 같은 단맛, 싱그러운 향, 나긋나긋한 식감이 아주 화려한 치즈다. 여름 동안 착유한 우유로 만든 알파주 보포르는 또 다른 맛으로 완성된다.

 외관 껍질은 황갈색에 울퉁불퉁하며, 측면이 살짝 오목하다. 속살은 연노랑이며 조직의 결이 곱다.

 맛 식감이 촉촉하다. 벌꿀 같은 부드러운 단맛과 나무 열매 같은 깊은 맛이 난다.

 향 고귀하고 상큼한 향. 연한 꽃 향도 난다. 여름에 만든 것은 허브 향이 강하다.

 계절 연중. 알파주 보포르는 가을부터가 적기.

DATA
종류	가열 압착(하드)
생산지	론 알프권
A.O.C 연도	1968년
원료유	소(무살균유)
숙성 기간	최저 5개월
고형분 중 유지방 함량	최저 48%

문의 알파주

스위스 국경에서 가까운 산악 지대인 사부아에서 만드는 치즈. 미식가이면서 《미식 예찬》의 저자인 브리야 사바랭이 치즈의 왕자라고 절찬한 대형 치즈다. 치즈 이름은 사부아 지방의 보포르탱이라는 마을 이름에서 따왔다. 이곳 소는 품질 안정을 위해 과도한 착유를 하지 않는다. 1마리당 연간 5000kg까지로 착유를 제한한 덕분에 질 좋은 원료유를 생산할 수 있다.

숙성은 최저 5개월이 걸린다. 특히 9개월 이상 지나면 맛이 응축되어 훨씬 맛이 좋다고 한다.
알파주 기간의 우유로 만든 '보포르'는 소가 먹는 목초가 달라서 보통 제품보다 진한 크림색이다. 6월 샬레chalet에서 만든 치즈가 마을에 도착하는 것은 11월부터다. 상큼한 허브 향과 우유의 진미로 평소와는 다른 맛을 즐길 수 있다.

프랑스 / 동부

'풍성하다'는 의미의 치즈
Abondance
아봉당스

아봉당스, 몽베리아르, 타랭 등 세 품종의 우유로만 제조해야 한다. 숙성 기간은 약 3개월이지만 더 오래 숙성하면 프루티한 맛과 녹아내리는 듯한 식감을 즐길 수 있다.

 외관 바퀴 모양. 두꺼운 껍질에는 포목 자국이 있다. 속살은 회색빛이 가미된 크림색.

 맛 밤의 단맛과 진한 맛. 우유의 풍미도 풍성하다.

 향 허브 향에 헤이즐넛 향이 섞여 난다.

 계절 초가을~봄. 특히 늦겨울이 맛있다고 한다.

DATA
종류
반가열 압착(하드)
생산지
론 알프권
A.O.C 연도
1990년
원료유
소(무살균유)
숙성 기간
최저 90일
고형분 중 유지방 함량
최저 48%

문: 알파주

14세기에 스위스와 국경이 접한 사부아 지방에 포교하러 들어온 수도승들이 만든 치즈. 좀 더 질이 좋은 치즈를 만들려고 토지, 소의 품종, 제조법에 까다로운 제한을 두었다. 그래서 아봉당스 계곡을 중심으로 광대한 목초지의 개간까지 착수했다고 전한다.

생으로 먹을 때는 루세트 드 사부아 Roussette de Savoie 같은 현지의 화이트 와인, 또는 가벼운 발포성 화이트 와인과 페어링한다.

농가 생활의 지혜가 낳은 농후한 맛
Reblochon de Savoie
르블로숑 드 사부아

처음 착유한 우유가 아닌 두 번째 착유한 우유를 사용한다. 산지는 스키 메카라서 스키 관광객의 입소문을 통해 인기가 퍼졌다.

 외관 세미소프트 타입의 바퀴 모양 치즈. 껍질은 오렌지색이 가미된 노란색.

 맛 순한 원료유의 풍미와 온화하면서 기품 있는 진미가 돋보인다. 짠맛도 줄였다.

 향 에피세아(전나무의 일종)의 고급스러운 향. 입에 넣으면 견과류 향이 퍼진다.

 계절 초여름~겨울 초가 제철이다. 농가 제품이라면 여름이 끝나가는 9월이 진미.

DATA
종류
비가열 압착(워시)
생산지
론 알프권
A.O.C 연도
1958년
원료유
소(무살균유)
숙성 기간
최저 15일간
고형분 중 유지방 함량
최저 45%

문: 알파주

르블로숑은 '한 번 더 착유한다'는 의미다. 14세기경 프랑스의 농가가 소를 방목한 산지는 빌린 땅이었다. 착유량의 일정 부분을 임차료로 내는 조건으로 말이다. 그래서 각 농가는 임차료로 낼 우유를 착유할 때 전부 짜지 않고 남겼다가 저녁에 다시 착유해서 만든 것이 이 치즈의 시작이라고 한다. 소금물로 가볍게 씻어 에피세아 선반에서 숙성한다. 표면의 카세인 마크가 녹색이라면 농가 제품, 빨간색이라면 공장 생산품이다.

숙성이 진행되면 나타나는 톡 쏘는 맛에 매료

Picodon
피코동

외관 — 원반형. 작은 산양 치즈 중에서도 작다. 얇게 흰색 효모가 있다.

맛 — 단맛이 튀는 미숙성 치즈와 스파이시한 풍미의 숙성한 치즈가 있으니, 맛의 차이를 즐길 수 있다.

향 — 연한 견과류 향이 나는데, 숙성이 진행되면 선명한 향으로 바뀐다.

계절 — 봄~가을. 한여름의 피코동을 최고로 친다.

DATA
종류	소프트(셰브르)
생산지	론 알프권
A.O.C 연도	1983년
원료유	산양
숙성 기간	최저 12일간
고형분 중 유지방 함량	최저 45%

문의 알파주

1~3개월간 숙성한 것이 맛있다. 처음에는 톡 쏘는 맛이 나고 그 후에는 산양유의 단맛이 퍼진다. 최근에는 3~4주간 정도만 숙성한 순한 맛을 선호한다.

론 알프권, 론강을 사이에 두고 서로 마주 보는 드롬현과 아르데슈현에서 만드는 셰브르. 옛날에는 명칭이 달랐다고 하는데, 지금은 두 지역에서 만드는 것을 모두 피코동이라고 부른다. 피코동은 오크어(중세 프로방스어)의 피카(Pica, 맵다)와 우두(oudou, 달다)가 합해진 단어다. 이름 그대로 완전히 숙성한 치즈를 입에 넣으면 톡 쏘는 맛 뒤로 산양유의 억제된 단맛을 느낄 수 있다.

동쪽의 드롬현 디욀리피에서는 숙성해서 딱딱해진 피코동을 물로 씻어서 촉촉하게 만들어 먹는 방식인 '피코동 드 디욀리피'가 일반적이다.

숙성에 따른 맛의 변화가 급격해서 비교해가며 먹으면 재미있다. 숙성이 덜 된 치즈는 포근한 단맛이 전면에 드러나 스파이시한 맛이 없다. 숙성이 덜 된 치즈는 드라이한 화이트 와인, 숙성한 치즈는 맛이 강한 레드 와인과 페어링한다.

농축된 산양유의 풍미
Rigotte de Condrieu
리고트 드 콩드리유

입을 크게 벌리면 한입에 들어갈 듯 작고 귀여운 치즈. 신맛은 적고 보슬보슬한 밤 같은 맛이 난다. 숙성하면 끈기와 스파이시한 맛이 생긴다.

 외관 작은 원반형. 지름은 5cm 정도. 흰 효모에 덮여 있고 푸른곰팡이도 보인다.

 맛 산양유 특유의 신맛은 약하다. 적절한 단맛. 숙성한 치즈는 스파이시한 맛도 난다.

 향 싱그러운 허브 향에서 산양유의 달콤한 향이 희미하게 느껴진다.

계절 다른 산양유 치즈와 마찬가지로 봄~가을.

DATA
종류
소프트(셰브르)
생산지
론 알프권
A.O.C 연도
2009년
원료유
산양(무살균유)
숙성 기간
최저 8일간
고형분 중 유지방 함량
최저 40%

문의: 알파주

2009년 A.O.C 치즈로 인정받은 셰브르. 리고트란 '산속의 작은 강'이라는 의미인 사투리에서 유래했다는 주장이 있다. 콩드리유는 이 치즈의 발생지인 론 지방의 콩드리유 지구에서 따왔다. 이곳은 주로 판매를 하며, 생산은 리용의 남서부 있는 피라산에서 한다. 좀처럼 구하기 어렵지만, 같은 콩드리유의 와인과 함께 맛보는 것이 가장 좋을 것이다.

마코네의 화이트 와인과 맛보고 싶은
Mâconnais
마코네

가볍게 즐길 수 있는 간식 크기의 치즈. 크리미하고 신맛이 적은 젊은 치즈를 먹는 것이 일반적이다. 숙성이 되어 단단해지면 풍미가 풍부해져 다른 매력을 느낄 수 있다.

 외관 원뿔대 모양. 무게 50~60g의 한입 크기. 흰색에서 점점 노란색이 가미된다.

 맛 젊었을 때는 크리미. 6주 이상 숙성하면 감칠맛이 난다.

 향 허브 같은 상큼한 향이 코를 간질인다.

 계절 연중. 봄부터 가을까지가 특히 맛있다.

DATA
종류
소프트(셰브르)
생산지
부르고뉴권
A.O.C 연도
2006년
원료유
산양(무살균유)
숙성 기간
최저 10일
고형분 중 유지방 함량
최저 45%

문의: 알파주

이름의 유래는 산지인 부르고뉴권의 마코네에서 따왔다. 마코네는 치즈보다 와인 산지로 유명하다. 옛날부터 포도 농가에서는 포도나무 밑에 자라는 풀을 먹고 비료를 만들어주는 산양을 길러 그 젖으로 치즈를 만들어왔다. 마코네도 예외 없이 산양유로 만든 역사 깊은 치즈다. 와인 '마코네'가 A.O.C 인가를 받은 것에 힘입어 2006년 치즈도 A.O.C 인가를 받았다.

입속에서 한동안 남는 여운
Charolais
샤롤레

산양유의 진미를 확실하게 느낄 수 있는 치즈다. 먹고 나서도 치즈의 감칠맛이 한동안 입속에 남는다. 몇 주간 숙성시켜 곰팡이가 확실하게 펴서 회색빛이 된 치즈가 제맛이 난다.

외관 측면이 부푼 원통형. 껍질은 흰 효모나 푸른곰팡이가 덮고 있다. 속이 꽉 찬 조직으로 중량감이 있다.

맛 밸런스가 좋다. 과부족이 없는 연한 단맛과 짠맛, 감칠맛도 있어서 뒷맛도 확실하게 남는다.

향 입에 머금으면 고급스러운 산양유 향과 나무 열매 향이 퍼진다. 향의 여운이 길다.

계절 봄~가을. 완전히 숙성한 제품은 풍미도 강하다.

DATA
종류	소프트(셰브르)
생산지	부르고뉴권
A.O.C 연도	2010년
원료유	산양(무살균유)
숙성 기간	최저 16일간
고형분 중 유지방 함량	최저 45%

문의 알파주

샤롤레 산지는 마코네 서쪽 일대에 펼쳐져 있다. 브랜드 소로 알려진 샤롤레 품종의 산지이기도 하지만, 빈곤한 농민들을 도와준 것은 산양유로 만든 치즈라고 한다.

샤롤레의 야무지게 속이 꽉 찬 조직은 일반 셰브르보다 천천히 시간을 들여 숙성해서 얻은 결과물이다. 정성껏 사라주(Sarage, 치즈에 소금을 뿌리는 공정으로 일명 건염법)해서 가끔 뒤집으며 탈수와 숙성을 한다.

이 과정을 거치면 묵직하고 단단하며 농후한 맛이 난다. 숙성이 진행될 때는 자연스럽게 생긴 껍질을 흰 효모나 푸른곰팡이가 덮어 헤이즐넛 같은 감칠맛이 생겨난다.

특징적인 것은 뒷맛. 산양유 특유의 맛을 남김없이 끄집어낸 균형 잡힌 풍미가 일품이다. 그 풍미는 먹고 나서 한동안 입속에 남아 여운이 길다.

깊이가 있는 고급스러운 레드 와인이나 산지에서 가까운 마코네의 화이트 와인과 페어링할 수 있다.

프랑스 / 동부

탄력 있는 식감과
개성적인 맛의 셰브르
Chevrotin
슈브로탱

섬세한 감칠맛이 도는 치즈로, 입 속에서 산양유의 풍미가 화려하게 퍼진다. 껍질에 견과류 같은 식감과 약간의 떫은맛이 조화를 이룬다. 자잘한 구멍은 숙성이 덜 되었을 때 보이는데, 숙성이 진행되면 매끄러워진다.

- **외관**: 원반형. 속살은 새하얗다. 옅은 복숭아색의 곰팡이가 얇게 덮은 껍질.
- **맛**: 매끄럽고 탄력이 있다. 화려한 산양유의 풍미. 적절한 감칠맛이 최상급이다.
- **향**: 제조 단계에서 생기는 에피세아의 싱싱한 나무 향이 느껴진다.
- **계절**: 늦봄~여름, 가을에 걸쳐 맛있다. 특히 여름이 적기.

DATA
종류
비가열 압착 (셰브르)
생산지
론 알프권
A.O.C 연도
2002년
원료유
산양 (무살균유)
숙성 기간
최저 21일
고형분 중 유지방 함량
45%

문의 알파주

나무 막대로
간편하게 산양 치즈를 음미
Baratte
바라트

20~30g 정도의 작은 구형 치즈에 나무 막대가 꽂힌 모습이 특징이다. 껍질은 없고 입속에 넣으면 매끄럽게 녹아내린다. 숙성이 진행되면 적절한 강도와 순한 맛이 만들어진다.

- **외관**: 새하얗고 습기가 있으며 조직이 균일. 체리 크기 치즈에 꽂힌 나무 막대가 특징.
- **맛**: 미숙성 시 신맛이 있어서 깔끔한데, 숙성하면 단맛과 감칠맛이 더해진다.
- **향**: 작아서인지 산양유 특유의 냄새가 강하지 않다.
- **계절**: 연중. 특히 신록의 계절~가을.

DATA
종류
소프트 (셰브르)
생산지
부르고뉴권 외
A.O.C 연도
인가 외
원료유
산양
숙성 기간
—
고형분 중 유지방 함량
45%

문의 프로마주 내추럴 치즈 통신판매

알프스의 고산 지대인 사부아 지방에서 만드는 치즈다. 에피세아 판 위에서 껍질을 씻으며 숙성시킨다. 포장할 때도 얇은 에피세아 판을 위아래로 깔고 종이로 포장해 향이 싱그럽다. 2002년에 A.O.C 치즈가 되었다.
다른 치즈와 마찬가지로 현지 와인과 잘 어울린다. 사부아의 상큼하고 플로럴한 화이트 와인과 먹으면 절묘하다.

주로 부르고뉴 지방에서 만든다. 산양유를 천천히 유산균으로 응고시켜 물을 빼고 나서 소금을 넣고 한입 크기의 작은 공 모양으로 둥글려 나무 막대를 꽂는다. 예전에는 농가에서 착유한 산양유를 하룻밤 재우고, 자연스럽게 떠오른 지방을 통에 옮겨 봉으로 저으며 버터를 만들었다. 이 버터를 젓는 도구가 '바라트'다. 바라트와 모양이 비슷해서 이름지어졌다고 한다.

숙성해서 진득해진 타입이 인기 상승 중
Saint-Fèlicien
생 펠리시앙

같은 지방에서 만드는 생 마르슬랭과 겉모습은 같지만, 더 크다. 지방 성분도 높아서 진한 우유 맛을 제대로 느낄 수 있다.

둘이서 먹으면 딱 좋은 크기, 샐러드로 먹어도 맛있다
Saint-Marcellin
생 마르슬랭

'아피네'를 선호하고, 부드러워서 용기에 넣어 판매한다. 완전히 숙성해서 농후한 진미를 느낄 수 있을 때 먹는다. 숙성이 덜 되면 셰브르 치즈 같은 맛이 난다.

외관 껍질에 흰 효모가 얇게 피어 있다. 속살은 담황색. 지름 8~10cm의 원반형.

맛 복잡하고 농후한 우유의 단맛, 밀키한 맛. 숙성하면 진득해진다.

향 연한 견과류 같은 나무 향. 조직에서 흙 내음과 비슷한 향이 피어오른다.

계절 연중. 특히 봄~가을. 2주 이상 숙성한 제품이 아주 맛있다.

DATA
종류
소프트(그 외)
생산지
론 알프권
A.O.C 연도
인가 외
원료유
소
숙성 기간
—
고형분 중 유지방 함량
약 60%

문의 치즈 오우쿄쿠

외관 작은 원반형. 속살은 색감과 조직이 모두 커스터드 크림 같다.

맛 단맛, 신맛, 짠맛의 밸런스가 좋다. 뒷맛도 깔끔하다.

향 연한 견과류 향이 식욕을 돋운다. 숙성시키면 향이 농후해진다.

계절 연중. 권장 시기는 봄부터 가을.

DATA
종류
소프트(그 외)
생산지
론 알프권
A.O.C 연도
인가 외(I.G.P 2013년)
원료유
소
숙성 기간
21일 이상
고형분 중 유지방 함량
50%

문의 알파주

도피네 지방의 어느 마을에서 따온 이름이다. 20세기 초, 생 마르슬랭에서 힌트를 얻어 더블 크림으로 만든 것이 시작이다. 원래는 산양유로 만든 프레시 치즈였지만, 요즘에는 거의 우유로 만든다.
최근 들어 버터 같은 농후하고 크리미한 식감에 진득하게 숙성한 타입이 인기다. 껍질을 으깨면 부드럽게 흘러나오는 조직을 스푼으로 떠서 먹는 방법이 정착되었다.

도피네 지방에 있는 마을 이름을 따서 지었다. 예전에는 산양유로 만든 치즈로 단단하게 숙성했다. 15세기, 루이 11세가 왕태자 시절에 먹었다는 에피소드가 남아 있다. 20세기 후반, 리용의 한 치즈 상인의 아이디어로 현재 인기 있는 걸쭉한 상태의 '생 마르슬랭 도피네 Saint-Marcellin Dauphiné'가 탄생했다. 아주 부드러워서 들 수 없기 때문에 용기에 담아서 판다.

가볍게 오르되브르로
Apérifrais
(Italie / Provence)
아페리프레 (이탈리아/프로방스)

프레시 치즈에 다양한 허브류를 토핑한 것이 특징이다. 타임, 바질 등을 토핑한 프로방스풍과, 토마토와 마늘 풍미가 특징인 이탈리아풍이 있다.

외관 한입 크기의 타원형. 잘게 썬 허브와 채소로 토핑한 외관이 화려하다.

맛 크리미한 프레시 치즈에 허브 등이 절묘한 악센트를 준다.

향 허브 등 토핑의 화려한 향이 상쾌하게 비강을 간질인다.

계절 연중. 제조일자로부터 약 1개월 이내에 먹는 것이 좋다.

DATA
종류
프레시
생산지
론 알프권
A.O.C 연도
인가 외
원료유
소
숙성 기간
없음
고형분 중 유지방 함량
69%

문의 체스코(주)

치즈의 진주로 칭송받는 화려한 맛
Mont d'Or
몽 도르

계절 한정 치즈. 가을의 방문을 알리는 치즈로 친숙하다. 숙성이 덜 된 치즈는 풍미가 순하고, 숙성이 진행된 것은 우유의 응축된 진미와 향을 즐길 수 있다.

외관 원형의 나무 상자에 들어 있다. 껍질은 노란색~밝은 갈색, 속살은 황금색.

맛 부드럽고 농후한 밀크감. 견과류의 고소한 맛과 프루티한 맛.

향 깊은 산속의 삼림이 연상되는 에피세아 향이 편안함을 준다.

계절 제조 시기는 8월 15일~이듬해 3월 15일. 제철은 11월과 12월경.

DATA
종류
소프트 (워시)
생산지
프랑슈 콩테권
A.O.C 연도
1981년
원료유
소(무살균유)
숙성 기간
최저 3주간
고형분 중 유지방 함량
최저 45%

문의 오더 치즈

아페리프레란 '아페리티프(식전의 오르되브르)'와 '프레(프레시)'를 더한 조어다. 크림치즈 브랜드 '타르타르'의 라인업 중 하나로 와인과 페어링하도록 개발되었다. 화이트 와인이나 스파클링 와인 같은 식전술과의 궁합이 아주 좋다. 어디서라도 먹을 수 있도록 들고 다니기 편한 포장에 픽이 들어 있다. 오르되브르만이 아니라 샐러드에 곁들여도 그만이다.

'황금의 산'을 의미하는 몽 도르 일대에서 만든다. 편안함을 주는 나무 향은 에피세아 향 덕분이다. 커드를 에피세아 껍질로 말아 고정하고, 에피세아 선반 위에서 씻어 숙성하며, 에피세아로 만든 상자에 넣어 출하한다. 처음부터 끝까지 에피세아를 이용하는 독특한 제조법이다. 윤기 있는 외관과 고급스러운 맛으로 프랑스에서는 '치즈의 진주'로 칭송받는다. 걸쭉하게 숙성된 것을 스푼으로 떠서 먹는다.

강렬한 향과 순한 맛이 개성적인 '치즈의 왕'
Epoisses
에푸아스

워시 계열 치즈 중에서도 냄새가 가장 강렬하다. 우유의 감칠맛을 응축한 듯한 맛은 특별하다. 덜 숙성되면 마일드하고, 숙성이 진행되면 풍미가 강해져서 자극취가 증가한다.

 외관 원반형. 껍질은 선명한 오렌지색. 숙성이 진행되면 적갈색으로 변한다. 속살은 밝은 베이지색.

 맛 우유의 부드러운 단맛과 농후한 감칠맛이 난다. 자극적이지만 개성적인 맛에 빠진 애호가가 많다.

 향 진한 향. 자극이 강한 향. 프랑스에서는 '신의 발'이라고 표현한다.

 계절 연중. 일반적으로 겨울에는 완숙된 진득한 제품을, 여름에는 순한 숙성 제품을 선호한다.

DATA
종류	소프트(워시)
생산지	부르고뉴권
A.O.C 연도	1991년
원료유	소
숙성 기간	최저 4주간
고형분 중 유지방 함량	최저 50%

문의 오더 치즈

역사가 오래된 치즈로 16세기 초 수도원에서 만들었다는 기록이 있다. 강렬한 개성을 자랑하는 냄새와 반대로 마일드하고 밀키한 맛은 사람들을 사로잡았다. 음식 철학에 대해 쓴 명저 《미식 예찬》의 저자로 알려진 브리야 사바랭은 에푸아스를 '치즈의 왕'이라 칭찬했다. 20세기 들어 두 번의 세계 대전의 영향으로 생산 농가가 격감해서 절멸의 위기에 빠진 적도 있다. 개성적인 풍미를 만드는 것은 에푸아스만의 독특한 숙성법. 일반 워시 타입 치즈는 소금물에 표면을 씻지만, 에푸아스는 마무리로 지역 술인 마르 드 부르고뉴(부르고뉴 와인을 만들고 남은 지게미로 만든 증류주)로 씻는다.

강한 냄새가 싫은 사람은 껍질을 전부 벗겨내고 속살만 먹으면 된다. 다만 껍질을 벗기는 순간 건조해서 풍미가 떨어지므로 주의한다.

프랑스/동부

샤블리로 만든
샤블리를 위한 치즈
Affidelice
아피델리스

덜 숙성되면 비교적 맛이 깔끔하다. 숙성하면 향이 강해지고 진득하며 크리미한 식감과 강한 진미를 음미할 수 있다.

 외관 — 껍질은 오렌지색. 속살은 연한 백황색. 숙성하면 노란색이 진해진다.

 맛 — 미숙성 시 다소 신맛이 있어서 깔끔하다. 숙성하면 짠맛이 생기고 농후해진다.

향 — 워시 계열 치즈의 독특하고 자극적인 향. 그 사이로 샤블리 향이 난다.

 계절 — 연중. 특히 가을에서 겨울까지가 맛있다.

DATA
종류
소프트(워시)
생산지
부르고뉴권
A.O.C 연도
인가 외
원료유
소
숙성 기간
최저 4주간
고형분 중 유지방 함량
50%

문의 알파주

아주 순한 맛의
워시 치즈
Soumaintrain
수맹트랭

냄새도 풍미도 워시 타입 중에서는 비교적 순하다. 적당히 걸쭉한 식감이라 편하게 먹을 수 있는 덕분에 워시 타입에 익숙하지 않은 사람에게 최적이다.

외관 — 숙성하면 껍질은 오렌지색. 속살은 크림색으로 조직은 걸쭉하다.

 맛 — 짠맛은 확실히 느껴지지만 전체적으로 차분하다.

 향 — 워시 타입 특유의 자극적인 향은 줄였다.

 계절 — 봄부터 가을에 걸쳐 먹을 수 있다.

DATA
종류
소프트(워시)
생산지
부르고뉴권
A.O.C 연도
인가 외(I.G.P 신청 중)
원료유
소
숙성 기간
최저 21일간
고형분 중 유지방 함량
45%

문의 알파주

소금물로 씻고 부르고뉴 지방 북서부에서 생산하는 인기 있는 화이트 와인, 샤블리로 다시 한 번 씻어서 마무리한 워시 치즈다.
치즈에서 와인의 풍미와 향이 느껴진다. 꼭 샤블리와 함께 먹어보라. 향도 맛도 강해서 프루티한 레드 와인과도 잘 어울린다. 걸쭉하게 완숙된 부분을 스푼으로 떠서 견과류나 과일이 들어간 바게트와 함께 먹어도 특별하다.

부르고뉴 지방, 욘현의 작은 마을 수맹트랭에서 이름을 땄다. 마무리할 때 소금물로만 가볍게 씻는다. 워시 치즈 특유의 짠맛, 신맛, 감칠맛 등을 확실하게 즐길 수 있지만, 맛은 아주 순해서 먹기 편하다.
빵과 함께 먹으려면 버터를 잔뜩 넣은 크루아상과 브리오슈가 좋고, 술이라면 같은 부르고뉴 지방에서 만든 깊은 맛의 레드 와인을 추천한다.

명주(名酒)와 함께 먹으려고 만들어진 특별한 맛
L'ami du Chambertin
라미 뒤 샹베르탱

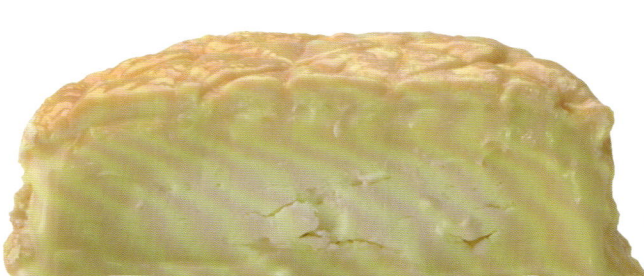

 외관 원반형. 높이는 4㎝ 정도. 오렌지색이며 주름이 있는 껍질은 촉촉하고 윤기 있다.

 맛 버터처럼 농후하고 크리미한 맛. 연하게 느껴지는 짠맛이 적당한 악센트를 준다.

 향 워시 타입 특유의 어간장이나 말린 생선 같은 향. 숙성이 진행되면 자극이 강해진다.

계절 연중. 숙성에 따라 식감과 풍미가 상당히 달라진다.

워시 치즈만의 강한 향. 한입만 먹어도 가득 퍼지는 농후한 감칠맛이 있다. 부드러운 조직이 입속에서 녹아내리는 듯한 식감을 즐길 수 있다.

DATA	
종류	소프트(워시)
생산지	부르고뉴권
A.O.C 연도	인가 외
원료유	소
숙성 기간	1개월 이상
고형분 중 유지방 함량	50%

문의 프로마주 내추럴 치즈 통신판매

1950년에 고그리 치즈 제조소의 창업자인 레몽 고그리Raymond Gaugry가 만들었다.
부르고뉴 지방의 고트 도르에서 만들며 에푸아스(→ p.71)와 마찬가지로 지역 술인 마르 드 부르고뉴로 표면을 씻은 워시 타입이다.
이름은 '샹베르탱의 친구'라는 의미다. 나폴레옹 황제가 사랑한 와인으로 유명한 '샹베르탱'과 마리아주하기 위해 만들어졌다고 한다.

농후한 풍미는 상당히 개성적이다. 화려하고 리치한 맛의 샹베르탱에 지지 않는 단맛, 짠맛, 감칠맛의 밸런스가 잘 느껴진다. 꼭 샹베르탱이 아니더라도 떫은맛이 강하고 묵직한 타입의 와인과 함께 마셔도 좋다.
숙성이 될 되면 향은 그리 독하지 않다. 하지만 숙성이 진행되면 상당히 강해진다. 익숙해지기 전에는 피하고 싶을지도 모르지만 숙성한 향이 강해질수록 감칠맛도 배가된다.

프랑스 / 동부

첫 워시 타입 도전은
이 치즈로
Le Pié d'Angloys
르 피에 당글로이

와인색의 밀랍으로 각인을 찍은 패키지 디자인이 사람들의 마음을 사로잡아 최근 인기를 끌고 있다. 이 세련된 포장에 어울리는 섬세하고 고급스러운 풍미를 즐길 수 있다. 드라이 화이트 와인과 궁합이 좋다.

외관: 밝은 살구색. 세밀한 홈이 평행으로 나 있다. 부드러운 껍질은 끈적거리지 않는다.

맛: 자극성 없이 순하고 크리미한 맛. 식감도 매끄럽다.

향: 워시 타입 특유의 냄새가 거의 나지 않는다.

계절: 연중. 수입 후 1개월 이후가 적기.

DATA
종류
소프트(워시)
생산지
부르고뉴 지방
*사진의 치즈는 페이 드 라 루아르권에서 생산
A.O.C 연도
인가 외
원료유
소
숙성 기간
—
고형분 중 유지방 함량
62%

문의 치즈 허니

이 치즈의 원형은 14세기 시작한 영국과 프랑스 간의 백년 전쟁(1337~1453)의 휴전 시기에 만들어졌다고 한다. '당글로이'란 영국이라는 의미인데, 영국군이 우세였을 때 이름이 지어졌는지도 모른다. 프랑스군이 강세였을 때는 피에 프랑수아로 이름이 바뀌기도 했다는 에피소드가 있다.
소금물로 씻고 물로 다시 씻어서인지, 워시 타입 특유의 강한 맛과 향이 거의 없어 먹기 편하다.

카망베르와 비슷한
밀키한 맛
Roucoulons
루쿨롱

원형의 종이 포장지 윗면에 그려진 빨간색 하트가 눈길을 끈다. 외관이나 맛이 르 카망베르(→p.31)와 비슷하지만 워시 타입 특유의 농후한 풍미도 확실하다.

외관: 연갈색의 껍질을 흰 효모가 마치 흰 곰팡이 치즈처럼 얇게 덮고 있다.

맛: 전체적으로 크리미한 맛. 워시 치즈의 독특한 맛이 적절한 악센트를 준다.

향: 껍질도 함께 입에 넣으면 워시다운 향을 약하게 느낄 수 있다.

계절: 연중. 중앙부를 위에서 눌러 부드러운 탄력이 느껴지면 적기.

DATA
종류
소프트(워시)
생산지
프랑슈 콩테권
A.O.C 연도
인가 외
원료유
소
숙성 기간
2~3주간
고형분 중 유지방 함량
55%

문의 프로마주 내추럴 치즈 통신판매

콩테 지방에서 만드는 워시 타입 치즈. 워시 타입 중에서도 특유의 향은 적으며 짠맛도 약하다. 우유의 단맛과 진미가 가까이 느껴진다. 숙성이 진행되면 흰 곰팡이가 오렌지색의 껍질을 덮는다.
빵이라면 섬세하고 온화한 치즈 풍미를 방해하지 않는 담백한 맛의 바게트 등을 권한다. 와인은 프루티하고 가벼운 레드 와인, 드라이한 화이트 와인이 잘 어울린다.

입가심으로도 최적인
순한 맛
Rouy
루이

크리미하고 적당한 진미가 치즈 맛을 부드럽게 감싼다. 식감도 부드럽고 매끄럽다. 짠맛이 강하지 않아 무언가 마음이 놓이는 맛이다. 그야말로 먹기 편한 워시 치즈.

외관 둥글린 사각형. 오렌지색 껍질에 흰색 효모가 얇게 피었다.

맛 특유의 풍미는 있지만, 전체적으로 맛이 순하다.

향 강하지는 않지만, 코에 가까이 대면 특유의 눅눅한 향이 난다.

계절 연중. 수입 후 약 20일간이 적기.

DATA
종류
소프트(워시)
생산지
부르고뉴권
*사진의 치즈는 페이 드 라 루아르권에서 생산
A.O.C 연도
인가 외
원료유
소
숙성 기간
—
고형분 중 유지방 함량
약 50%

문의 오더 치즈

모서리를 둥글린 사각형 모양으로 껍질은 워시 타입 특유의 끈끈함이 없고 건조하다. 그 외관처럼 부드럽고 산뜻한 맛이다. 하지만 워시 타입 특유의 진미와 향은 확실하다. 초심자보다 워시 타입에 익숙해지기 시작한 사람에게 적당하다.

일반 워시 타입과 마찬가지로 신맛이 나는 호밀빵이나 진한 레드 와인과 궁합이 맞는다. 따끈한 감자 요리에 곁들여도 맛있다.

현대적인 제조 방식으로 만든
순한 치즈
Pavé d'Affinois
파베 다피누아

우유를 사용한 흰 곰팡이 타입 치즈. 파베란 석조石柱라는 의미로, 이름 그대로 모양도 직육면체다. 숙성이 진행되면 부드러워져서 커스터드 크림 같다.

외관 주사위 같은 모양. 껍질은 숙성이 덜 되면 새하얗지만 숙성하면 다갈색.

맛 짠맛이 약해서 먹기 편하다. 숙성시키면 아주 부드러워진다.

향 온화한 향. 흰 곰팡이 타입 특유의 버섯 같은 흙내가 거의 안 난다.

계절 연중. 숙성 기간에 따라 맛과 식감이 달라지므로 취향에 맞춰 먹는다.

DATA
종류
소프트(흰 곰팡이)
생산지
론 알프권
A.O.C 연도
인가 외
원료유
소
숙성 기간
—
고형분 중 유지방 함량
60%

문의 치즈 허니

종래의 치즈와 달리 울트라필터레이션이라는 제조 방식으로 만든다. 이 방식을 도입하면 우유에서 치즈를 만들 때 필요한 성분을 농축해서 건져낼 수 있다. 먹기 전에 윗부분의 껍질을 걷어내고 부드러워진 치즈를 떠먹거나 치즈 퐁뒤처럼 딥으로 만드는 방식을 권한다. 프루티한 레드 와인이 잘 어울린다.

소중한 사람에게 선물하고 싶은, 행복을 부르는 치즈
Baraka
바라카

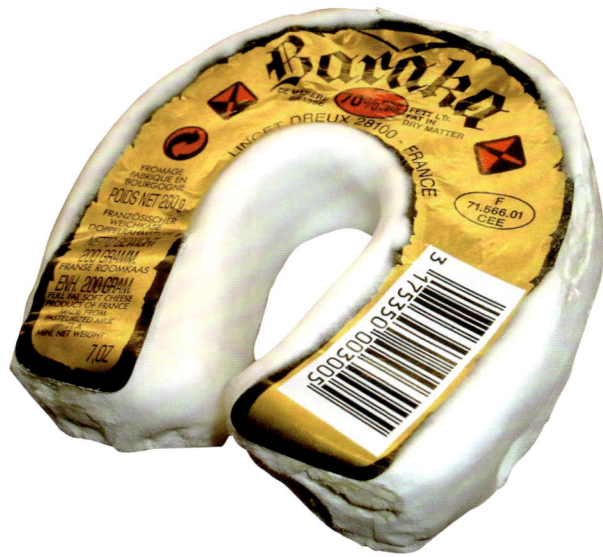

프랑스에서는 경사스러운 날에 선물하는 치즈로 인기 있다. 감칠맛이 농후한 우유의 풍미와 새하얀 아름다운 곰팡이. 맛도 외관도 고급스럽다.

외관 말굽 모양. 도넛 일부를 잘라낸 듯하다는 표현을 한다. 솜털 같은 흰 곰팡이에 덮여 있다.

맛 입에 머금은 순간 농후한 버터 같은 풍미가 퍼진다. 짠맛이 강하지만 뒷맛이 상쾌하다.

향 버터같이 순한 우유 향이 코끝을 스친다.

계절 연중. 지방 성분 비율이 높아 녹기 쉬우므로 보존 시 주의.

DATA
종류	소프트(흰 곰팡이)
생산지	부르고뉴권 외
A.O.C 연도	인가 외
원료유	소
숙성 기간	—
고형분 중 유지방 함량	70%

문의 니폰 마이세라

주로 부르고뉴권과 인접한 일 드 프랑스권을 중심으로 만드는 흰 곰팡이 치즈. 유럽에서 말굽은 행운의 상징이라서 그 모양을 딴 바라카는 행운의 치즈로 소중히 여긴다. 선물로 애용한다.
우유에 크림을 넣은 더블 크림 타입이라서 지방분은 70%로 높고, 맛이 진하다. 적절한 짠맛이라서 처음 입에 넣을 때 상상했던 것처럼 맛이 농후하지 않다. 아무리 그래도 치즈만 먹으면 지루하니 입을 개운하게 해줄 사과 등의 신맛이 강한 과일과 먹는다.
술과 함께라면 강한 맛보다는 스파클링 타입의 화이트 와인이나 프루티한 가벼운 타입의 레드 와인을 추천한다. 상당히 잘 녹으므로 먹을 만큼 자르고 나서 나머지는 바로 냉장 보관한다.

첫 블루치즈는 이것으로
Gérard Selection Fromage Bleu
제라르 셀렉숑 프로마주 블뢰

진득하고 순한 블루
Bleu du Vercors Sassenage
블뢰 뒤 베르코르 사스나주

La France/Est

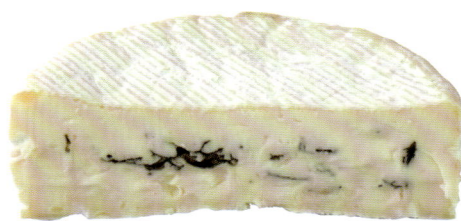

언제 어디서나 변함없는 맛을 연 순간부터 즐길 수 있다. 맛은 푸른곰팡이 치즈치고는 순하고 자극성이 없다. 만인이 좋아하는 맛이라 파티에 제격이다.

대자연에서 자란 우유로 만든 푸른곰팡이 치즈. 쫀득한 식감이 특징이다. 생으로 먹어도 맛있지만, 잘게 뺀 호두와 생크림을 섞고 빵에 얹어 살짝 구우면 맛이 더욱 좋다.

외관 흰 곰팡이가 얇게 껍질을 덮고 있다. 속에는 푸른곰팡이가 드문드문 섞여 있다.

맛 상당히 마일드하다. 크리미한 우유에서 푸른곰팡이의 존재가 느껴진다.

향 푸른곰팡이의 예리한 향은 적지만, 화려한 인상만 남는다.

계절 연중.

```
종류
푸른곰팡이
생산지
론 알프권
A.O.C 연도
인가 외
원료유
소
숙성 기간
—
고형분 중 유지방 함량
59%
```
문의 체스코㈜

외관 껍질에는 흰 곰팡이가 얇게 피어 있고, 크림색 조직에는 푸른곰팡이가 퍼져 있다.

맛 마일드. A.O.C 블루치즈 중에서 가장 순하다고 한다.

향 견과 향. 다른 푸른곰팡이 치즈보다 향이 온화하다.

계절 새순이 나오는 계절부터 겨울까지가 제철. 숙성은 2~3개월이 가장 좋다.

```
DATA
종류
푸른곰팡이
생산지
론 알프권
A.O.C 연도
1998년
원료유
소
숙성 기간
최저 21일간
고형분 중 유지방 함량
최저 48%
```
문의 프로마주 내추럴 치즈 통신판매

브레스 블뢰(→p.79)를 기초로 개발한 롱 라이프 제조법의 블루치즈. 같은 제라르 시리즈에 흰 곰팡이 타입과 워시 타입도 있다. 순수한 맛의 블루치즈로, 무염 버터를 곁들여 카나페로 만들어 먹기도 한다. 잘게 썰어서 샐러드에 토핑하거나, 딥이나 드레싱에 섞어 채소와 함께 즐길 수 있는 만능선수다. 드라이한 화이트 와인이 잘 어울리며, 의외로 단맛의 로제 와인과도 궁합이 좋다.

중세 시대, 수도승이 현지인에게 전했다는 치즈다. 과거에 한 번 생산이 멈춰 소멸할 뻔했으나 여러 낙농 생산자의 정열과 노력으로 최근에는 공장 생산까지 하게 되었다. 1998년에 A.O.C를 획득했다.
사스나주는 14세기 중반 무렵에 이 치즈의 자유 판매를 허가한 영주의 이름이며, 마을 이름이기도 하다. 베르코르는 마을 가까운 곳에 있는 산지의 명칭에서 따왔다.

순한 맛으로 인기를 끄는 블루치즈
Fourme de Montbrison
푸름 드 몽브리종

푸른곰팡이 치즈 중에서도 특히 맛이 튀지 않고 먹기 편하다. 푸른곰팡이다운 풍미는 남겨두고 짠맛과 향을 줄였다. 푸른곰팡이 타입에 익숙하지 않은 사람에게 권할 만하다.

외관 진한 노란색 조직에 푸른곰팡이가 가득하다. 불규칙한 기공이 있으며, 껍질은 오렌지색이다.

맛 진득한 우유의 단맛과 푸른곰팡이의 톡 쏘는 듯한 맛이 난다. 쫀득한 탄력도 즐겁다.

향 푸른곰팡이 특유의 톡 쏘는 향은 약하다.

계절 연중. 특히 가을부터 겨울까지가 맛있다고 한다.

DATA
종류	푸른곰팡이
생산지	론 알프권
A.O.C 연도	2002년
원료유	소
숙성 기간	최저 32일
고형분 중 유지방 함량	최저 50%

문의 오더 치즈

프랑스 남동부 포레산맥의 동쪽에서 만든다. 서쪽은 '고귀한 블루'로 평가받는 푸름 당베르(→p.85)의 생산지다. 이 두 치즈의 기원은 오래되어, 7~9세기까지 거슬러 올라간다. 최근 농가가 급속히 감소해 2002년까지는 푸름 당베르와 동일시되었다. 그러나 제조법이나 산지, 맛, 껍질의 색(푸름 당베르는 회색빛이 돈다)이 달라서 하나의 새로운 종류로 A.O.C에 인가를 받았다.

옛날에는 여름에는 샬레에서, 겨울에는 산기슭의 농가에서 만들었던 우유 100%의 블루치즈. 삼나무 선반에 두고 소금을 뿌리며 숙성하는 과정을 거친다. 그래서 회색이 가미된 당베르의 껍질과 달리 아름다운 오렌지색이 돈다.

먹기 쉬운 푸른곰팡이 치즈지만 농후한 풍미는 건재하다. 묵직하고 프루티한 레드 와인이나 귀부 와인같이 맛이 강한 와인과 잘 맞는다.

생산량이 적은
귀중한 블루
Bleu de Gex
블뢰 드 젝스

세미하드 치즈 정도의 단단함에 원료유의 풍미가 순한 블루치즈. 현지에서는 콩테(→p.60)와 함께 넣어 치즈 퐁뒤로 즐긴다. 식사뿐 아니라 디저트로도 손색없다.

외관 껍질은 얇고 건조하다. 자르기 전에는 블루치즈로 보이지 않는다.

맛 풍부한 우유의 풍미와 연한 쓴맛이 절묘하다. 뭉개지기 쉽고 식감은 부드럽다.

향 입에 머금으면 헤이즐넛 향이 연하게 퍼진다.

계절 연중. 특히 여름부터 만드는 제품이 좋다.

DATA
종류
푸른곰팡이
생산지
프랑슈 콩테권
A.O.C 연도
1977년
원료유
소(무살균유)
숙성 기간
최저 3주간
고형분 중 유지방 함량
최저 50%

문의 프로마주 내추럴 치즈 통신판매

프랑스인의 넘쳐나는
치즈 사랑이 꽉 들어찬 치즈
Bresse Bleu
브레스 블뢰

우유에 생크림을 첨가해서 만드는 치즈. 껍질은 흰 곰팡이, 속살은 푸른곰팡이로 된 별난 타입이다. 흰 곰팡이가 치즈의 순한 맛과 푸른곰팡이가 치즈의 진미가 적절하게 조화를 이룬다.

외관 원기둥형. 껍질은 흰 곰팡이가 덮고 있고, 속살은 연노랑에 푸른곰팡이가 섞였다.

맛 마일드하면서 크리미하다. 푸른곰팡이다운 풍미가 있지만 온화하다.

향 푸른곰팡이 향이든 흰 곰팡이 향이든 특징적인 향은 거의 나지 않는다.

계절 연중.

DATA
종류
푸른곰팡이
생산지
론 알프권
A.O.C 연도
인가 외
원료유
소
숙성 기간
2~4주간 이상
고형분 중 유지방 함량
55%

문의 체스코㈜

스위스 국경에서 가까운 쥐라산맥에서 만들며, '고원의 블루'로 불리는 대형 치즈. 페니실리엄 글로컴이라는 푸른곰팡이를 사용했다. 13세기경, 수도사가 이 지방에 치즈 제조법을 전했다고 한다. 1530년에는 이 지방을 지배했던 신성 로마 제국의 칼 5세가 이 치즈를 아주 좋아했다고 한다.
번거로운 과정을 마다하지 않고 전통 제조법으로 만들어서 생산량이 적다.

A.O.C에 인정받은 '볼라이유 드 브레스'(Volaille de Bress, 브레스 닭)로 유명한 브레스 지방. 그곳에서 2차 세계 대전 중에 탄생했다고 전해지는 치즈다.
전시 중 적국 이탈리아의 고르곤졸라(→p.102)를 손에 넣을 수 없게 되었을 때, 어떻게 해서든 먹고 싶어서 기를 쓰고 만든 블루치즈라고 한다.
생으로 먹는 것은 물론이고 샐러드에 토핑해도 맛이 그만이다. 와인은 가벼운 타입의 레드 와인을 추천한다.

La France/Auvergne et Midi
AREA MAP

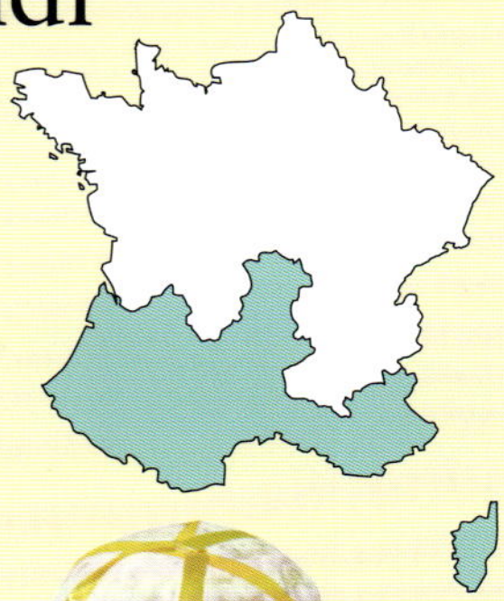

프랑스 오베르뉴·남부
대표 치즈

로크포르
(➡ p.82)

자극적이고 짠맛이 강한 양유로 만든 푸른곰팡이 치즈. 세계 3대 블루치즈에 속하며, 프랑스에서 가장 오래된 치즈 중 하나다.

가프롱
(➡ p.93)

오베르뉴 사투리로 버터밀크(탈지유)를 의미하는 '가프'가 이름의 유래다. 맛의 깊이를 끌어올리려고 마늘과 생강을 사용했다.

바농
(➡ p.89)

프로방스 지방에서 만드는 셰브르. 겨울 동안 저장하기 위해 밤나무 잎으로 싸둔 것이 이 치즈의 시작이었다고 한다.

La France
Auvergne et Midi

화산 토양과 석회질 토양의 메마른 고원 지대, 지중해의 온난한 바람이 불어오는 남쪽 대지

프랑스 남부는 로마 시대부터 만들어온 단단한 치즈, 지중해 지방의 기후가 만든 산양 치즈, 피레네산맥을 사이에 두고 인접한 스페인풍 치즈까지 스타일이 다양하다.

마시프 상트랄(중앙 고지)로 불리는 오베르뉴권은 오래전부터 뛰어난 축산지로 알려졌다. 이어지는 미디 피레네권은 포도도 키울 수 없는 양의 계곡. 석회암의 바위산 동굴에서 '로크포르'를 만들고 있다.

지중해에 접한 프로방스나 랑그도크 지방에서는 지중해의 향이 좋은 허브를 먹으며 자란 산양과 양이 있다. 그 산양유와 양유로 만드는 치즈는 프레시하며, 살짝 허브 향이 나는 상쾌한 맛이다.

스페인과 연결된 아키텐권의 바스크 지방은 스페인풍 문화가 짙은 토지다. 코르시카섬도 이탈리아색이 강한 독자적인 음식 문화가 있다. 두 곳 모두 양유 제품의 치즈가 알려졌다.

오베르뉴권
(⑬알리에, ⑮캉탈, ㊸오트 루아르, ㊿튀 드 돔)

로마 시대부터 이어져온 A.O.C 치즈를 키운 호수와 화산이 있는 곳이다. 캉탈 같은 하드 치즈 외에 블뢰 도베르뉴 등의 블루치즈도 있다.

미디 피레네권
(⑨아리에주, ⑫아베롱, ㉛오트 가론, ㉜제르, ㊻로트, ㊻오트 피레네, ㊶타른, ㊷타른 에 가론)

아베롱의 루에르그 지방에는 '로크포르'를 만드는 특별한 동굴이 있다. 석회질의 평지가 적고 산이 많은 토지 덕분에 양유와 산양유 특유의 농후한 치즈를 만든다.

아키텐권
(㉔도르도뉴, ㉝지롱드, ㊵랑드, ㊼로트 에 가론, ㊽피레네자틀랑티크)

긴 해안선이 있는 스페인의 영향이 강하게 느껴지는 바스크 지방과 베아른 지방. 국경의 피레네산맥 주변에 '오쏘 이라티' 등 양유로 하드 치즈를 만든다.

랑그도크 루시용권
(⑪오드, ㉚가르, ㉞에로, ㊽로제르, ⑯피레네조리앙탈)

중앙 고산 지대에서 지중해 해안으로 이어지는 지역이다. 넓은 목초지가 없어서 산양과 양을 기른다. 허브 향이 나는 프레시한 셰브르를 만든다.

프로방스 알프 코트다쥐르권
(④알프 드 오트 프로방스, ⑤오트잘프, ⑥알프 마리팀, ⑬부슈 뒤 론, ㊿바르, ⑭보클뤼즈)

스타일이 다른 셰브르 치즈를 만든다. 스파이시한 향이 나는 건조한 치즈가 많다. 밤나무 잎으로 싸서 만든 '바농'도 여기서 만든다.

코르시카권
(2A 코르스 뒤 쉬드, 2B 오트 코르스)

동물에게 먹이로 주는 마키(타임, 로즈마리, 월계수 잎 등의 저목군) 향이 치즈에서 난다. 초봄에는 양유로 만든 '브로슈'를 먹을 수 있다.

*⑬, ⑮ 등은 프랑스의 행정 구역(데파르트망) 번호이다.

동굴에서 숙성한, 세계 3대 블루치즈 중 하나
Roquefort
로크포르

외관 | 푸른빛이 도는 흰색. 푸른곰팡이가 있는데, 세로로 그어진 푸른곰팡이 줄무늬는 '굴뚝'이라고 부른다.

맛 | 톡 쏘는 예리한 맛이 나는 개성적인 맛. 양유 특유의 깊이와 단맛이 짠맛과 조화를 이룬다.

향 | 화려한 푸른곰팡이 향. 베이스로 향 강한 양유의 존재가 느껴진다.

계절 | 연중. 일반적으로 숙성 3~4개월 정도가 최적.

DATA
종류	푸른곰팡이
생산지	미디 피레네권
A.O.C 연도	1925년
원료유	양(무살균유)
숙성 기간	최저 3개월
고형분 중 유지방 함량	최저 52%

문의 알파주

자극적이고 짠맛이 강한 로크포르는 단 음식과 궁합이 잘 맞는다. 와인이라면 소테른Sauternes 같은 달콤한 귀부 와인이 마리아주하기 좋다. 짠맛을 살려 육류 요리와 샐러드에 사용하면 적절한 악센트를 줄 수 있다.

2000년 이상의 역사가 있는 프랑스에서 가장 오래된 치즈 중 하나인 로크포르.
로크포르는 반드시 콩발루Combalou 산의 동굴에서 숙성해야 한다. 그 동굴은 석회암으로 된 바위산으로 1년 내내 내부가 치즈 숙성의 최적 온도 9℃와 습도 90% 이상을 유지하는 천연 카브다. 곳곳의 균열된 틈Fleurines 사이로 불어오는 바람이 로크포르의 독특한 푸른곰팡이 '페니실리움 로크포르티'를 운반해 온다.

동굴 내부를 여럿으로 구획해서 브랜드별로 독자적인 숙성을 한다.
로크포르를 보호하기 위해 1411년에는 샤를 6세가 마을 주민에게 이 동굴에서 치즈를 숙성할 수 있는 특허장을 부여했다. 그 후 1925년에 프랑스의 첫 A.O.C 치즈가 되었다. 지금은 전 세계로 수출되어 치즈 마니아들을 매료시키고 있다.

크리미한 맛의
'우유판 로크포르'
Bleu des Causses
블뢰 데 코스

프랑스 유수의 치즈 산지에서
만드는 블루치즈
Bleu d'Auvergne
블뢰 도베르뉴

La France
Auvergne et Midi

매끄럽고 크리미한 맛에는 타닌이 강한 풀 보디 레드 와인이 잘 어울린다. 버터와 비슷한 풍미가 느껴지므로 호밀빵에 발라 먹거나 오믈렛 등에 넣어도 좋다.

자극적인 맛에는 보디가 강한 레드 와인이 제격이다. 감자에 올려 생크림을 바르고 구워도 맛있다.

외관 자연적으로 생긴 연갈색 껍질. 속살은 연노랑으로 진한 푸른곰팡이가 퍼져 있다.

맛 크리미하고 맛이 진해서 강하고 고급스러운 인상. 짠맛도 적당히 온화하다.

향 푸른곰팡이 치즈의 독특한 향이 난다.

계절 연중. 숙성 기간이 긴 겨울에 만든 제품은 풍미가 개성적이다.

DATA
종류
푸른곰팡이
생산지
미디 피레네권
A.O.C 연도
1979년
원료유
소
숙성 기간
최저 70일간
고형분 중 유지방 함량
최저 45%

문의 오더 치즈

외관 초록색이 가미된 푸른곰팡이가 안에도, 자연적으로 생성된 갈색 껍질에도 피었다.

맛 크리미한 맛. 혀를 자극하는 짠맛과 가벼운 헤이즐넛 풍미가 인상적이다.

향 푸른곰팡이 향. 로크포르 같은 강렬한 향은 아니다.

계절 연중. 특히 여름부터 가을까지가 맛있다.

DATA
종류
푸른곰팡이
생산지
오베르뉴권
A.O.C 연도
1975년
원료유
소
숙성 기간
최저 4주간
고형분 중 유지방 함량
최저 50%

문의 세카이 치즈 쇼카이

블뢰 데 코스의 원산지는 루에르그 지방. 옛날에는 양유에 우유나 산양유를 섞어서 만들었는데, 오늘날에는 우유로만 만든다. 로크포르(→p.82)의 제조법을 흉내 낸 블루치즈다.
번식시키는 푸른곰팡이 종류도 자연 동굴에서 숙성시키는 과정도 로크포르와 같다. 원료유만 다를 뿐이다. 풍미는 강하지만 입속에서 감도는 감촉은 매끄럽고 크리미하다. 로크포르보다 먹기 편하다.

캉탈(→p.96) 치즈를 만드는 오베르뉴 지방 원산의 블루치즈. 고르곤졸라 같은 푸른곰팡이(페니실리엄 글로컴)를 사용해 로크포르를 흉내 냈다. 현재는 살균유를 사용한 공장제 치즈가 주류다.
생산량이 적은 무살균 유제품의 블뢰 도베르뉴는 거칠다고 표현될 정도로 자극적인 맛이다. 뒷맛으로 남는 우유의 순수한 향과 감칠맛, 견과류의 풍미가 더할 나위 없다.

프랑스/오베르뉴/남부

푸른곰팡이 향이 피어나는 프레시 치즈
Frais Plaisir de Saint Agur
프레 플레지르 드 생 아구르

온화한 맛의 초심자용 블루치즈
Saint Agur
생 아구르

크리미하고 상큼한 푸른곰팡이의 풍미에는 단맛의 화이트 와인이나 레드 와인이 잘 어울린다. 크래커나 빵 등에 발라 먹거나 딥으로 만들어 채소를 찍어 먹어도 맛있다.

라이트 보디 레드 와인을 추천한다. 온화한 푸른곰팡이의 풍미와 짠맛은 달콤한 음식과 먹으면 더 도드라진다. 호두나 건포도가 들어간 빵, 꿀 등과도 잘 어울린다.

 외관 껍질은 없고 부드럽다. 푸른곰팡이가 섞인 회색이 섞인 크림색.

 맛 프레시 치즈다운 크리미한 맛과 푸른곰팡이의 풍미가 적절하게 조화를 이룬다.

 향 푸른곰팡이 특유의 톡 쏘는 향이 연하게 난다.

 계절 연중. 수입 후 3주일 이내.

DATA
종류
푸른곰팡이/프레시
생산지
오베르뉴권
A.O.C 연도
인가 외
원료유
소
숙성 기간
─
고형분 중 유지방 함량
75%

문의 체스코(주)

 외관 껍질은 없고 청록색 곰팡이가 퍼져 있는 크림색. 조직은 아주 단단하다.

 맛 짠맛을 억제. 크리미하고 깊이가 있어서 온화한 인상을 준다.

 향 푸른곰팡이다운 톡 쏘는 향이 난다.

 계절 연중. 품질 유지 기간은 약 60일간. 구입 후에는 빨리 먹는다.

DATA
종류
푸른곰팡이
생산지
오베르뉴권
A.O.C 연도
인가 외
원료유
소
숙성 기간
─
고형분 중 유지방 함량
60%

문의 체스코(주)

프레시 치즈라면 크리미한 맛과 입에 살살 녹는 식감이 특징이다. 프레 플레지르 드 생 아구르는 그런 프레시 치즈의 장점과 화려한 블루치즈의 풍미를 합한 사치스러운 치즈다. 맛의 기본이 된 블루치즈는 '생 아구르'. 온화한 블루치즈로 알려졌지만, 더 마일드해졌다. 푸른곰팡이 특유의 개성을 억제해 블루치즈 초심자에게 그만이다.

블루치즈 중에서도 먹기 편해 초심자용으로 알려진 생 아구르. 로크포르(→p.82) 같은 외관이지만, 우유로 만들어서 크리미하다. 맛이 진하면서도 부드럽고 순하다. 염분이 적은 점도 생 아구르의 특징이다. 그런데도 짠맛이 신경 쓰인다면 꿀과 함께 먹는다. 단맛이 더해지면서 더욱 마일드해진다.

'고귀한 블루'로 불렸던 고급스러운 맛
Fourme d'Ambert
푸름 당베르

푸름 당베르가 만들어지는 피레네산맥의 동쪽에서는 푸름 드 몽브리종(→p.78)이라는 블루치즈도 만들고 있다. 모양은 비슷하지만 껍질의 색, 맛, 식감이 완전히 다른 치즈다.

 외관 원통형. 껍질은 얇고 하얀색이 가미된 노란색. 푸른곰팡이가 로크포르처럼 균일하게 피었다.

 맛 크리미하고 부드럽다. 곰팡이는 많지만, 자극이나 짠맛은 약하다. 견과 같은 연한 단맛.

 향 블루치즈다운 푸른곰팡이 향이 연하게 난다.

 계절 연중. 특히 여름에서 겨울까지가 맛있다.

DATA	
종류	푸른곰팡이
생산지	오베르뉴권
A.O.C 연도	1972년
원료유	소
숙성 기간	최저 28일간
고형분 중 유지방 함량	최저 50%

문의 세카이 치즈 쇼카이

푸름 당베르의 맛은 '고귀한 블루'라고 평을 받는다. 로크포르와 어깨를 겨루는 블루치즈이기도 하다. 특징은 뭐니 뭐니 해도 부드럽고 온화한 맛에 있다. 처음에는 치즈 속에 퍼진 곰팡이가 많아서 놀랄 것이다. 하지만 곰팡이 양에 비해 자극은 적고 블루치즈 특유의 스파이시한 맛도 약하다. 처음 블루치즈를 접하는 사람에게 권할 만하다.

옛날에는 해발 600~1600m의 산골짜기에서 만들어 바위의 움푹 팬 곳에서 숙성했다. 오늘날에는 현대적인 시설을 갖춘 공장에서 제조하지만, 전통 제조법을 계승하고 있다. 돌처럼 약간 울퉁불퉁한 표면의 껍질이 말라야 좋은 제품이다. 마니아는 치즈의 중앙 부분을 스푼으로 떠내고 포트와인을 부어 추가 숙성해서 먹는다고 한다.

프랑스 / 오베르뉴 / 남부

크리미하고 깊이가 있는
오베르뉴 지방의 블루치즈
Bleu de Laqueuille
블뢰 드 라쾨이유

진하고 농후한 맛이라서 호밀빵처럼 산미가 있는 소박한 맛의 음식과 함께 먹는다. 와인은 약간 진하고 프루티한 향이 나는 것이 좋다.

외관 껍질은 천연 곰팡이가 얇게 피었고, 청록색 곰팡이가 속살에 퍼져 있다.

맛 약간 샤프한 맛. 확실하고 깊이 있는 맛으로 진하고 크리미한 인상을 준다.

향 블루치즈다운 톡 쏘는 자극이 있는 향이 난다.

계절 연중. 여름부터 가을까지가 맛있다.

DATA
종류
푸른곰팡이
생산지
오베르뉴권
A.O.C 연도
인가 외
원료유
소
숙성 기간
—
고형분 중 유지방 함량
45%

문의 알파주

회사 이름을 내건
마일드한 워시 치즈
Chaumes
숌

크리미한 맛으로 라이트 보디 레드 와인과 잘 어울린다. 맛이 진한 맥주나 오렌지 같은 감귤류와 매칭하기에도 좋다.

외관 크림색의 쫀득한 조직. 껍질은 얇고 선명한 오렌지색.

맛 온화하고 마일드. 부드럽고 밀키한 순한 맛.

향 워시 타입다운 우유의 순수한 향. 강렬함은 없다.

계절 연중. 수입 후 약 20일 이내가 최적.

DATA
종류
소프트(워시)
생산지
미디 피레네권
A.O.C 연도
인가 외
원료유
소
숙성 기간
3~4주간
고형분 중 유지방 함량
50%

문의 체스코(주)

블뢰 도베르뉴(→p.83)와 같은 오베르뉴 지방에서 만드는 치즈. 1850년경, 라쾨이유 마을의 치즈 농가 중 한 곳이 호밀빵에서 얻은 푸른곰팡이를 섞어 만든 것이 이 블루치즈라고 한다. 샤프하고 크리미한 맛이 좋은 평을 받아, 이 지역의 특산품으로 인정받게 되었다. 블뢰 도베르뉴와 비슷하지만, 블뢰 드 라쾨이유에서 좀 더 진한 크림 풍미를 느낄 수 있다.

프랑스를 대표하는 치즈 제조회사 중 하나인 숌사에서 만드는 치즈. 워시 타입 중에서는 드문 대형 치즈로, 홀 사이즈는 약 2kg에 지름 20~30cm 정도의 평평한 모양이다. 200g 정도의 아담한 사이즈도 있다.
밀키하고 순한 맛이 특징이다. 튀는 맛은 없고 식감은 쫀득한데 생으로 먹어도 맛있지만, 약간 익혀도 괜찮다. 속살은 진득하며 워시다운 향도 약간 강하다.

검은 성모상을 기리는, 교회가 준비하는 순례지의 특산품
Rocamadour
로카마두르

외관 — 껍질은 얇고 가루를 뿌린 듯하며, 속살은 유백색이며 촉촉하고 부드럽다.

맛 — 숙성 전에는 밀키한 맛. 숙성이 진행되면 톡 쏘는 듯한 맛.

향 — 셰브르다운 산양유 향.

계절 — 봄~가을. 보름 정도 숙성한 것이 적기. 1~2개월 숙성하면 다른 맛이 난다.

DATA	
종류	소프트(셰브르)
생산지	미디 피레네권
A.O.C 연도	1996년
원료유	산양(무살균유)
숙성 기간	10일간
고형분 중 유지방 함량	최저 45%

문의 알파주

딸기나 서양배 등의 과일과 디저트로 먹으면 좋은 로카마두르. 미숙성 상태에서는 프루티하고 가벼운 타입의 레드 와인이나 로제 와인이 잘 어울리고, 숙성이 진행되면 풀 보디의 레드 와인도 좋다.

La France Auvergne et Midi

12세기 이후에 순례지로 유명해진 로카마두르. 로카마두르는 '아마두르의 바위산'이라는 의미로, 1166년에 이곳에서 성 아마두르의 성유물(가톨릭에서 말하는 여러 성자의 유품이나 유해. 여기서는 썩지 않고 생전의 모습을 간직한 유체)이 발견된 것이 유래라고 한다. 도르도뉴 강 지류가 만들어내는 깊은 계곡의 낭떠러지에 박혀 있듯이 만들어진 검은 성모상을 기리는 노트르담 성당을 중심으로 하는 교회 군락과 작은 마을이다.

이곳에서 태어난 셰브르는 '카베쿠Cabecou' 또는 '카베쿠 드 로카마두르Cabecou de Rocamadour'로 친숙하게 불렀다. 카베쿠란 중세 프로방스어로 작은 셰브르라는 의미다. 같은 명칭으로 불리는 셰브르가 많아서 A.O.C 인정을 받을 때 로카마두르로 통일했다.
껍질에 가루를 뿌린 듯한 징후가 나타나는 숙성 후가 가장 먹기 좋다. 촉촉하고 단단하며 원료유의 풍미가 두드러진다. 1~2개월 숙성하면 톡 쏘는 맛이 난다.

현대인을 위한 크리미한 셰브르
Pélardon
페라르동

부드럽고 프레시한 상태의 치즈부터 숙성이 진행되어 건조한 치즈까지 폭넓게 즐길 수 있다. 크리미한 맛을 즐기고 싶다면, 숙성이 덜 된 치즈를 선택한다.

외관	지름 6cm 정도. 얇은 껍질에는 천연 곰팡이가 피어 있다. 속은 조직이 치밀하다.
맛	연한 신맛. 숙성하면 헤이즐넛 비슷한 풍미의 농후한 맛으로 바뀐다.
향	산양유만의 독특한 향은 연하다. 현지 생산 와인에 담가 숙성하기도 한다.
계절	연중. 제철은 봄~초가을.

DATA
종류
소프트(셰브르)
생산지
랑그도크 루시용권
A.O.C 연도
2000년
원료유
산양(무살균유)
숙성 기간
최저 11일간
고형분 중 유지방 함량
45%

문의 닛쇼쿠㈜

남프랑스 여기저기에서 만드는 소형 셰브르. 페라르동은 세벤 사투리로 '산양의 치즈'를 뜻한다. 이 지방의 농가에서 일반적으로 만들어왔다.
오늘날 전통적인 페라르동은 지정 지역에서 210일 이상 방목한 산양유를 사용해야 A.O.C에서 인정한다. 페라르동의 농후한 풍미와 진미는 그 지역의 향이 풍성한 허브와 곡물을 먹으며 자란 산양이 아니면 만들어지지 않는다.

상큼한 타임 향의 맛
Saint-Nicolas
생 니콜라

산양유로 만든 밀키하고 진한 맛. 빵과 함께 먹는다면 산미가 있는 호밀빵 등을, 와인이라면 드라이하고 질 좋은 화이트 와인을 추천한다.

외관	직사각형. 1개에 100g 정도. 껍질은 얇고 부드러우며, 속살은 촉촉하다.
맛	연한 산미. 혀 위에서 녹는 산양유의 농후한 맛과 단맛이 느껴진다.
향	타임의 좋은 향. 산양 향은 거의 안 난다.
계절	봄~초여름.

DATA
종류
소프트(셰브르)
생산지
랑그도크 루시용권
A.O.C 연도
인가 외
원료유
산양(무살균유)
숙성 기간
최저 3일
고형분 중 유지방 함량
45%

문의 치즈 오우코쿠

생 니콜라 수도원에서 만드는 이 치즈는 풍부한 허브 향이 특징이다. 외관만 보고 허브 향을 예상하지 못해서 한입 베어 물면 놀랄 수밖에 없다. 치즈에 사용한 원료유에 이유가 있다. 지중해에서 가까운 이 지역의 산양은 남프랑스의 향초를 먹고 자라서 허브 향이 나고 맛이 진하다. 원료유 향을 더욱 끌어올리기 위해 타임 에센스도 넣는다고 한다.

개성적인데 상큼하고 먹기 편한 맛
Le Rove des Garrigues
르 로브 데 가리그

경쾌하고 드라이한 맛의 로제 와인이나 화이트 와인이 잘 어울린다. 싱싱한 풀 향이 나는 쇼비뇽 블랑 화이트 와인과 함께 '허브&허브' 구성으로 먹는 것도 재미있다.

 외관 껍질은 새하얗고, 60~80g 정도의 구 모양이다.

 맛 상큼한 신맛과 단맛. 원료유의 맛이 개성적이다.

 향 타임과 로즈마리 등 원료유가 지닌 강한 허브 향을 느낄 수 있다.

 계절 봄~겨울.

DATA
종류
소프트(셰브르)

생산지
미디 피레네권

A.O.C 연도
인가 외

원료유
산양

숙성 기간
―

고형분 중 유지방 함량
45% 정도

문의 알파주

'르 로브 데 가리그'도 남프랑스의 허브 향이 나는 셰브르다. 로브는 산양의 한 종류며, 가리그는 지중해 지방의 석회질 건조 지대에 발달하는 저목군집을 말한다. 질 좋은 허브를 먹고 자란 산양유로 만들어서 그 개성이 도드라진다. 전부 농가 제품이며 일일이 수작업으로 치즈 모양을 둥그랗게 만드는 탓에 크기와 원료유의 지방분이 다를 수밖에 없다. 초여름에는 특히 프레시한 허브 향이 강해서 르 로브 데 가리그만의 개성을 즐길 수 있다.

바농에서 자란 밤나무 잎으로 싼 치즈
Banon
바농

La France Auvergne et Midi

예전에는 바농을 계절별로 다양한 원료유를 사용해 만들었다. 봄과 여름에는 전통적인 산양유를, 가을에는 양유를 쓴다. 우유로 만들기도 한다. 숙성 전에는 화이트 와인이, 숙성해서 맛에 깊이가 생기면 레드 와인이 잘 어울린다.

외관 밤나무 잎으로 싸고 라피아(야자나무)로 만든 섬유로 묶는다.

맛 숙성이 덜 되면 원료유의 맛과 가벼운 산미. 숙성되면 술지게미 같은 풍미가 생긴다.

 향 연한 밤나무 잎의 향.

 계절 연중. 특히 봄부터 가을까지의 산양유로 만든 제품이 맛있다.

DATA
종류
소프트(셰브르)

생산지
프로방스 알프 코트다쥐르권

A.O.C 연도
2003년

원료유
산양(무살균유)

숙성 기간
최저 15일

고형분 중 유지방 함량
50%

문의 프로마주 내추럴 치즈 통신판매

이 치즈의 역사는 오래되어, 1270년의 공식 문서에 이미 등장하고 있다. 프로방스 지방에서는 옛날부터 작은 셰브르가 있었는데, 겨울 동안 치즈를 저장하기 위해 밤나무 잎으로 싸둔 것이 시작이라고 한다. A.O.C는 산양유로만 획득했다. 숙성이 덜 되면 포실한 식감에 가벼운 산미와 원료유의 풍미가 느껴진다. 숙성이 진행되면 단단해져 '술지게미 같은' 농후한 맛이 생긴다. 다른 셰브르처럼 숙성 단계에 따라 맛이 다르다.

프랑스/오베르뉴/남부

봄을 부르는, 지중해의 소중한 치즈
Brocciu
브로슈

현지에서는 설탕을 듬뿍 뿌리고 마르 브랜디도 끼얹어 먹는다. 숙성하지 않은 프레스쿠 frescu와 15일간 숙성한 파수 passu가 있다. 선도가 중요한 브로슈는 신선할 때 바로 먹는다.

 외관 표면에는 탈수를 위해 담아두던 고리버들 바구니 무늬가 남아 있다. 두부처럼 하얗고 부드럽다.

 맛 살짝 단맛이 나며 입에서 가볍게 녹는다. 양의 유청으로 만든 것은 특히 순하다.

 향 신선한 것은 거의 향이 없다. 먹고 나면 연하게 원료유 향이 남는다.

 계절 1~6월. 특히 양유로 만든 것은 봄이 맛있다.

DATA
종류	프레시
생산지	코르시카권
A.O.C 연도	1998년
원료유	양·산양(웨이)
숙성 기간	없음(숙성 타입은 최저 15일간)
고형분 중 유지방 함량	최저 40%

문의 프로마주 내추럴 치즈 통신판매

브로슈를 만드는 곳은 지중해의 이탈리아 영토였던 코르시카섬. 치즈를 만들고 남은 유청을 재이용해서 만든다. 유청에 소량의 원료유를 넣고 섞으면서 가열해 몽글몽글하게 떠오르는 덩어리를 모아 물기를 짜내면 프레시한 브로슈가 된다. 농가 사람들이 먹었던 치즈라서 현지에서도 프레시한 상태로 먹을 기회는 적었다고 한다.

이렇게 특별한 브로슈에는 재미있는 에피소드가 있다. 나폴레옹 황제는 코르시카섬 출신이다. 어머니 레티치아가 브로슈를 먹고 싶다는 바람에 코르시카섬에서 파리까지 산양을 끌고 왔다고 한다. 그 정도로 선도가 중요하다. 프레시한 것은 희미한 자연의 단맛이 있으며, 식감이 말랑하다. 봄부터 가을까지는 산양유로 만들고, 겨울부터 초여름까지는 양유로 만든다.

허브로 장식한
코르시카섬에서 태어난 치즈
Fleur du Maquis
플뢰르 뒤 마키

아몬드 젤리처럼 부드러운
양유 치즈
Caillé de Brebis
카이에 드 브레비

La France Auvergne et Midi

손에 넣을 수만 있다면, 코르시카섬의 상쾌한 레드 와인과 마시고 싶은 치즈다. 여름에는 차게 식힌 드라이 로제 와인이나 화이트 와인과 페어링하기 좋다.

그냥 먹어도 맛있고 벌꿀이나 설탕을 곁들여도 맛있다. 간식으로 먹으려면 냉장고에서 차게 해서 먹으면 최고다. 어린 양고기 구이와도 먹고 싶어지는 치즈다.

외관
껍질은 로즈마리, 사리에트, 주니퍼베리 등이 덮고 있으며 속살은 흰색이다.

맛
양유다운 단맛과 깊이를 느낄 수 있다. 허브의 풍미가 배어 있는 싱싱한 맛.

향
다양한 허브 향이 상쾌함을 준다.

계절
겨울~여름. 적기는 숙성 2개월. 숙성 전의 프레시 상태도 추천할 만하다.

DATA
종류
소프트(브레비)
생산지
코르시카권
A.O.C 연도
인가 외
원료유
양
숙성 기간
—
고형분 중 유지방 함량
45%

문의 프로마주 내추럴 치즈 통신판매

외관
요구르트 같다. 종이 팩이나 전통 도자기에 담은 소량 패키지도 있다.

맛
깔끔하고 연한 단맛. 신맛은 거의 없고 순하다.

향
희미한 양유 특유의 향.

계절
1~9월. 양유를 착유하는 시기에만 생산.

DATA
종류
프레시
생산지
아키텐권
A.O.C 연도
인가 외
원료유
양
숙성 기간
없음
고형분 중 유지방 함량
—

문의 프로마주 내추럴 치즈 통신판매

외관이 유독 개성적인 '플뢰르 뒤 마키'는 허브가 감싼 산양 치즈다. 이름은 '마키(코르시카섬의 식물군)의 꽃'이라는 의미다. 그 이름 그대로 사용하는 이유는 주로 코르시카섬의 허브, 로즈마리나 타임과 비슷한 사리에트(세이버리) 등이 듬뿍 뿌려져 있기 때문이다. 표면을 장식한 고추와 주니퍼베리가 화려한 인상을 풍기는데, 표면을 뒤덮은 허브가 건조하면 먹기 좋을 때다. 식감이 신경 쓰이면 허브를 걷어내고 먹는다.

'양의 응유'라는 의미의 치즈. 양유에 아주 적은 양의 효소를 넣어 굳힌 커드를 떠내서 포장한다. 양은 겨울에서 초봄까지 추운 시기에 출산한다. 무사히 새끼를 기르기 시작한 양의 젖은 영양가가 높고 맛과 단맛도 충분하다. 그런 양질의 원료유를 사용해서 만드는 프레시한 치즈는 그대로 먹어도 맛있다. 계절 한정 생산하니 발견하면 바로 먹어야 한다.

프랑스 / 오베르뉴-남부

미국인 취향의
흰 곰팡이 치즈
Saint-André
생 앙드레

버터 같은 맛을 살려 토스트에 얹어 먹으면 황홀하다. 드라이 화이트 와인, 프루티한 단맛의 화이트 와인, 레드 와인과 페어링하기 좋다. 새콤달콤한 과일과도 잘 어울린다.

 외관 　폭신하고 두꺼운 흰 곰팡이가 덮고 있다. 속살은 진한 크림색.

 맛 　희미한 신맛, 약간 강한 짠맛이 있다. 농후하고 맛이 진해서 버터 같다.

향 　흰 곰팡이다운 향이 온화하게 난다.

 계절 　연중. 수입 후 30일 이내가 적기.

DATA
종류
소프트(흰 곰팡이)
생산지
아키텐권
*사진의 치즈는 바스 노르망디권에서 생산
A.O.C 연도
인가 외
원료유
소
숙성 기간
—
고형분 중 유지방 함량
75%

문의 오더 치즈

태양의 왕에게도 인정받은
오베르뉴의 소박한 치즈
Saint-Nectaire
생 넥테르

맛이 강한 우유가 만들어내는 산의 맛에는 프루티한 레드 와인이 잘 맞는다. 팽 드 캉파뉴 같은 소박한 빵에 올려 데워서 먹는 것도 맛있게 먹는 방법이다.

 외관 　얇고 흰색, 노란색, 빨간색의 곰팡이가 덮은 껍질. 약간 작은 구멍이 있는 속살.

 맛 　견과류 느낌의 가벼운 떫은맛과 고소함이 있다. 약간의 산미도.

 향 　밀짚 특유의 버섯 같은 곰팡이 향. 채소 절임 같은 시큼한 향.

 계절 　연중. 제철은 여름~가을. 숙성 4~6주간의 제품을 선호한다.

DATA
종류
비가열 압착
(세미하드)
생산지
오베르뉴권
A.O.C 연도
1955년
원료유
소
숙성 기간
최저 21일간
고형분 중 유지방 함량
최저 45%

문의 알파주

버터 같은 맛의 흰 곰팡이 치즈. 생 앙드레는 미국에 수출하기 위해 미국인 입맛에 맞춰 만들던 치즈다. 물론 미국에서 인기가 높다.
생크림을 넣은 트리플 크림 제조법으로 만들어서 지방분도 75%로 높다. 먹으면 농후하고 고급스러운 맛인데, 약간 강한 짠맛도 인기 비결이다. 미숙성 상태에서는 산미가 약하지만, 숙성이 진행되면서 산미는 없어지고 순해진다.

지금도 농가 제품이 인정받는 생 넥테르. 특히 밀짚 위에서 숙성해 맛이 개성적이다. 마니아를 환호하게 하는 압도적인 존재감이 있다. 치즈 표면의 카세인 마크로 구분하는데, 녹색의 타원형이 농가 제품이라는 표시다. 이 치즈를 만든 지는 1000년 이상이 되었으며, 해발 1000m의 산기슭에서 전통 방식으로 만들고 있다. 17세기 태양의 왕 루이 14세 식탁에 오르면서 유명해졌다. 이후 프랑스에서는 테이블 치즈로 인기를 끌고 있다.

생활의 지혜로 만들어진, 스파이시한 맛
Gaperon
가프롱

La France
Auvergne et Midi

 외관 노란색 끈이 감긴 반구에 흰 곰팡이가 얇게 피었다. 마늘과 생강이 섞여 있다.

 맛 스파이시하다. 식감은 세미하드 계열로 묵직하고, 우유의 풍미도 약하다.

 향 식욕을 돋우는 마늘과 생강 향이 나고, 절임 채소 같은 발효취도 약간 난다.

 계절 연중. 적기는 수입 후 30일 이내.

스파이시한 맛의 가프롱은 맥주와 매치하기 좋다. 와인은 미디엄 보디의 레드 와인. 단단해진 가프롱은 갈아서 파스타에 넣으면 풍미가 살아난다.

DATA
종류	소프트(흰 곰팡이)
생산지	오베르뉴권
A.O.C 연도	인가 외
원료유	소
숙성 기간	1~2개월
고형분 중 유지방 함량	30~45%

문의 프로마주 내추럴 치즈 통신판매

오베르뉴 지방 사투리로 버터밀크를 의미하는 '가프'가 이름의 유래다. 버터밀크란 크림에서 버터를 빼낸 후 남은 액체(탈지유)를 말한다. 옛날에 이 지역의 생활은 곤궁하였다고 한다. 귀중한 식량을 낭비할 수 없어서 가프에 우유와 향신료를 넣고 풍미를 가미해서 만든 것이 가프롱이다. 오늘날에는 양질의 원료유를 사용한 덕분에 원료유의 순한 풍미가 느껴진다.

가프롱에는 흰 곰팡이가 피는 노란색 끈이 감겨 있는데, 오래전 가프롱을 천장에 매달아 숙성했을 때의 흔적이다. 천장에 매달린 치즈 개수가 그 집의 풍요로움을 상징하기도 했다. 결혼식 때는 신랑 측 아버지가 신부 집에 매달린 가프롱의 수를 보고 지참금 교섭을 했다고 한다.

피레네산맥 기슭에서 양유로 만든 A.O.C
Ossau Iraty
오쏘 이라티

오 프랑스 / 남부
오베르뉴 / 남부

현지에서는 고기 콩피(절임)에 곁들이기도 하지만 체리나 카시스(블랙커런트) 콩피를 곁들여 디저트로 먹는다고 한다. 원료유의 풍미가 생 햄이나 카르파초와 잘 어울린다. 과일 향의 가벼운 레드 와인과 함께 마시면 좋다.

외관 껍질은 약간 오렌지색에 가까운 노란색. 속살은 크림색. 조직은 단단하고 꽉 차 있다.

맛 양유 특유의 진미와 헤이즐넛 같은 견과류의 풍미. 꿀 같은 고급스러운 단맛이 난다.

향 농후하고 산미가 있는 버터 같은 향. 희미하게 달고 프루티한 향.

계절 연중. 샬레에서 만든 것은 숙성이 진행된 초가을에서 겨울까지 만든 제품을 추천한다.

DATA
종류	비가열 압착 (세미하드)
생산지	아키텐권
A.O.C 연도	1980년
원료유	양
숙성 기간	최저 3개월(대형)
고형분 중 유지방 함량	최저 50%

문의 프로마주 내추럴 치즈 통신판매

프랑스와 스페인 경계에 있는 피레네산맥. 그 기슭에 있는 바스크 지방은 어느 나라와도 다른 독특하고 목가적인 문화가 있다.

오쏘 이라티는 같은 지방에 있는 이라티 삼림 지대와 베아른 지방에 있는 오쏘 계곡에서 유래했다고 한다. 그곳의 양은 야생적이며 듬직하다. 예전에는 그 양유로 산촌 주민이 만드는 소박하고 깊은 맛의, 산에서 자란 양유로 만든 치즈를 전부 '아르디 가스나'(Ardi-Gasna, 바스크어로 양유 치즈)라고 불렀다.

그래서 현지에서는 오늘날에도 '양 치즈', '마운틴 치즈'라고 부른다.

A.O.C에서 현재 인가한 양유는 3가지 품종의 전통 양에서 착유한 것으로 한정한다. 매년 30만 마리가 넘는 양을 피레네에 방목한다. 완성한 치즈의 외관, 식감, 맛 등을 검수하고 나서 '오쏘 이라티' 라벨을 부여한다.

부드러운 단맛이며 씹을수록 더 고유의 맛이 난다.

프랑스 최고 장인이 만드는,
황제의 이름에서 따온 치즈
Le Napoléon
르 나폴레옹

풍요로운 자연에서 무럭무럭 자란 양유로 만드는 세미하드 타입 치즈. 강력하지만 부드러운 양유의 맛을 즐길 수 있다.

바스크 지방이 만들어낸
아구르사의 비장의 무기
Petit Agour
프티 아구르

치즈 본연의 향이 잘 피어오르게 얇게 잘라 먹는다. 스위스의 단단한 치즈 테트 드 무안(→p.128)처럼 지롤을 이용해서 꽃잎 모양으로 잘라도 된다.

La France Auvergne et Midi

외관 단단한 껍질에 싸여 있다. 속살은 크림색이며 조직은 밀도가 높다.

맛 촉촉하고 달콤한 식감. 양유 특유의 와일드한 풍미를 느낄 수 있다.

향 발효 버터 같은 향. 밀키하며 꿀 같은 단맛.

계절 대략 9~3월 말. 양유를 얻을 수 있는 시기에만 제조.

DATA
종류
비가열 압착
(세미하드)
생산지
미디 피레네권
A.O.C 연도
인가 외
원료유
양
숙성 기간
10~12개월
고형분 중 유지방 함량
50%

문의 치즈 오우코쿠

외관 원통형. 껍질은 갈색. 속살은 연노랑. 결이 곱고 단단하다.

맛 강한 단맛. 순하고도 농후한 맛이 느껴진다.

향 버터 같은 원료유 향.

계절 연중.

DATA
종류
비가열 압착
(세미하드)
생산지
아키텐권
A.O.C 연도
인가 외
원료유
양
숙성 기간
—
고형분 중 유지방 함량
50%

문의 치즈 오우코쿠

피레네산맥 기슭, 몽트뢰조에서 양유로 만든 돔 형태의 치즈. 2011년, M.O.F(Meilleurs Ouvriers de France, 프랑스 정부가 인정하는 명장)를 수상한 치즈 장인, 도미니크 부셰Dominique Bouchet가 만들고 있다.
자연에서 무럭무럭 자라는 양들의 최고급 품질의 젖을 원료유로 사용하고 있다. 양유 특유의 달콤한 풍미는 블랙체리 잼과 잘 어울린다.
치즈 이름은 숙성고에서 보이는 '네 드 나폴레옹'(나폴레옹의 코)산에서 따왔다.

전통 제조법을 지키는 아고르사가 만드는 비장의 무기인 양유 치즈. 바스크 지방에서 만드는 치즈는 2002년 파리에서 개최한 농업 견본 시장에서 금상을 수상했다. 그 맛에 보증서가 붙은 것이다.
지롤Girolle이라는 치즈 깎는 도구를 사용해서 세팅하면 보기에도 화려하다. 입에서 살살 녹아 양유의 부드러운 맛이 잘 살아난다. 같은 바스크 지방의 특산물인 고추를 껍질에 발라서 숙성한 것도 있다.

오베르뉴가 자랑스러워하는, 프랑스에서 가장 오래된 특대 치즈 중 하나

Cantal

캉탈

숙성 기간은 2개월 미만부터 6개월 이상까지 다양하다. 숙성이 덜 된 것부터 죈(Jeune, 1~2개월), 앙트르 두(Entre-Deux, 3~6개월), 비유(Vieux, 6개월 이상)라고 부른다.

 외관 : 껍질은 말라 있다. 회백색에서 오렌지색이 되면서 울퉁불퉁해진다.

 맛 : 견과류의 풍미. 숙성이 진행되면 맛이 강하게 변한다.

 향 : 부드럽고 농후한 우유 향. 희미하게 나무 열매 같은 고소한 향을 느낄 수 있다.

 계절 : 연중. 숙성 단계에 따라 다양한 맛을 즐길 수 있다.

DATA

종류	비가열 압착 (세미하드)
생산지	오베르뉴권
A.O.C 연도	1956년
원료유	소
숙성 기간	최저 30일간
고형분 중 유지방 함량	최저 45%

문의 오더 치즈

오베르뉴 지방이 탄생시킨 40kg급 치즈. 로크포르와 마찬가지로 2000년 이상의 역사를 자랑한다. 라귀올(→p.97)과 살레Salers라는 아주 비슷한 치즈가 있어서 삼 형제로 불리기도 한다. 캉탈은 그중에서도 출하량이 많아 프랑스 치즈 전체 중에 상위에 있다.
캉탈은 크기에 따라 이름이 다르다. 치즈 휠의 지름 36~42cm, 높이 35~40cm, 무게 35~45kg을 '푸름 드 캉탈Fourme de Cantal', 치즈 휠의 지름 26~28cm에 무게 15~20kg을 '프티 캉탈Petit Cantal', 치즈 휠의 지름 20~22cm에 무게 8~10kg을 '캉탈'이라고 한다.
외관은 돌절구처럼 울퉁불퉁하지만 속살은 나무 열매 같은 소박하고 순한 맛이다. 숙성 기간에 따라 풍미가 변해서 캉탈을 좋아하는 사람은 각각 좋아하는 숙성도가 있다고 한다. 꼭 한 번 비교해서 맛보고 싶어진다.

오브락고원 지대에서 빚어낸 환상의 치즈
Laguiole
라귀올

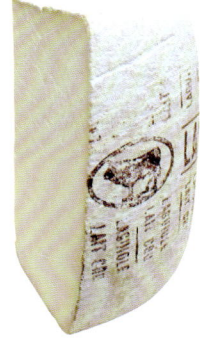

1950년대에 연간 생산량이 25t까지 떨어져서 존속조차 위험했던 라귀올. 1960년에 전통 치즈를 지키기 위해 '산악청년공동조합'을 설립하고 A.O.C를 취득(1961)해서 위기를 모면했다.

 외관 마른 껍질은 돌절구처럼 울퉁불퉁하다. 빨간색 수소가 그려져 있다.

 맛 개성적이고 촉촉하며 무게감 있는 맛. 농후한 감칠맛을 가진 소박한 맛.

 향 견과류 같은 향. 채소 절임을 떠오르게 하는 향도 약간 난다.

 계절 초가을부터. 5~10월 고산 방목 기간에 만들어 가을부터 겨울까지 숙성한다.

DATA
종류
비가열 압착
(세미하드)
생산지
오베르뉴권
A.O.C 연도
1961년
원료유
소
숙성 기간
최저 4개월간
고형분 중 유지방 함량
최저 45%

문의 알파주

프랑스의 가장 오래된 치즈 중 하나인 라귀올. 적어도 캉탈(→p.96)과 같은 세대로 추정하며, 로마 시대에는 있었다고 한다. 라귀올은 동종의 3가지 치즈 중 생산량이 가장 적어 환상의 치즈로 귀한 취급을 받는다. 매시포테이토와 치즈를 함께 반죽한 '알리고Aligot'는 라귀올로 만드는 루에르그 지방의 향토 요리다. 라귀올의 압착 전 커드(톰 프레슈Tome Fraîche)를 사용해서 만드는 것이 전통이다.

향기로운 밀크 리큐어 향
Trappe d'Echourgnac
트라프 데슈냐크

La France Auvergne et Midi

단맛과 깊이가 있는 레드 포트와인이 생각난다. 스모키한 향이 있는 흑맥주나 위스키와도 잘 어울린다. 알코올 외에는 홍차가 좋다.

 외관 태운 듯한 갈색 껍질. 속살은 결이 곱고 촘촘하다.

 맛 나무 열매 같은 고소한 풍미가 있다. 식감이 확실하고 튀는 맛이 없다.

 향 호두 리큐어에 의한 캐러멜 같은 달고 고소한 향을 느낄 수 있다.

 계절 생산량이 적다. 가을부터 먹는 것이 좋다.

DATA
종류
비가열 압착
(워시)
생산지
아키텐권
A.O.C 연도
인가 외
원료유
소
숙성 기간
3주간
고형분 중 유지방 함량
45%

문의 치즈 오우코쿠

도르도뉴의 수녀원에서 만드는 워시 타입 치즈 '트라프 데슈냐크'. 19세기 말부터 만들었다는 사원 치즈를 바탕으로 1999년에 개발되었다.
중량감 있는 외관도 특징적이지만 무엇보다 우아한 향이 개성적이다. 워시에 사용한 호두 리큐어의 영향이다. 페리고르 지방은 프랑스 최고의 호두 생산지로 유명하다. 그야말로 토지가 만들어낸 치즈다.

이탈리아

🇮🇹 L'Italia

기원전 1000년 전까지
거슬러 올라가야 하는
긴 역사를 자랑하는 치즈부터
최신 유행 치즈까지
다채로운 치즈 문화

이탈리아

이탈리아 요리에 치즈는 빼놓을 수 없는 존재다. 피자에는 모차렐라, 파스타에는 파르미지아노 레지아노, 티라미수에는 마스카르포네, 그리고 고르곤졸라도 익숙한 이름이다.

요리나 디저트에 치즈를 가장 잘 이용하는 나라는 이탈리아다. 종류도 풍부하며 그 숫자는 400가지라고도 600가지라고도 한다.

이탈리아 치즈의 시작은 기원전 1000년경까지 거슬러 올라간다. 로마 제국 시대에는 병사들에게 식량으로 매일 약 20g의 치즈와 밀가루를 지급했다는 기록이 있다. 당시 치즈는 양유로 만드는 '페코리노 로마노'라고 추정한다.

로마 제국 시대는 그리스에서 전해진 양유로 만드는 치즈 제조가 정착되었다. 그 후 북쪽에서 소가 들어와 오늘날과 같은 변화무쌍한 치즈 문화가 형성되었다.

품질 관리는 EU 기준의 원산지 명칭 보호 제도가 있어서 'D.O.P'라고 표기한다. 인증된 치즈는 D.O.P의 공통 마크를 찍어서 유통하도록 의무화한 덕분에 시장에서 높은 평가를 받고 있다.

목축의 역사가 긴 이탈리아지만, 최근 들어 낙농가와 생산자가 줄어들고 있다. 그러나 D.O.P에 의해 소규모 생산의 전통 치즈를 지키려는 움직임이 활발하다.

L'Italia

*1996년 6월 이전에는 이탈리아 독자적인 D.O.C (원산지 명칭 통제) 제도로 인증을 했다. 이탈리아에는 각각의 치즈마다 보호협회가 있으며, EU에 신청하는 일도 각 단체가 한다. 이탈리아의 D.O.P 치즈에는 D.O.C의 인가를 얻지 못한 것도 있다.

L'Italia/Nord
AREA MAP

이탈리아 북부
대표 치즈

탈레지오
(→ p.106)
예전에는 '스트라키노'라고 불렸던 치즈. 산간에서 전통 제조법으로 만든 것은 특별한 맛이 난다.

몬타지오
(→ p.108)
원산지는 오스트리아와 슬로베니아 국경에 접한 지역. 몬타지오산과 그 부근에 사는 사람들에게 전해지면서 널리 알려졌다.

Trentino-Alto Adige
트렌티노 알로 아디제

프리울리 베네치아 줄리아
Friuli-Venezia Giulia

Valle d'Aosta
발레 다오스타

Milano
밀라노

Lombardia
롬바르디아

Veneto
베네토

Venezia
베네치아

Torino
토리노

Piemonte
피에몬테

Pianura padana

Fiume Po
포강

Mar Adriático
아드리아해

Liguria
리구리아

Emilia-Romagna
에밀리아 로마냐

Mare Ligure
리구리아해

카스텔마뇨
(→ p.111)
생선젓과 비슷한 독특한 풍미가 있다. 만들어진 커드를 항아리에서 발효하는 특별 제조 방식을 거친다. 이탈리아 국내에서도 고급 치즈로 대접받는다.

파르미지아노 레지아노
(→ p.107)
이탈리아 치즈의 왕이라고 불리는 하드 치즈. 긴 숙성 기간에 의해 생긴 자잘하게 응축된 아미노산의 식감이 재미있다.

서로 다른 3가지 풍토에서 다양한 특징의 치즈가 탄생하다

이탈리아 북부는 산과 산이 연결된 알프스산맥의 산악 지역, 그 산 아래 자락의 산기슭 지역, 포강 유역의 광대한 파다나 평원, 이렇게 크게 세 지역으로 나눌 수 있다.
겨울 동안 눈에 갇혀 지내는 산악 지역에서는 전통적으로 폰티나 같은 대형에 보존성이 뛰어난 '마운틴 치즈'를 만든다.

이에 비해 산기슭 지역에서는 '스트라키노'로 불리는 우유로 만드는 부드러운 치즈를 많이 만든다. 고르곤졸라와 탈레지오가 대표적이다. 오래전부터 토지 정비를 잘해온 파다나 평원 지역은 이탈리아 국내의 치즈 생산량의 대부분을 차지한다.

롬바르디아주
이탈리아 최대 인구가 거주하는 롬바르디아는 포강 유역에 파다나 평원이 펼쳐져 있다. 공장제도 많지만, 전통 방식으로 '고르곤졸라', '탈레지오', '마스카르포네' 같은 부드러운 치즈를 만든다.

피에몬테주
알프스의 남서부 산기슭에 펼쳐진 주로, 주도는 토리노. 와인과 송로버섯 같은 특산품을 생산한다. 하드 타입의 '브라', 소프트 타입의 '로비올라' 등 다양한 치즈를 만든다.

트렌티노 알토 아디제주
이탈리아에서 가장 북쪽에 있다. 버터를 만들고 남은 탈지유를 사용해서 알프스에서 가장 오래된 치즈 중 하나를 만든다. 1차 세계 대전까지는 오스트리아 제국의 영토였다.

발레 다오스타주
알프스 산중에 있다. 꽃 같은 향과 벌꿀 같은 단맛이 나는 '마운틴 치즈'를 만든다. 프랑스와 스위스 국경이 접해 있어 프랑스어를 사용하는 지역이다.

리구리아주
북이탈리아지만 1년 중 온난한 지중해성 기후인 지역이다. 전통적인 지역 치즈는 없고, 특산품으로 제노바 페스토 Genoese Pesto와 파르미지아노 레지아노 등을 만든다.

에밀리아 로마냐주
포강의 남쪽. 이탈리아반도의 대륙과 이어진 곳에 있다. '파르미지아노 레지아노'와 발사믹, 파르마 햄 Parma ham 등 이탈리아를 대표하는 식품을 주로 생산한다. 자동차 산업의 중심지이기도 하다.

베네토주
물의 도시 베네치아가 있는 지역이다. 수많은 D.O.P 치즈가 있다. 피아베강 유역의 벨루노에서는 D.O.P 인가(2010)를 받은 '피아베'를 만들고 있다.

프리울리 베네치아 줄리아주
오스트리아, 슬로베니아에 접한 바다와 산 사이에 있는 국경 지역. 산에서 만든 치즈다운 포근한 단맛이 있는 치즈 '몬타지오'의 원산지다.

푸른곰팡이가 가득한 정통파 고르곤졸라
Gorgonzola Piccante
고르곤졸라 피칸테

고르곤졸라를 대중화시키는 데 일조한
Gorgonzola Dolce
고르곤졸라 돌체

치즈 휠의 지름은 30㎝ 정도. 대개 작게 나눠 포장한 것을 판매한다. 이름은 이 치즈를 처음 만든 고르곤졸라 마을에서 유래했다.

피칸테처럼 치즈 휠의 지름이 30㎝ 정도 된다. 작게 나눠 포장해서 판매한다. 한눈에 봐도 피칸테보다 푸른곰팡이 양이 적다.

외관 껍질은 거슬거슬하고 적갈색. 속살은 크림색 바탕에 청록색 줄기가 퍼져 있다.

맛 농후하고 톡 쏘는 자극적인 맛. 과일 같은 단맛도 살짝 난다.

향 강하다. 나뭇진과 흙이 연상되는 푸른곰팡이만의 독특한 코끝을 스치는 향.

계절 연중.

DATA
종류: 푸른곰팡이
생산지: 롬바르디아주
D.O.C 연도: 1955년
원료유: 소(살균유)
숙성 기간: 최저 2~3개월
고형분 중 유지방 함량: 48%

문의: 오더 치즈

외관 껍질은 적자색이며 거슬거슬하다. 피칸테보다 푸른곰팡이가 적고 매끄럽다.

맛 순수한 단맛 속에 톡 쏘는 푸른곰팡이의 적당한 자극이 느껴진다.

향 푸른곰팡이 특유의 향은 약하다.

계절 연중.

DATA
종류: 푸른곰팡이
생산지: 롬바르디아주
D.O.C 연도: 1955년
원료유: 소(살균유)
숙성 기간: 최저 2~3개월
고형분 중 유지방 함량: 48%

문의: 오더 치즈

세계 3대 블루치즈 중 하나로 1000년 이상의 역사를 자랑한다. 스파이시한 맛의 '피칸테'와 단맛의 '돌체' 두 종류가 있다. 전통적인 것은 푸른곰팡이가 많고 풍미가 강한 피칸테.
파스타와 리소토 같은 요리의 소스에 사용하는 것은 물론이고 풀 보디 레드 와인과 함께 그대로 먹어도 입이 즐거울 것이다.

푸른곰팡이의 이미지를 뒤집는 달고 순한 맛이다. 입속에서 매끄럽고 걸쭉하다.
피칸테와 달리 전쟁 이후에 만들어져 역사는 짧지만, 본국인 이탈리아 시장에서 주류는 돌체다. 고르곤졸라 전체 생산량의 약 90%를 차지한다고 한다. 요리만이 아니라 서양배 위에 올리거나 꿀을 끼얹는 등 디저트로 즐겨도 매력 있다.

두 종류의 맛을 즐길 수 있는 욕심쟁이 치즈
Gorgonzola Mascarpone
고르곤졸라 마스카르포네

유백색의 마스카르포네와 대리석 같은 고르곤졸라가 층을 이뤄 보기에도 화려하다. 잘라서 포장 판매한다.

 외관 — 마스카르포네와 고르곤졸라가 번갈아 층을 이룬다.

 맛 — 마스카르포네의 연한 단맛에 푸른곰팡이의 스파이시한 맛이 절묘하다.

 향 — 고르곤졸라의 푸른곰팡이 향이 희미하게 난다.

 계절 — 연중. 고르곤졸라의 푸른곰팡이가 깨끗한 청록색을 유지하는 동안.

DATA
종류
푸른곰팡이/프레시
생산지
롬바르디아주
D.O.C 연도
인가 외
원료유
소(살균유)
숙성 기간
—
고형분 중 유지방 함량
60%

문의 치즈 오우코쿠

이탈리아를 대표하는 고르곤졸라와 마스카르포네(→p.104)의 맛을 다 즐길 수 있는 치즈. 휘핑한 생크림 같은 맛의 마스카르포네에 샤프한 고르곤졸라의 푸른곰팡이가 적당히 악센트를 준다.
푸른곰팡이 특유의 자극성 강한 맛도 비교적 마일드해서 지금까지 블루치즈를 경원시했던 사람에게 좋다. 오르되브르에, 혹은 요리나 과자 재료로 폭넓게 사용하고 있다.

크랜베리 케이크 같은 술에 취한 블루치즈
Blue '61
블루'61

경영자이면서 숙성 전문가인 창업자 부부의 결혼 50주년 기념 치즈. 50주년이라는 축일에 걸맞게 외관이 화려한데, 케이크처럼 홀 사이즈도 판매한다.

 외관 — 껍질은 와인색으로 물들어 있고, 상부에는 건크랜베리를 케이크처럼 토핑.

 맛 — 크리미하고 입속에서 진득하게 녹는다. 푸른곰팡이의 과일 맛과 단맛이 난다.

 향 — 와인 향이 추가되어 화려하다. 푸른곰팡이 향은 약하다.

계절 — 연중.

DATA
종류
푸른곰팡이
생산지
베네토주
D.O.C 연도
인가 외
원료유
소
숙성 기간
3개월
고형분 중 유지방 함량
—

문의 치즈 오우코쿠

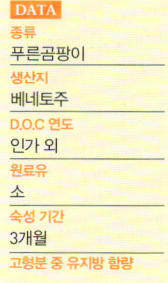

이탈리아 북동부 베네토주에 있는 카제리아사 창시자가 1961년에 금혼식을 기념해서 만든 치즈. 같은 베네토에서 생산한 단맛 와인 '라보조Rabosso'와 파시토(Passito, 포도를 음지에서 말려 당도를 높인 와인)에 절인 '술에 취한 치즈'의 한 종류다.
진득하고 농후해질 때까지 숙성한 블루치즈는 감칠맛도 풍부하다. 과일과 푸른곰팡이의 개성적인 마리아주를 맛볼 수 있다.

에스프레소의 쓴맛과 어울리는 고급스러운 맛
Mascarpone
마스카르포네

보통 슈퍼마켓에서는 250g이나 500g 들이 컵 용기에 담긴 제품을 만날 수 있다. 마스카르포네를 사용한 디저트 '티라미수'로 유명하지만, 빵에 발라 먹어도 맛있다. 유지방분이 60~90%나 되니 과식은 금물.

이탈리아/북부

외관 노란색이 약간 가미된 유백색. 조직은 생크림과 버터의 중간 정도로 매끄럽다.

맛 깊이와 단맛이 있다. 짠맛, 신맛, 튀는 맛이 없다. 커피나 초콜릿 같은 쓴 음식과 잘 어울린다.

향 거의 없다. 연하게 부드럽고 밀키한 향.

계절 연중. 프레시 치즈이니 신선할 때 먹는다.

DATA
종류	프레시
생산지	롬바르디아주
D.O.C 연도	인가 외
원료유	소
숙성 기간	
고형분 중 유지방 함량	최저 60%

문의 체스코㈜

마스카르포네는 우유에 크림을 넣고 만드는 유지방분이 많은 프레시 치즈다. 휘핑한 생크림 같은 식감과 희미한 단맛이 특징이다.
커피, 초콜릿, 브랜디 등과 잘 어울려서 티라미수를 시작으로 제과에 많이 사용한다. 파스타와 고기 요리의 소스에 넣으면 맛에 깊이가 생긴다.
예전에는 북이탈리아의 롬바르디아 지방에서 가을부터 겨울 동안 만들던 명산품이었다. 티라미수가 유행하면서 갑작스럽게 이름을 알리게 된 다음부터는 북이탈리아의 광범위한 지역에서 생산하고 있다. 티라미수 붐이 일기 훨씬 이전에 롬바르디아 지방을 방문한 스페인 총독이 이 치즈를 먹고 외친 '최고의 맛 Mas que bueno'이라는 스페인어가 이름의 유래가 되었다고 한다.

숙성 정도에 따라 맛이 변하는
3가지 원료유의 맛이 살아 있는 치즈

La Tur
라 투르

숙성하면 진득하게 흘러내릴 정도로 크리미하다. 반드시 스푼으로 떠서 먹는다. 크기는 지름 8cm 정도로, 컵이나 필름 포장으로 판매한다.

 외관 부드러운 자연 껍질. 유백색. 숙성이 덜 되면 속살이 폭신하다.

 맛 산양유 특유의 싱그러운 산미. 숙성이 되면 깊이와 크리미한 맛이 더해진다.

향 복잡하게 섞인 원료유 향.

 계절 연중. 숙성 1개월 정도에 우유의 진미가 느껴질 때.

DATA
종류 : 프레시
생산지 : 피에몬테주
D.O.C 연도 : 인가 외
원료유 : 혼합유(소·산양·양)
숙성 기간 : 3~5주간
고형분 중 유지방 함량 : 불규칙

문의 니폰 마이세라

세 종류(소·산양·양)의 원료유로 만든 프레시 타입 치즈. 숙성 전에는 산양유의 산미와 상큼함이 느껴지지만, 시간이 지날수록 우유의 밀키함과 양유의 단맛과 진미가 늘어나는 재미있는 치즈다. 원료유의 배합률은 계절에 따라 달라지지만, 맛에 큰 영향을 주지 않도록 조절한다. 시드르나 화이트 맥주처럼 단맛이 나는 발포성 술과 잘 맞는다. 잼이나 꿀을 곁들여서 홍차와 매칭해도 좋다.

시간이 지나면 루비색이 되는
북이탈리아의 전통 치즈

Robiola
로비올라

L'Italia/Nord

옛날부터 북이탈리아에서 일상적으로 만들어오던 소형 치즈. 1개에 250~400g 정도의 홀 타입으로 판매한다. 무화과 잎에 싸서 숙성하는 타입도 있다.

 외관 껍질은 숙성이 진행되면 빨간색을 띤다. 속살은 탱탱하고 크리미.

 맛 산미가 약간 있는 원료유의 순한 풍미. 숙성하면 맛이 응축되며 스파이시하다.

 향 크리미하고 섬세한 원료유의 향.

 계절 연중. 봄부터 늦가을까지가 맛있다. 적기는 20~30일 정도.

DATA
종류 : 소프트(그 외)
생산지 : 피에몬테주
*사진의 치즈는 롬바르디아주에서 생산
D.O.C 연도 : 인가 외
원료유 : 혼합유(소·산양·양)
숙성 기간 : 최저 3일
고형분 중 유지방 함량 : 최저 45%

문의 치즈 허니

역사가 있는 치즈로 고대 로마 시대에는 '루베올라Rubeola', '루베르Ruber'라고 불렸다. 루비, 즉 숙성이 진행되면 빨갛게 되어 이름 지어졌다고 한다. 숙성이 덜 된 것도 잘된 것도 모두 테이블 치즈로 최적이다. 모스타르다(Mostarda, 머스터드 풍미의 시럽을 바른 과일)나 고추, 올리브유를 끼얹으면 풍미가 더 살아난다. 보디감이 강한 레드 와인과 마리아주한다.

온화하고 순한 워시 타입
Taleggio
탈레지오

이탈리아/북부

외관 연적갈색 껍질에 자연의 푸른곰팡이가 살짝 피었다. 속살은 크림색이며 탄력 있고 매끄럽다.

맛 순하고 달콤한, 독특한 맛. 연한 산미도 느껴진다. 숙성이 진행되면 맛이 진해진다.

향 아주 프루티한 향. 워시 타입 특유의 향은 신경 쓰이지 않을 정도로 아주 약하다.

계절 연중. 적기는 봄~가을. 숙성 1개월 반~2개월이 먹기 좋다.

DATA
종류	소프트(워시)
생산지	롬바르디아주
D.O.C 연도	1988년
원료유	소
숙성 기간	최저 40일간
고형분 중 유지방 함량	최저 48%

문의 세카이 치즈 쇼카이

한 변이 20cm 정도 되는 정사각형 윗면에는 탈레지오보호협회의 독특한 문양이 새겨져 있다. 상점에는 커팅한 상태로 진열한다. 커팅할 때 치즈가 진득하게 묻어나면 숙성이 최고조에 달한 상태다.

옛날에는 치즈가 만들어진 롬바르디아 지방의 탈레지오 계곡에서 유래되어 '탈레지오 계곡의 스트라키노 Stracchino della Val Taleggio'로 불렸다. 고르곤졸라와 마찬가지로 추운 겨울을 피해 알프스의 방목장에서 평지로 이끌고 내려온 지친 stracco 소들의 우유로 빚었던 데서 유래한 이름이었다.

탈레지오의 전통 제조법은 소금을 손으로 비벼 가염하고, 산바람을 이용해 동굴에서 숙성한다. 숙성 중에는 표면에 생긴 푸른곰팡이를 손으로 일일이 닦고 소금물로 씻는 작업을 반복한다.

현재 시장에 유통되는 탈레지오는 비옥한 파다나 평원의 공장에서 만드는 제품이다. 하지만 산간에서 옛날 방식으로 만드는 탈레징의 맛은 특별하다. '산의 플레이버'로 부르며 평원에서 만든 것과 구별한다.

탈레지오는 워시 타입인데 온화하고 순하다. 빵에 채소나 햄을 곁들여 파니니(이탈리아풍 샌드위치)로 먹거나, 달콤한 잼과 디저트로 먹는 등 폭넓게 즐긴다.

이탈리아를 대표하는 초경질 치즈의 최고봉
Parmigiano Reggiano
파르미지아노 레지아노

외관 껍질에 적갈색 각인이 새겨져 있다. 속살은 크림색인데 아주 단단하며 결이 곱고 깔깔하다.

맛 촉촉한 감촉으로 깊이가 있고, 씹을수록 감칠맛이 돈다. 오톨도톨한 그라나는 아미노산의 결정이다.

향 깎으면 과일 같은 달콤하고 순수한 향이 퍼진다.

계절 연중. 일반적으로 껍질이 조청색으로 변하는 숙성 2년 차가 적기라고 한다.

잘라서 파는 것이 일반적이다. 최근에는 3년 혹은 4년 장기 숙성한 것, 생산지와 소의 품종을 까다롭게 구별한 것이 수입되어 주목을 받고 있다. 숙성 정도에 따라 4가지로 분류하는데 1년 숙성되면 조바네giovane, 2년 숙성되면 비키오vecchio, 3년 숙성되면 스트라베키오stravecchio, 4년 숙성되면 스트라베키오네stravecchione라고 한다.

DATA
종류	가열 압착(하드)
생산지	에밀리아 로마냐주
D.O.C 연도	1955년
원료유	소(무살균유)
숙성 기간	최저 1년 이상
고형분 중 유지방 함량	최저 32%

문헌 세카이 치즈 쇼카이

이탈리아 치즈의 왕으로 불리는 파르미지아노 레지아노는 이탈리아 북부의 에밀리아 로마냐주를 중심으로 한정된 지역에서 만드는 초경질 최고급 치즈다.
전날 저녁에 착유한 원료유를 하룻밤 재워서 지방을 일부 제거한 탈지유와 당일 아침에 착유한 전유를 섞어서 만든다. 시장에 많이 나와 있는 제품의 숙성 기간은 24~36개월이다. 바퀴 모양으로 생긴 치즈 휠의 무게는 30kg 이상 나가는, 그야말로 왕의 풍채를 풍긴다.

이 치즈에 힌트를 얻어 만든 것이 잘 알려진 '파르메산Parmesan'이다. 이 가루 치즈나 다른 초경질 치즈와 선을 긋기 위해 파르미지아노 레지아노는 '제조는 1일 1회만 하며 숙성은 최저 1년'이라는 기준을 정하고 철저하게 품질 관리를 한다. 주로 얇게 깎거나 갈아서 요리에 곁들여 먹는 파르미지아노 레지아노. 커팅한 대로 입에 넣고 응축된 감칠맛과 단맛을 맛보는 사치를 누리고 싶다.

매일 먹기에 최적인
부스스 부서지는 하드 치즈
Grana Padano
그라나 파다노

수도사가 전해준
마운틴 치즈
Montasio
몬타지오

이탈리아/북부

껍질에 새긴 마크 외에는 파르미지아노 레지아노와 똑같다. 일반적으로 커팅한 것을 팔지만, 덩어리로 살 수도 있다.

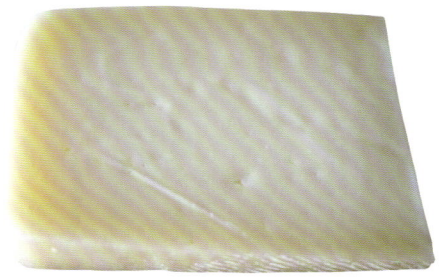

바퀴 모양의 치즈 휠 지름이 30~40cm 정도 되며, 대체로 커팅해서 판다. 1773년에는 당시의 주도인 우디네시에서 가격과 생산량을 관리했다. 19세기에 공동 낙농 경영을 확립하면서 오늘날에도 이어지고 있다.

외관 — 껍질은 두꺼운 다갈색이며 각인이 새겨져 있다. 속살은 연노랑으로 잘 부서진다.

맛 — 꺼끌꺼끌한 식감. 깊이와 감칠맛이 적당하고 촉촉하며 순하다.

향 — 발효 버터 같은 향. 숙성이 진행되면 건초 향도 난다.

계절 — 연중. 숙성 15~18개월이 적기.

DATA
종류
가열 압착(하드)
생산지
롬바르디아주
D.O.C 연도
1955년
원료유
소(무살균유)
숙성 기간
최저 9개월
고형분 중 유지방 함량
최저 32%

문의 세카이 치즈 쇼카이

외관 — 껍질은 노란색이 강한 밀짚색. 숙성이 되면 다갈색으로 바뀐다. 속살은 연노랑.

맛 — 씹을수록 농후한 맛. 숙성이 진행되면 단맛이 느껴진다.

향 — 숙성이 진행되면 파인애플 같은 독특한 향이 난다.

계절 — 연중. 적기는 2~18개월. 숙성에 따라 맛이 다르다.

DATA
종류
가열 압착(하드)
생산지
프리울리 베네치아 줄리아주
*사진의 치즈는 베네토주에서 생산
D.O.C 연도
1986년
원료유
소
숙성 기간
최저 2~4개월, 1년
고형분 중 유지방 함량
최저 40%

문의 알파주, 치즈 허니

비옥한 파다나 평원의 넓은 지역에서 만드는 치즈. '그라나'란 '알갱이'라는 의미로, 자르면 부슬부슬 부서지는 조직의 하드 타입을 말한다. 파르미지아노 레지아노(→p.107)와 비슷하지만 가정에서 압도적으로 많이 사용한다. 가장 큰 차이는 1일 2회 제조할 수 있으며 숙성 기간도 최저 9개월부터로 짧다. 그만큼 맛이 좋고 가격도 적당해서 매일 먹는 치즈로 선택하기 좋다. 이탈리아에서는 '부엌의 남편'이라고 불릴 정도로 친숙한 치즈다.

원산지는 이탈리아 북쪽의 끝, 오스트리아와 슬로베니아 국경에 접한 프리울리 베네치아 줄리아주. 13세기 중반, 모지오 수도원의 수도사들이 만들었는데 몬타지오산과 그 부근에 사는 사람들에게 전해져서 퍼져나간 치즈다.

숙성 2개월째부터 먹을 수 있으며, 1~2년 숙성하면 풍미가 더 강해진다. 숙성이 덜 되면 전채로, 숙성이 진행되면 갈아서 조미료로 사용하면 좋다.

타입이 완전히 다른, 달레보와 프레사토
Asiago
아지아고

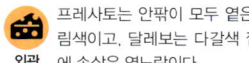

외관	프레사토는 안팎이 모두 옅은 크림색이고, 달레보는 다갈색 껍질에 속살은 연노랑이다.
맛	프레사토는 가벼운 산미와 단맛에 자극성이 없지만, 달레보는 깊은 맛과 감칠맛이 특징이다.
향	원료유의 부드러운 향. 무살균유로 만드는 달레보가 향이 진하다.
계절	연중. 프레사토는 여름~가을, 달레보는 가을~봄.

사진 위쪽은 프레사토Pressato. 아래쪽은 달레보d'Allevo. 같은 아지아고이지만 맛과 제조법이 다르다. 바퀴 모양의 치즈 휠 크기는 둘 다 지름 30~40cm. 일반적으로 잘라서 판다.

DATA
종류	반가열 압착 (세미하드)
생산지	베네토주
D.O.C 연도	1978년
원료유	소 (달레보는 무살균유)
숙성 기간	3~24개월(달레보) 20~40일(프레사토)
고형분 중 유지방 함량	최저 34%(달레보) 최저 44%(프레사토)

문의 알파주

*사진의 달레보처럼 '스트라베키오'(이탈리아어로 아주 오래되었다는 의미)라고 표시된 것도 있다.

베네치아의 북쪽, 해발 1000m 산기슭에 자리잡은 아지아고가 고향이다. 양유로 만들어 '비첸차Vicenza의 페코리노Pecorino'로도 불렸지만, 아지아고고원으로 소가 유입되면서 우유로 만드는 것이 주류가 되었다고 한다. 현재, 아지아고는 제조법과 맛이 각각 다른 '아지아고 달레보'와 '아지아고 프레사토'로 구분해서 부른다. 오리지널로 여겨지는 것은 달레보. 확실한 숙성으로 씹을수록 감칠맛이 난다. 농가 제품이 중심이라 생산량이 적은 탓에 좀처럼 손에 넣기 힘들지만, 현지에서는 압도적인 인기를 자랑한다.

프레사토는 숙성이 짧은 만큼 맛이 순하다. 유통량도 많고 가격도 적당해서 가정에서 일상적으로 사용한다.

와인을 짜내고 남은 지게미에 절인
'술에 취한 치즈'
Ubriaco
우브리아코

담근 와인의 종류에 따라 '우브리아코 디 아마로네Ubriaco di Amarone'와 '우브리아코 프로세코Ubriaco Prosecco'로 명칭이 달라진다. 사진은 화이트 와인에 절인 우브리아코 프로세코.

외관	껍질은 담근 와인색으로 물들어 있다. 와인 지게미도 약간 묻어 있다.
맛	치즈와 와인의 상승효과로 만들어지는 과일 맛이 느껴지는 깊은 맛.
향	사과 같은 상큼한 화이트 와인 향.
계절	연중. 겨울부터 봄까지가 더 맛있는 시기.

DATA
종류
반가열 압착 (세미하드)
생산지
베네토주
D.O.C 연도
인가 외
원료유
소
숙성 기간
—
고형분 중 유지방 함량
불규칙

문의 치즈 허니

프레시한 밀크의
단맛과 농후함의 여운
Gran Monteo
그란 몬테오

바퀴 모양의 치즈 휠 크기는 지름 38cm, 무게 35kg. 일반적으로 잘라서 판매한다.

외관	자연히 만들어진 얇은 껍질. 속살은 우유 같은 흰색이며 불규칙한 구멍이 있다.
맛	농후하고 순한 맛. 프레시한 원료유의 단맛을 느낄 수 있다.
향	과일 향. 밀키한 향도 난다.
계절	연중. 숙성이 덜 되어야 맛있다.

DATA
종류
반가열 압착 (세미하드)
생산지
베네토주
D.O.C 연도
인가 외
원료유
소
숙성 기간
45일
고형분 중 유지방 함량
—

문의 치즈 오우코쿠

이탈리아 북동부 베네토주에서 만드는 '술에 취한 치즈'. 베네토산 마운틴 치즈 '아지아고'(→p.109) 등의 치즈를 같은 베네토산 와인, 와인을 만들고 남은 포도 지게미를 섞은 것에 담가 숙성한 치즈다.
크게 나눠 레드 와인에 담근 것(우브리아코 디 아마로네)과 화이트 와인에 담근 것이 있다. 외관, 향, 맛 모두 다르게 제조한다. 당연히 담근 와인 향을 담은 치즈의 복잡 미묘한 맛을 즐길 수 있다.

그란 몬테오의 생산지는 이탈리아 북동부 베네토주. 트레비소 언덕에 있는 계약 농가에서 매일 아침 운반해 오는 우유로 제조하는 세미하드 타입 치즈다.
쫀득한 식감이 입속에서 잘 녹으며 우유의 단맛을 적당히 느낄 수 있다. 큼직하게 깍둑썰기로 잘라 먹으면 농후하고 부드러운 맛이 도드라진다. 생 햄을 감아 오르되브르로 먹어도 근사하다.

자극성 없는 부드러운 맛의
마운틴 치즈
Piave
피아베

숙성 상태에 따라서 5개의 명칭으로 불리는 피아베. 사진 앞쪽이 두 번째로 숙성이 덜 된 메자노(Mezzano, M). 뒤쪽이 네 번째인 베키오 셀레지오네 오로(Vecchio Selezione Oro, 오래된 황금의 선택, V).

 외관 껍질에 각인이 있다. 속살은 숙성 전에는 담황색, 숙성이 진행되면 오렌지색.

 맛 적당한 산미와 견과의 맛. 튀는 맛 없이 부드럽다.

 향 파인애플의 프루티한 향.

계절 연중.

DATA
- **종류**: 가열 압착 (하드)
- **생산지**: 베네토주
- **D.O.C 연도**: 2010년
- **원료유**: 소
- **숙성 기간**: 60~180일(M) / 1년 이상(V)
- **고형분 중 유지방 함량**: 30~38%(M) / 35% 이상(V)

문의 프로마주 내추럴 치즈 통신판매

독자적인 제조법으로 비할 데 없는
풍미를 만든 환상의 치즈
Castelmagno
카스텔마뇨

 L'Italia/Nord

원통형 치즈 휠 지름은 15~25cm. 생산량이 적어서 희소가치가 높다. 이탈리아 본국에서도 고급 치즈로 여겨지며 가격도 높다.

 외관 껍질은 연노랑~갈색. 빨강·노랑·흰색의 곰팡이가 있다. 조직은 퍼석하다.

 맛 스파이시하고 농후한 맛. 산미가 있어서 생선젓 같은 개성적인 맛이 난다.

 향 독특한 발효취.

 계절 5~9월에 제조. 숙성 후 가을~봄, 푸른곰팡이가 핀 때가 먹기 좋다.

DATA
- **종류**: 비가열 압착 (세미하드)
- **생산지**: 피에몬테주
- **D.O.C 연도**: 1982년
- **원료유**: 소(무살균유, 산양·양의 혼합유 가능)
- **숙성 기간**: 최저 2~6개월
- **고형분 중 유지방 함량**: 최저 34%

문의 알파주

베네토주 벨루노에서 만드는 하드 타입 치즈. 벨루노의 남북으로 흐르는 피아베강에서 이름을 따왔다. 그 지역에서 우유의 생산부터 숙성, 출하까지 진행한다. 전통적인 마운틴 치즈 중 하나지만 소박함보다는 자극성 없는 부드러운 맛이 더 강하다. 60~180일 정도 숙성한 것을 주로 유통하는 데, 메자노(이탈리아어로 중간이라는 의미)라고 부른다.

특이한 제조법으로 만드는 카스텔마뇨. 만들어진 커드를 마 주머니에 넣어 물을 짜내고, 이틀간 발효시키는 독특한 공정이 생선젓이 생각나는 풍미를 만든다. 원래 여름 동안 카스텔마뇨의 산에 방목한 우유로 만들었지만, 생산량이 줄어서 일시적으로 '환상의 치즈'라고 불렸다. 지금은 평지에서 하는 생산도 허락되면서 공장 제품도 늘고 있다.

피에몬테주에서 으뜸가는 인기 치즈
Bra
브라

외관 껍질은 밀짚색. 속살은 백황색. 작은 구멍이 산재해 있다. 두로는 노란색이 강하고 단단하다.

맛 부드러운 풍미와 쫀득한 탄력이 특징이다. 두로는 스파이시하고 독특한 맛도 난다.

향 순한 향. 숙성이 진행된 두로는 유산 발효 특유의 향도 약간 난다.

계절 연중. 초여름부터 겨울까지가 맛있다.

DATA

종류	비가열 압착 (세미하드·하드)
생산지	피에몬테주
D.O.C 연도	1982년
원료유	소(산양·양의 혼합유 가능)
숙성 기간	최저 45일(테네로) 최저 6개월(두로)
고형분 중 유지방 함량	최저 32%

문의 알파주

바퀴 모양의 치즈 휠 지름이 30~40㎝ 정도 되는 브라는 잘라서 판다. 숙성 기간으로 세미하드 타입과 하드 타입으로 나뉜다. 사진은 숙성 기간이 긴, 하드 타입의 '두로'(단단하다). 세미하드는 '테네로'(부드럽다)라 부른다.

이름이 말하듯이 이탈리아 북서부에 위치한 피에몬테주 쿠네오현 브라시에서 만드는 치즈다. 그 역사는 오래되어 14세기경에는 마을 사람들이 식량으로 조금씩 만들었다. 20세기 초 제노바로 들어가면서 인기에 불이 붙어, 이탈리아 전 국토에 그 이름이 알려졌다. 현재는 피에몬테주 중에서도 생산량이 많다.

주로 우유로 만들며 가끔은 산양유와 양유를 섞기도 한다. 탈지유로 만들어 맛이 깔끔하다.

숙성이 짧은 것은 세미하드 타입으로 '브라 테네로$_{Bra\ Tenero}$'라고 부른다. 약간 스파이시한 맛과 부드러운 향이 특징이다. 숙성이 오래된 것은 하드 타입으로 '브라 두로$_{Bra\ Duro}$'로 부른다. 쫀득하고 탄력이 있으며 스파이시하고 감칠맛이 강하다.

자극성이 없는 브라는 테이블 치즈로 제격이다. 고향이 같은 피에몬테의 레드 와인과 함께 즐기면 좋다.

농후한 풍미로 즐기는 마운틴 치즈
Fontina
폰티나

바퀴 모양의 폰티나는 측면이 약간 오목하게 패어 있고 지름 30~45cm 정도 된다. 알프스 산중에 위치한 발레 다오스타주의 지정된 열두 계곡에서 만든다. 외관이나 제조법이 같더라도 지정 지역 외에서 만든 것은 '폰탈 fontal'이라고 부르며 구별한다.

외관 껍질은 적갈색, 촉촉하다. 속살은 옅은 밀짚색에 부드럽게 조여진 조직. 작은 구멍이 뚫려 있다.

맛 보들보들하고 녹아내리는 듯한 식감. 견과류의 맛과 꿀 같은 단맛을 느낄 수 있다.

향 달콤함이 깃든 고소한 향. 워시 치즈가 생각나는 자극적인 냄새가 연하게 난다.

계절 연중. 특히 여름에 산에서 만든 제품은 가을부터 겨울까지 숙성해서 적기를 맞이한다.

DATA
종류	반가열 압착 (세미하드)
생산지	발레 다오스타주
D.O.C 연도	1955년
원료유	소(무살균유)
숙성 기간	최저 3개월
고형분 중 유지방 함량	최저 45%

문의: 오더 치즈

이탈리아풍 퐁뒤인 '폰두타Fonduta'에 빼놓을 수 없는 폰티나. 프랑스와 스위스 국경을 접하고 이탈리아 북서부에 자리한 발레 다오스타주의 열두 계곡에서 만드는 중형 치즈로, 윗면에 산 마크와 품명이 찍혀 있다. 이탈리아 마운틴 치즈의 대표 존재로 약간 튀는 향과 견과류의 풍미, 꿀 같이 녹는 단맛이 특징이다. 특히 방목 기간(6월 15일~9월 29일)에 만든 폰티나는 '아르페지오Arpeggio'라고 부르며 귀하게 여긴다.

숙성 기간인 약 3개월을 거쳐 먹기 좋은 시기를 맞이한 폰티나는 폰두타로 즐기는 것이 현지 방식이다. 잘게 썬 폰티나에 우유와 달걀을 넣고 버터와 소금으로 조미한 향토 요리다. 숙성 기간이 길지 않으니 안주로 먹을 때는 생으로 먹는다. 프루티한 레드 와인과 함께 견과류의 맛을 느끼는 것도 좋은 방법이다.

가정식 요리에 딱 어울리는 파스타 필라타
Provolone Valpadana
프로볼로네 발파다나

이탈리아/북부

살라미형, 서양배형, 원뿔형 등 모양도 크기도 다양하다. 파스타 필라타 제조법으로 만들어 독특한 탄력이 있다. 잘 녹는 성질 덕분에 요리 재료로 잘 맞는다.

외관 껍질은 크림색이며 광택이 있다. 속살은 흰색~연노랑. 조직이 치밀하다.

맛 숙성이 막 시작되면 밀키. 숙성이 진행되면 짠맛이 강한 샤프한 맛.

향 보기보다 자극성 있는 치즈 향.

계절 연중.

DATA
종류	파스타 필라타 (세미하드)
생산지	롬바르디아주
D.O.C 연도	1993년
원료유	소
숙성 기간	최저 1~2개월
고형분중 유지방 함량	최저 44%

문의 오더 치즈

남이탈리아가 시조인 파스타 필라타 제조법의 세미하드 타입 치즈. '프로볼로네'는 '공'을 뜻하는 나폴리 사투리에서 유래한 것이며, 원래는 구형으로 만들어서 끈으로 매달았다. 현지인 나폴리에서는 전통 모차렐라처럼 물소유로 만들었다고 한다. 현재는 북이탈리아의 파다나 평원 일대에서 중점적으로 만든다.

숙성이 진행된 것은 짠맛을 살려 파스타나 라자냐처럼 가열 요리에 사용하면 파스타 필라타 특유의 늘어나는 재미를 즐길 수 있다.

파스타 필라타 치즈라면 프레시 타입의 모차렐라(→p.115)가 유명하지만, 이 세미하드 타입도 인기가 있다. 그 외에 구워 먹는 치즈로 알려진 '카치오카발로 Caciocavallo' 등도 이 파스타 필라타 제조법으로 만들고 있다. 끓여서 뭉쳐진 커드를 주머니에 넣고 입구를 끈으로 묶어 2개를 한 조로 매달아 숙성한다. 반죽을 소금물에 넣고 가염해서 성형, 숙성해서 만든 것은 스카모르차(→p.121)라고 한다.

샐러드에도 피자에도, 이탈리안에게 빼놓을 수 없는 치즈
Mozzarella
모차렐라

외관 — 새하얗고, 얇은 막 같은 껍질이 있는 것도 있다. 단면에는 섬유상의 조직이 보인다.

맛 — 은은한 단맛과 산미. 독특한 쫀득한 식감. 녹이면 잘 늘어난다.

향 — 우유의 달콤한 향이 연하게 느껴진다.

계절 — 연중. 신선할수록 맛있다. 제조일자로부터 2주일 이내가 적당하다.

L'Italia/Nord

DATA
종류	파스타 필라타 (프레시)
생산지	롬바르디아주 외
D.O.C 연도	인가 외
원료유	소
숙성 기간	없음
고형분 중 유지방 함량	약 50%

통상적으로 지름 3~12cm의 불규칙한 크기의 공 모양. 소금물이 담긴 비닐 포장이나 컵에 담아 판매한다. 신선도가 맛을 좌우하므로 구입 전에 제조일자를 확인한다.

문ㅣ 니폰 마이세라

피자와 샐러드로 익숙한 모차렐라는 나폴리 원산의 프레시 타입 치즈다. 나폴리 근교의 습지대에는 예전부터 물소가 살아서 모차렐라도 물소유로 만들었다. 하지만 물소 개체수가 감소하고 모차렐라 수요가 확대되면서 지금은 우유로 주로 만든다. 우유로 만든 것은 모차렐라 피오르 디 라테 mozzarella fior di latte, 희귀해진 물소유로 만든 것은 '모차렐라 디 부팔라 캄파나'(→p.120)로 부르며 구별한다. 장기 보존과 풍미를 더하기 위해 훈제를 한 모차렐라 아푸미카타 Mozzarella affumicata도 있다.

우유로 만든 것은 깔끔한 맛과 적당한 가격으로 매일 식탁에 올리기에 적당하다. 전 세계에서 생산한다. 모차렐라의 탄력 있는 식감의 비밀은 '파스타 필라타'로 불리는 제조법에 있다. 커드를 뜨거운 물속에서 반죽하면 독특한 섬유질을 만들 수 있다. 그 후의 과정인, 뜨거운 물속에서 반죽을 뜯는 공정 '모차투라 Mozzatura'가 모차렐라의 어원이 되었다고 한다. '찢어 먹는 치즈(스트링 치즈)'는 이 제조법에서 힌트를 얻어 만들었다.

L'Italia/Centrale Sud
AREA MAP

이탈리아 중남부
대표 치즈

이탈리아/중남부

리코타
(➡ p.118)
연한 단맛과 말랑한 식감의 프레시 치즈. D.O.P를 획득한 것은 양유 제품과 물소유 제품이다.

모차렐라 디 부팔라 캄파나
(➡ p.120)
모차렐라의 원조라고 할 만한 물소유로 만든 치즈. 묵직하고 탄력성이 풍부한 식감과 깊이 있는 밀키함이 특징이다.

Firenze 피렌체
Toscana 토스카나
Umbria 움브리아
Marche 마르케
Appennino 아펜니노산맥
Abruzzo 아브루초
Roma 로마
Lazio 라치오
Molise 몰리세
Mar Adriàtico 아드리아해
Mar Tirreno 티레니아해
Napoli 나폴리
Campania 캄파니아
Puglia 폴리아
Basilicata 바실리카타
Sardegna 사르데냐
Calabria 칼라브리아
Sicilia 시칠리아
Mare Ionio 아드리아해

Part 1 먹어보고 싶다! 세계 치즈 181종

덥고 건조한 풍토에서 생겨난 독특한 원료유로 만든 치즈

이탈리아 중남부는 지중해에 튀어나온 부츠 모양의 이탈리아반도, 그 끝에 있는 시칠리아와 프랑스 영토 바로 옆에 있는 사르데냐로 이루어져 있다. 반도에는 뼈대처럼 아펜니노산맥이 지나가며 평지는 적다. 두 섬도 산지가 대부분이다.

중남부는 전체적으로 덥고 건조한 바위 지대와 구릉지다. 이런 토지의 특성 탓에 산양과 양을 키워 만든 '페코리노'(산양 치즈)가 유명하다. 각지에서 만드는 '모차렐라'의 원조인 물소유로 만드는 치즈는 나폴리를 끼고 있는 캄파니아주에서 만든다.

토스카나주
주도인 피렌체는 르네상스 중심지로 황금시대를 구축한 곳이다. 양유를 이용해 껍질이 갈색으로 건조된 밀키하고 진한 치즈를 만든다.

움브리아주
이탈리아 중남부에 있는 곳으로 유일하게 내륙부에 있다. 아펜니노산맥의 구릉지에서는 3개월 정도 숙성한 속살까지 갈색 빛이 도는 양유 치즈를 만든다.

마르케주
아드리아해 연안에 있는 주. 마르케주의 두 현에서만 생산하는 D.O.P의 '카시오타'(Casciotta, 중부 이탈리아에서 사용하는 치즈를 의미하는 단어)는 양유와 우유를 혼합해서 만든다.

라치오주
이탈리아 수도인 로마가 있는 주. 역사적으로 이탈리아에서 가장 오래된 치즈인 '페코리노 로마노'를 만든다. 처음 만들었을 당시에는 보존성이 중요했는지 짠맛이 약간 강하다.

아브루초주
이탈리아반도의 중앙에 위치한다. 아펜니노산맥의 중심부터 아드리아해를 향해 펼쳐진 대부분이 산으로 이루어진 토지다. 치즈를 아푸미카토(훈제)해서 먹을 수 있게 했다.

몰리세주
이탈리아에서 두 번째로 작은 주. 파스타 필라타 제조법으로 만든 반죽을 건조 숙성하는 '카치오카발로', 양유로 만든 '리코타'를 만든다.

캄파니아주
남이탈리아 최대의 도시인 나폴리가 주도인 주. 피자 마르게리타와 카프레제로 유명한 '모차렐라'의 원산지다. 전통적인 물소유로 만들고 있다.

풀리아주
이탈리아반도의 '발꿈치'에 있는 지역. '카네스트라토 풀리에세Canestrato Pugliese'라는 갈대 바구니에서 숙성시킨 양유로 만드는 치즈가 있다.

바실리카타주
아펜니노산맥이 주의 대부분을 차지해서 기복이 심한 토지다. 주도인 포텐차 내 30개의 촌락에서 껍질을 올리브유와 비니거로 씻은 양유 치즈를 만든다.

칼라브리아주
옛날부터 황폐한 지역으로 불리는 이탈리아반도의 '발끝'에 위치한 주. D.O.P 치즈 '카치오카발로 시라노Caciocavallo Silano'의 원산지인 시라 산지가 있다.

시칠리아주
지중해 최대 섬. 강력하고 스파이시한 맛의 양 치즈 외에 고유한 품종의 양유로 만든 파스타 필라타의 프레시 치즈를 만든다.

사르데냐주
사르데냐어라는 독자적인 언어가 있다. 이 섬의 독자적인 '페코리노 사르도Pecorino Sardo'에는 구더기로 심하게 발효시킨 위험한 치즈 '카수 마르주Casu Marzu'도 있다.

꿀이나 잼을 곁들여서 상큼하게 디저트로
Ricotta
리코타

컵에 넣어 판매한다. 양유나 산양유로 만든 제품도 있다. D.O.P를 획득한 것은 남이탈리아에서 물소유와 양유로 만든 제품이다. 아쉽게도 생산량과 보존 문제로 좀처럼 구하기 어렵다.

 외관 껍질이 없고 새하얀 크림 상태. 알갱이 같은 것이 약간 있어서 질감이 까끌까끌하다.

 맛 우유로 만든 것은 깔끔하다. 원료유의 풍미와 연한 단맛을 느낄 수 있다.

 향 데운 우유 같은 부드러운 우유 향.

 계절 연중. 프레시한 맛을 느끼려면 제조일자를 확인해서 선도가 좋은 것을 고른다.

DATA
종류	프레시
생산지	남이탈리아 *사진의 치즈는 롬바르디아주에서 생산
D.O.C 연도	인가 외
원료유	소(훼이)
숙성 기간	없음
고형분 중 유지방 함량	

문의: 체스코(주)

리코타는 남이탈리아에서 즐겨 먹는 프레시 치즈다. '다시 데운다'를 의미하는 단어가 이름의 어원이라고 한다. 리코타는 다른 치즈를 만들기 위해서 원료유를 한 번 가열하고, 그때 나온 유청에 새로운 젖이나 크림을 넣고 재가열해서 만든 것이기 때문이다.

현지에서는 우유, 산양유, 양유, 물소유 등 다양한 원료유를 사용한다. 여기에 소금을 더해 숙성한 것(리코타 살라타 Ricotta Salata), 훈연한 것(리코타 디 아푸미카타 Ricotta di Affumicata), 허브로 감싼 것 등 바리에이션도 풍부하다. 우유를 넣은 것이 주류이며, 생크림을 넣은 '리코타 알라 파나 Ricotta Alla Panna' 등도 인기 있다.

맛은 깔끔하지만, 입속에서 풍성하게 퍼지는 연한 단맛과 원료의 풍미가 황홀하다. 신선한 것은 생으로 꿀이나 잼을 곁들여 디저트로 먹는다. 쇼트 파스타나 팬케이크에 넣어 요리하기도 한다.

짠맛이 강한 이탈리아에서 가장 오래된 치즈
Pecorino Romano

페코리노 로마노

바퀴 모양의 치즈 휠 지름이 25~30 cm 정도 된다. 잘라서 파는 것이 일반적이다. 보존성을 높이기 위해서 옛날부터 짠맛을 강하게 만드는 것이 특징이다. 산지에서는 5월에 슬라이스해서 생 누에콩과 먹는 풍습이 있다.

외관 아이보리색. 껍질이 얇다. 속살은 흰색이나 옅은 크림색으로 단단하지만, 맥없이 부서지기 쉽다.

맛 짠맛이 강하다. 약한 산미. 양유 특유의 단맛과 깊이도 있다.

향 양유 특유의 달콤한 향.

계절 연중. 절단면에서 훼이가 배어나오는 시기를 '치즈가 우는 시기'라고 하는데, 가장 먹기 좋은 시기다.

L'Italia/Centrale Sud

DATA
종류	가열 압착(하드)
생산지	라치오주 / 사르데냐주
D.O.C 연도	1955년
원료유	양
숙성 기간	최저 4개월~1년
고형분 중 유지방 함량	최저 36%

문의 알파주

페코리노 로마노는 기원전 1세기 고대 로마 시대까지 거슬러 올라가야 한다. 이탈리아에서 가장 오래된 치즈다. 로마 원정 병사의 휴대 식량이기도 했는데, 보존을 목적으로 염분을 강하게 만든 것이 특징이다. 표면에 소금을 뿌리는 전통 방식은 지금도 고수하고 있다. 다만, 요즈음은 건강을 위해 염분을 줄여서 테이블 치즈로 즐길 수 있게 만든다.

숙성은 최저 4개월~1년. 숙성이 안 된 것은 생으로 먹고, 숙성이 진행된 것은 갈아서 가루로 만들어 요리에 쓴다. 특히 로마에서 탄생한 '카르보나라'와는 환상 궁합을 자랑한다.

'페코리노'는 양유로 만든 치즈의 총칭이며, '로마노'는 로마 근교를 의미한다. 그러나 현재는 수요가 확대되면서 토지에 여유가 있고 양유를 조달받기 좋은 사르데냐에서 주로 생산한다.

토스카나산 와인과
즐기고 싶은 양유 치즈
Pecorino Toscano
페코리노 토스카노

홀 사이즈는 지름 15~22cm의 바퀴 모양. 부드러운 '프레스코Fresco'와 약간 단단한 '스타지오나토Stagionato'가 있다. 사진은 스타지오나토.

밀키하고 수분이 많은, 진짜 모차렐라
Mozzarella di Bufala Campana
모차렐라 디 부팔라 캄파나

통상적으로 지름 3~12cm의 불규칙한 크기의 공 모양. 소금물이 담긴 비닐 포장이나 컵에 넣어 판매한다. 우유로 만든 것보다 상하기 쉬우므로 신선한 것을 고른다.

 외관 껍질은 노란색이며 매끄럽다. 속살은 크림색이며 단단하다.

 맛 스타지오나토는 양유의 진미와 단맛이 강하고, 프레스코는 깔끔하다.

 향 스타지오나토는 양유 특유의 달콤한 향이 더해지고 버섯 같은 향도 난다.

 계절 연중. 특히 신록의 계절~가을이 적기.

DATA
종류
비가열 압착
(세미하드)
생산지
토스카나주
D.O.C 연도
1986년
원료유
양
숙성 기간
최저 20일
고형분 중 유지방 함량
최저 40~45%

문의: 오더 치즈

 외관 떡이나 두부처럼 새하얗다. 껍질이 얇고 매끈매끈한 것도 있다.

 맛 마일드한 단맛. 우유로 만든 것보다 지방분이 높아 밀키한 맛이 난다.

 향 온화한 원료유 향.

 계절 연중. 신록의 계절~초여름이 제철. 갓 만들었을 때가 가장 맛있다.

DATA
종류
파스타 필라타
(프레시)
생산지
캄파니아주
D.O.C 연도
1993년
원료유
물소
숙성 기간
없음
고형분 중 유지방 함량
최저 52%

문의: 니폰 마이세라

이름 그대로 페코리노(양유 치즈) 토스카노(토스카나 지방)는 토스카나에서 생산한 양유로 만든 치즈다. 페코리노 로마노(→p.119)보다 염분이 적어서 양유 특유의 순한 단맛을 느낄 수 있다. 숙성 기간이 20일부터 1개월 정도로 짧은 '프레스코'와 숙성이 3개월 정도인 '스타지오나토'가 주로 유통된다. 프레스코는 탄력이 있고 양유의 단맛이 풍성하다. 스타지오나토는 버섯 같은 특유의 향과 깊은 맛을 즐길 수 있다.

모차렐라(→p.115)의 원조라고 할 수 있는 치즈. 모차렐라 중에서도 원래의 원료인 물소유를 사용해 D.O.P 지정 생산지 내에서 생산한 것을 '모차렐라 디 부팔라 캄파나'로 구별한다.

지방 성분이 높고 밀키하며 쫀득하고 탄력 있는 식감이 매력적이다. 토마토와 바질을 함께 넣어 만드는 샐러드 '인살라타 알라 카프레제insalata alla caprese'는 반드시 본가의 근원이 된 물소유로 만든 모차렐라로 즐겨보라.

크림이 흘러넘치는
농후하고 크리미한 모차렐라
Burrata
부라타

지름 8~10cm의 공 모양. 초록 잎으로 싸뒀던 잔재로 브라타를 싸는 비닐에는 잎 무늬를 프린트한다. 그 상태로 소금물이 가득 담긴 용기에 넣어 판매한다.

 외관 모차렐라가 껍질. 속살에서 농후한 크림이 흘러나온다.

 맛 물기가 많고 농후한 우유의 풍미. 껍질의 독특한 식감.

향 희미한 단맛이 느껴지는 프레시한 버터 같은 향.

 계절 연중. 선도가 중요하므로 상하기 쉬운 시기에는 구하기 어렵다.

DATA
종류: 파스타 필라타 (프레시)
생산지: 풀리아주
D.O.C 연도: 인가 외
원료유: 소
숙성 기간: 없음
고형분 중 유지방 함량: 75%

문의 치즈 허니

남이탈리아 풀리아주의 특산, 부라타. 모차렐라(→p.115)의 신선한 커드와 크림을 반죽해서 주머니 모양을 한 커드로 싼 독특한 프레시 치즈다. 이탈리아어로 '버터 같은'을 의미하는 이름 그대로 농후하고 크리미하다. 디저트로도 제격이다.
차갑게 해서 생으로 먹거나 잘게 썬 토마토나 제철 과일과 곁들이는 등 최대한 심플하게 먹는다.

우유의 감칠맛이 응축된 훈제 치즈
Scamorza Affumicata
스카모르차 아푸미카타

이름은 조롱박 형태의 독특한 모양에서 유래했는데, '스카모르차'는 '목을 베다'라는 다소 섬뜩한 뜻을 가진 이탈리아 사투리에서 온 것이다. 파스타 필라타 제조법으로 만든 치즈를 끈으로 감아서 훈제한다. 대개 진공 포장되어 있다.

 외관 껍질은 훈제 스타일다운 갈색. 속살은 크림색이며 말랑하고 조직이 치밀하다.

 맛 훈제 과정을 거쳐 모차렐라 같은 원료유의 감칠맛이 응축되어 있다.

향 온화한 훈제 향. 훈제하지 않은 밀키한 '비안카bianca'도 있다.

 계절 연중. 적기는 제조일자로부터 약 20일 이내.

DATA
종류: 파스타 필라타 (프레시)
생산지: 캄파니아주
D.O.C 연도: 인가 외
원료유: 소
숙성 기간: 없음
고형분 중 유지방 함량: 45%

문의 치즈 허니

스카모르차 아푸미카타는 모차렐라(→p.115)를 스모크(훈제)한 것 같은 맛이 난다. 온화한 훈제의 풍미는 밀짚으로 스모크한 덕분이다. 스모크 치즈 향을 싫어하는 사람도 먹기 쉬운 마일드한 제품이다. 삶은 어묵 같은 신기한 식감이 난다. 생으로 먹어도 맛있지만, 프라이팬에 구워도 훌륭하다. 훈제 향이 확 퍼지면서 술이 당긴다.

유럽 대륙
Continental Europe

긴 세월에 걸쳐 퍼져나간
한 국가의 풍토가 살아 있는 전통 치즈부터
오리지널리티가 있는 새로운 치즈까지

North Sea
북해

Netherlands
네덜란드

Belgium
벨기에

Germany
독일

Atlantic Ocean
대서양

Switzerland
스위스

Spain
스페인

Mediterranean Sea
지중해

프랑스, 이탈리아 이외 유럽 대륙의 치즈도 국가 간의 역사와 문화, 몇 개의 국가가 밀집된 지리 조건으로 변화가 다양하다.
산악 지대에서 만드는 단단한 치즈 하나만 보더라도 같은 산맥을 끼고 나라가 다르면 이름이 달라지거나 완성품이 달라진다.
그런가 하면, 맛있는 치즈는 산을 넘고 바다를 건너 주변 국가에 퍼져서 그 제조법도 빠르게 수용된다. 물론 그 국가의 풍토에 맞는 새로운 치즈로 탄생한다.
무역을 통해 좀 더 새로운 맛을 목표로 하거나 모양에 변화를 주는 등 여러 나라에서 다양한 연구를 계속하고 있다.
아직 우리나라에 들어오지 못한 유럽 치즈가 많다. 마음에 드는 치즈를 만드는 곳으로 새로운 맛을 찾으러 여행을 떠나보는 것은 어떨까.

Continental Europe

Austria
오스트리아

스위스
Switzerland

건국 이전부터
치즈를 만들어온
'마운틴 치즈' 왕국

알프스산맥과 쥐라산맥 사이에 낀 스위스는 온화한 기후의 혜택을 받는 작은 나라다. 국토의 대부분을 차지하는 알프스 산지 중 자그마치 40%가 목축지다. 곡물 생산에 적합한 평지가 적은 토양의 특성 탓에 예부터 산지를 개척해서 낙농을 해왔다.

이런 곳에서 치즈의 역사는 1291년의 건국 이전까지 거슬러 올라간다. 현재 스브린츠로 불리는 치즈의 원형 '카세우스 헬베티쿠스'(Caseus Helveticus, 스위스의 치즈라는 의미)가 1세기경에 만들어졌다고 한다. 스위스를 대표하는 치즈라면 그뤼에르와 에멘탈(혹은 에멘탈러), 라클레트도 유명하다. 스브린츠를 포함해서 '마운틴 치즈'라고 불리는 이 치즈의 특징은 크고 단단하다는 것이다. 보존성이 높아 산간에서 생활하는 사람들의 중요 식량으로 주변 국가까지 퍼져나갔다.

부드러운 치즈를 만들게 된 요즘도 스위스 치즈라면 '마운틴 치즈'다. 특히 여름에 행해지는 계곡에서 고지대로 향하는 알파주(이동 방목) 기간 동안에 샬레에서 만드는 '알프스 치즈'의 맛은 최고다.

*EU에 가맹하지 않은 스위스는 2000년부터 독자적인 원산지 통제 호칭 제도 'A.O.P'를 설립했다.

스위스에서 '치즈의 왕'으로 불리는 만능 치즈
Emmental
에멘탈

 외관 커다란 구멍이 특징이다. 껍질은 연노랑~진노랑. 큰 것은 100kg이 넘기도 한다.

 맛 짠맛을 줄인 순한 맛. 단맛과 나무 열매 같은 풍미가 연하다.

 향 버터 같은 달콤한 향. 입에 머금으면 나무 열매 같은 고소한 향이 코를 스친다.

계절 연중. 개봉 후에는 건조해지지 않도록 빨리 먹는다.

DATA
종류	가열 압착(하드)
생산지	스위스 중부·북동부
A.O.P 연도	2006년
원료유	소(무살균유)
숙성 기간	4개월 이상
고형분 중 유지방 함량	45% 이상

문의 세카이 치즈 쇼카이

일반적으로는 프랑스어로 발음하는 '에멘탈Emmental / Emmental'을 사용한다. 독일어식으로 읽으면 에멘탈러Emmentaler다. 치즈라면 이 구멍 뚫린 치즈가 떠오르는 사람도 많을 것이다. 온화한 풍미의 치즈로 사용 범위는 넓다. 오늘날에는 세계 각국에서 만들고 있지만, 본국인 스위스에서 만든 라벨에는 'SWITZERLAND'라는 붉은색 각인이 찍혀 있다.

애니메이션 〈톰과 제리〉에 나오는 커다란 구멍(치즈 아이)이 뚫린 치즈가 바로 이것이다. 이 구멍은 스타터로 유산균과 함께 넣는 프로피오닉 박테리아가 고온 숙성 중에 발생하는 탄산가스에 의해 만들어진다. 에멘탈 특유의 단단하고 탄력 있는 조직에서 빠져나가지 못하고 안에 머물면서 만들어진 결과물이다.

이름은 스위스 베른주의 동쪽 지방에 위치한 '에멘Emmen'이라는 지역 이름과 계곡을 뜻하는 '탈tal'을 합친 것이다. 12세기부터 에멘탈 지방의 산속에서 만들었으며 실제로 에멘 계곡에서 만들게 된 것은 17세기부터다. 겨울에는 눈에 갇히는 지역의 특성상, 장기 보존하기 위해 압착 시에 수분을 확실하게 제거한다.

치즈 휠의 크기는 전 세계적으로도 손꼽을 정도로 크며, 100kg이 넘는 것도 있다. 오랜 전통과 크기로 스위스에서는 '치즈의 왕'으로 불린다.

풍성한 풍미의 '치즈의 여왕'
Gruyère
그뤼예르

 외관 껍질은 황갈색이며 단단해서 비스킷 같다. 속살은 옅은 노란색이며 부드러운 인상을 준다.

 맛 미숙성 상태에서도 깊이가 있으며 아주 연한 산미가 맛을 정돈한다. 숙성되면 풍미가 더욱 좋아진다.

향 버터 같은 달콤하고 시큼한 우유 향. 숙성하면 발효 버터 같은 향.

 계절 연중. 6월부터 9월까지 만들어 발효한 가을과 겨울 치즈가 아주 맛있다.

에멘탈(→p.125)과 함께 스위스를 대표하는 치즈. 생산량도 스위스에서 가장 많다. 숙성 중에 치즈 휠을 규칙적으로 뒤집고 붓을 사용하여 겉면에 소금물을 바르는 까다로운 과정을 거친 덕분에 조직은 촉촉하고 매끄러우며, 껍질은 표면 숙성이 일어나 황갈색이다.

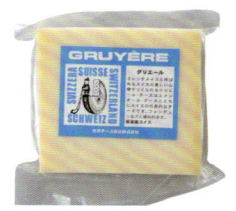 

DATA
종류	가열 압착(하드)
생산지	스위스 서부
A.O.P 연도	2001년
원료유	소(무살균유)
숙성 기간	5개월 이상
고형분 중 유지방 함량	49~53%

[출의] 세카이 치즈 쇼카이

스위스에서 생산량과 인기 면에서 으뜸인 치즈. 발생 시기도 12세기로 오래되었다. 스위스 서부의 그뤼예르가 기원이며, 이름도 마을 이름에서 따왔다. 예전에는 스위스 서부, 프랑스의 쥐라 지방과 사부아 일대에서 만드는 하드 치즈 전체를 그뤼예르라고 불렀다. 16세기 이후 각지에서 유사품을 만들게 되자 2001년 A.O.P 인증으로 그뤼예르라는 명칭을 보호하게 되었다.

화이트 와인으로 녹여 치즈 퐁듀로 먹는 것이 인기 있다. 키슈(프랑스식 파이의 일종)나 수프같이 다양한 요리에 사용하는 만능 타입이다. 내부에 균열(레뉴르 Lainures)이 있는 것은 좋은 제품이 아니다. 최고의 맛은 여름에 방목한 우유를 원료로 만드는 '그뤼예르 달파주 Gruyère d'Alpage'. 10개월 이상 숙성한 '그뤼예르 레제르브 Gruyère Réserve'도 있다.

슬라이서로 밀어
풍미를 살려 즐긴다
Sbrinz
스브린츠

비밀 레시피로 만드는
개성파 치즈
Appenzeller
아펜젤러

역사가 아주 오래된 엑스트라 하드 타입 치즈. 슬라이서로 깎아서 샐러드 위에 풍성하게 올리거나 한입 크기로 부셔서 아페리티프와 함께 즐기기도 한다.

숙성 기간에 따라 라벨이 달라진다. 사진은 3개월 이상 숙성한 '클래식'으로 실버 라벨이다. 4개월 이상 숙성한 '쉬르슈아'(Surchoix, 극상의)는 골드 라벨, 6개월 이상 숙성한 '엑스트라'는 블랙 라벨이다.

Switzerland

외관
껍질은 황갈색이며 윤기가 있다. 속살은 연노랑으로 아미노산 결정이 보인다.

맛
아미노산의 감칠맛과 유지방의 부드러움의 조화가 절묘하다. 뒷맛은 깔끔하다.

향
연하게 치커리 같은 탄내 같은 향. 치즈의 발효취는 거의 안 난다.

계절
연중. 잘라서 포장한 후부터 품질 유지 기간은 약 60일이다.

DATA
종류
가열 압착 (하드)
생산지
스위스 중앙부
A.O.P 연도
2002년
원료유
소(무살균유)
숙성 기간
16개월 이상
고형분 중 유지방 함량
45% 이상

문의 세카이 치즈 쇼카이

외관
바퀴 모양. 껍질은 갈색. 속살은 크림색. 작은 기공이 산재해 있다.

맛
숙성이 덜 되면 프루티하고 견과류의 쓴맛이 난다. 숙성하면 감칠맛과 쓴맛이 배가.

향
껍질에는 워시와 비슷한 약간 강한 향이 난다.

계절
여름~겨울. 특히 가을이 먹기 좋다고 한다.

DATA
종류
비가열 압착 (세미하드)
생산지
스위스 북동부
A.O.P 연도
인가 외
원료유
소(무살균유)
숙성 기간
3개월 이상
고형분 중 유지방 함량
48% 이상

문의 니폰 마이세라

원형이 된 치즈는 1세기에 만들어졌다는 학설도 있다. 스위스에서 가장 오래된 치즈 중 하나라고 한다. 16세기에 교통의 요충지였던 스위스 중앙부의 브리엔츠Brienz로 치즈를 전부 모아 이탈리아로 운반했다고 한다. 이 마을 이름의 이탈리아식 발음이 이름의 유래라고 한다. 지금도 이탈리아에서 인기가 아주 좋다.
요리에 써도 좋지만, 종이처럼 얇게 슬라이스해서 흑후추를 뿌려 먹어도 맛있다.

스위스 북동부의 아펜첼Appenzell 지방이 생산지다. 푸른 언덕에 농가가 띄엄띄엄 있는 한가로운 시골 마을에서 비전秘傳의 제조법으로 만들고 있다.
화이트 와인이나 시드르, 산에서 자란 향이 풍부한 허브를 사용한 소금물은 700년이나 전해 내려오는 극비 레시피다. 그 슐츠Sulz에 담그고, 여러 번 반복해서 닦아 숙성한다. 그래서 다른 하드 치즈와는 격이 다른 스파이시한 풍미를 즐길 수 있다.

127

꽃잎 모양으로 깎아 먹는 화려한 치즈
Tête de Moine
테트 드 무안

세미하드 타입 치즈로, 치즈 깎는 전용 도구인 '지롤'이나 슬라이서를 사용해서 얇게 깎아 먹는다. 지롤을 사용하면 마치 꽃 같은 모양이 된다. 파티 같은 화려함이 필요한 자리에 서브하기 좋다.

 외관 원통형. 껍질은 적갈색이며 약간 습기가 있다. 속살은 노란색~연갈색. 조직은 치밀하다.

 맛 농후한 단맛에 진하고 묵직한 맛. 얇게 슬라이스해서 먹으면 좋다.

 향 자극적인 워시 향이 약간 난다. 희미하게 과일 향도.

 계절 스위스 현지식 적기는 늦가을~겨울.

DATA

종류	비가열 압착 (세미하드)
생산지	스위스 북서부
A.O.P 연도	2001년
원료유	소(무살균유)
숙성 기간	75일 이상
고형분 중 유지방 함량	51~54%

문의 니폰 마이세라

12세기 벨레 수도원의 수도사에 의해 만들어졌다는 기록이 남아 있다. 테트 드 무안은 '수도사의 머리'라는 의미다. 교회의 토지에서 소작농에게 사용료로 수도사의 사람 숫자만큼 치즈를 납품하게 한 것이 유래라고 한다. A.O.P 서류상 이름은 '프로마주 드 벨레 Fromage de Bellelay'다.

소금물로 씻고 에피세아 판 위에서 숙성한 덕분에 껍질은 촉촉하고 향이 강하다.

테트 드 무안의 특징은 뭐니 뭐니 해도 전용 깎기 기계 '지롤'이다. 지롤은 꽃잎처럼 얇고 보슬보슬하게 치즈를 깎는 도구다. 껍질의 상부를 자른 치즈를 지롤의 원형 받침대와 봉에 꽂아 고정하고 핸들이 달린 날을 봉에 끼워 돌리면서 깎는다. 그러면 입에서 잘 녹고 보기에 화려한 프뢰롱(Fleuron, 꽃잎 모양의 치즈)을 만들 수 있다. 치즈 자체의 맛이 진해서 얇게 깎을수록 좋다.

강렬한 냄새 끝에는 더없는 행복의 맛
Raclette
라클레트

 외관 껍질은 다갈색이며 촉촉하다. 속살은 크림색이고 기공이 산재한 치밀한 조직이다.

 맛 부드러운 견과류의 맛이 나고 순하다. 녹여서 먹는 것이 가장 맛있다.

 향 나무 열매 같은 향. 워시 특유의 향이 약간 세게 난다.

 계절 연중. 현지에서는 가을부터 봄까지 이어지는 길고 엄혹한 알프스의 겨울에 먹는 치즈다.

DATA
종류	비가열 압착 (세미하드)
생산지	스위스 남서부
A.O.P 연도	인가 외
원료유	소
숙성 기간	3개월 이상
고형분 중 유지방 함량	50% 이상

문의 세카이 치즈 쇼카이

자극적인 향에서는 상상할 수 없는 순하고 부드러운 맛. 전통적으로는 치즈를 난로에 쬐어 녹은 부분을 칼로 긁어서 삶은 감자에 얹어 먹는다.

이름은 '긁어내다'는 의미의 라클레Racler에서 왔다. 이름 그대로 난로에 쬐어 녹인 치즈를 긁어서 감자나 빵에 발라 먹는 것이 전통 방식이다. 현재는 미리 슬라이스한 치즈를 라클레트 오븐(그릴)을 사용하거나 프라이팬에 굽기도 한다.
EU에 가맹하지 않은 스위스는 2000년부터 독자적인 원산지 통제 호칭 제도 A.O.P를 설립했다. 이 치즈도 스위스 A.O.P 치즈 중 하나다.

원산지인 발레주에서 규정에 따라 만든 '라클레트 뒤 발레Raclette du Valai's'는 A.O.P 인정을 받았다. 인정받지 못한 것은 스위스 각지에서 또는 알프스산맥을 끼고 있는 프랑스에서도 만들고 있다.
커드 워싱을 하는 것이 제조법상의 큰 특징이다. 소금물에 담가 껍질을 닦으면서 숙성을 시켜 독특한 워시 향이 난다.

스페인

Spain

특이한 기후가 만드는 자유로운 스타일의 독특한 치즈들

유럽 대륙 남서부에 위치한 스페인. 남부 해협의 가장 좁은 곳에서는 북아프리카 대륙의 모로코가 보인다. 스페인의 특이한 지리는 다양한 기후 조건을 만들었다.

프랑스와 접한 피레네산맥의 산악 지대, 대서양의 영향으로 푸른 목초지가 펼쳐지는 북서부. 스페인 북부 지형은 다양성이 넘쳐나는데 그 토지의 개성을 반영한 스타일과 풍미를 지닌 치즈를 만들고 있다. '그린 스페인'으로 불리는 북서부의 갈리시아주와 아스투리아스주 등에서는 우유를 사용한 치즈, 대서양에서 흘러들어오는 습한 공기와 석회석 동굴에서 푸른곰팡이를 키우는 개성적인 블루치즈 등을 만든다.

한편으로 스페인은 1년 내내 비가 오지 않아 가뭄이 심한 탓에 '건조 스페인'이라 불리기도 한다. 산이 많고 기온 차가 심하며 '우기'가 있고 드문드문 목초지가 펼쳐진 내륙에서는 가축이라면 털도 얻을 수 있는 양이 최고다. 그 양유로 장기 보존할 수 있는 치즈를 만들어왔다. 덥고 건조한 지중해 해안 지역과 산간에서는 먹을 것이 별로 없어도 견딜 수 있는 산양유로 만든 치즈가 주를 이룬다. 스페인에서는 산양을 '가난한 사람의 소'라고 부른다.

스페인 치즈에는 프레시한 것과 숙성한 것 등 맛있는 것이 많다.

* EU 가맹국인 스페인은 생산지와 제조법을 인정하는 P.D.O (원산지 명칭 보호) 제도하에 있다. 스페인어로는 'Denominación de Origen Protegida'라서 D.O.P로 표기한다.

명작에도 등장한, 지명도와 맛이 뛰어난 치즈
Queso Manchego
케소 만체고

치즈 휠 측면에 지그재그의 가는 무늬가 띠를 이루는 것이 특징이다. 양유의 단맛과 깊은 맛을 맛볼 수 있는 치즈다. 스페인에서 케소 만체고와 멤브리요(Membrillo, 영어로는 퀸스 quince, 스페인식 과일 젤리)를 같은 크기로 슬라이스해서 먹는 조합은 마법과도 같다.

외관 껍질은 밝은 노란색이나 갈색. 속살은 크림색이며 조직이 치밀하다. 작은 기공이 있다.

맛 양유 특유의 단맛·감칠맛, 지방의 진한 맛. 아주 연하게 혀를 자극하는 맛과 짠맛의 밸런스가 절묘.

향 양유의 달콤한 향. 견과류의 고소한 향. 건초 같은 향.

계절 연중. 양유의 맛이 가장 좋은 봄에 만든 케소 만체고는 여름~가을이 적기.

 Spain

DATA
종류	비가열 압착 (세미하드)
생산지	라 만차 지방
D.O.P 연도	1996년
원료유	양
숙성 기간	최저 2개월
고형분 중 유지방 함량	최저 50% 이상

문의: 알파주

이베리아반도의 중부인 라 만차 지방이 이 양유 치즈의 고향이다. '물이 없는 토지Manyá'라는 의미의 아라비아어가 어원이 된 지역이다. 현재도 건조 스페인이라고 불리지만 봄가을에는 녹음이 풍성한 목초의 혜택을 받는다. 마침 그때 출산하는 양들의 사육에 적절한 장소다.
17세기 초에 쓰인 불후의 명작《돈키호테》에 등장한 것으로 알려지면서, 치즈 휠 측면의 독특한 무늬와 서로 어울려 스페인에서 지명도가 상당히 높다.

케소 만체고를 상징하는 이 밀 이삭 무늬는 옛날, 에스파르토(벼과의 다년초)를 짜서 만든 플레이타Pleita라고 불리는 띠로 감아서 성형했을 때의 흔적이다. 지금은 위생상의 문제로 띠는 사용하지 않지만, 플라스틱 몰드를 이용해 이 무늬를 새긴다.
숙성 단계에 따라 4단계로 나눈다. 숙성 2주간까지는 반숙성 '프레스코Fresco', 숙성 초기는 '세미 쿠라도Semi Curado', 적당히 숙성되면 '쿠라도Curado', 1년 이상 숙성하면 '비에호Viejo'라 한다.

맥주에 어울리는 스모키한 치즈
Idiazábal
이디아사발

스페인

어린양의 위장에서 채취한 응유 효소를 사용해 샤프하고 부슬부슬 부서지는 식감을 느낄 수 있다. 일본에서는 바스크 지방에서 만든 훈제한 제품을 구할 수 있다. 무거운 레드 와인이나 위스키, 맥주가 잘 어울린다.

외관 원기둥형으로 훈제 특유의 오렌지색 껍질. 속살은 담황색이며 촘촘한 조직이다.

맛 양유의 깊이 있는 단맛과 신맛. 렌넷으로 만들어서 약간 스파이시하다.

향 스모키. 희미한 풀 냄새.

계절 연중. 훈제의 풍미를 살려 여름에는 맥주와, 겨울에는 위스키와 먹으면 좋다.

DATA	
종류	비가열 압착 (세미하드)
생산지	바스크주 외
D.O.P 연도	1987년
원료유	양(무살균유)
숙성 기간	최저 3개월
고형분 중 유지방 함량	45~50%

문의: 오더 치즈

훈제(스모크)한 것은 주위가 산으로 둘러싼 바스크 지방에서 주로 생산한다. 훈제하지 않은 것은 저지대인 나바라 주변에서 만든다.
원료유는 라차 품종이거나 카란사나 품종처럼 산출지 양에서 착유한 무살균유를 쓴다. 응고제로 소금에 절인 어린양의 위장을 사용하라고 D.O.P에 규정되어 있다. 얇게 슬라이스해서 묵직한 레드 와인이나 위스키와 함께 먹으면 좋다.

유니크한 맛과 모양의 지중해산 치즈
Mahón
마온

쿠션 모양의 치즈. 이 모양은 커드를 천에 올리고, 네 귀퉁이를 감싸 묶어 누르는 독특한 제조법에 의해 생겼다. 숙성해서 샤프해지면, 드라이한 맛의 사케와 잘 맞는다.

외관 올리브유와 파프리카를 바른 껍질. 속살은 연노랑으로 가득 채워져 있다.

맛 독특한 짠맛과 신맛. 맛이 강하고 진하다.

향 입에 머금으면 바닷바람이 부는 해변의 향이 스쳐 지나간다.

계절 연중. 숙성 기간이 짧은 여름의 티에르노, 숙성이 된 가을의 쿠라도, 둘 다 진미.

DATA	
종류	비가열 압착 (세미하드)
생산지	메노르카섬
D.O.P 연도	1985년
원료유	소
숙성 기간	최저 21일간
고형분 중 유지방 함량	최저 38%

문의: 알파주

주된 생산지인 지중해에 떠 있는 메노르카섬의 항구, 마온. 오래전부터 낙농이 성행했던 지역으로 13세기경에 소를 기르기 시작했다고 한다.
치즈 외에 마요네즈의 어원도 이 항구에서 유래되었다고 한다. 해풍을 맞으면서 자란 풀을 먹은 우유로 만들어서 치즈에도 독특한 해변의 향이 느껴진다. 염분 농도는 주로 농가 제품(아르테사노)을 공장 제품(파토리아)보다 높게 만든다.

다양한 사람들의 사랑을 받는
독특한 모양의 치즈

Queso Tetilla
케소 테티야

둥그스름한 원뿔형이 인상적이다. 버터 같은 부드러운 맛론이고 요리에도 폭넓게 사용한다. 짠맛이 적어서 디저트 치즈는 물론이고 요리에도 폭넓게 사용한다.

외관 밑변 지름 9~15cm의 원뿔형. 조직은 촉촉한 크림색.

맛 부드럽고 입에서 잘 녹는다. 크리미한 단맛과 연한 산미가 균형을 잘 이룬다.

향 연하게 우유 향이 난다.

계절 연중.

DATA
종류
소프트(그 외)
생산지
갈리시아주
D.O.P 연도
1993년
원료유
소
숙성 기간
최저 7일간
고형분 중 유지방 함량
45%

문의 프로마쥬 내추럴 치즈 통신판매

수작업으로만 만드는
자극적인 맛의 블루치즈

Cabrales
카브랄레스

Spain

스페인 북서부 아스투리아스주의 세 마을에서 만들고 있다. 천천히 시간을 들여 푸른곰팡이의 성장을 기다려서인지 톡 쏘는 자극이 강하다. 6개월이 지난 것은 그야말로 맵고 강하다.

외관 크림색 바탕에 갈색이 가미된 푸른곰팡이가 깨알 모양으로 퍼져 있다.

맛 농후하고 크리미한 식감. 톡 쏘는 자극적인 맛.

향 야성미가 넘치는 금속적이며 샤프한 향. 독특한 원료유 향도 난다.

계절 연중. 혼합유로 만드는 봄과 여름 치즈가 맛있다고 한다.

DATA
종류
푸른곰팡이
생산지
아스투리아스주
D.O.P 연도
1981년
원료유
소·혼합유(산양·양)
숙성 기간
최저 3개월
고형분 중 유지방 함량
45~50%

문의 프로마쥬 내추럴 치즈 통신판매

스페인의 최대 우유 생산지인 북서쪽 끝 갈리시아 지방에서 만드는 치즈 테티야는 스페인어로 가슴이라는 의미다. 치즈 모양에서 이름을 지었다고 한다. 이 모양은 생산이 시작된 6세기경 치즈 모양을 잡는 틀에 깔때기를 사용한 데서 유래하였다.
현지에서는 슬라이스해서 생 햄과 함께 오르되브르로 먹거나, 녹여서 파이 요리에 넣어 먹는다.

수제로만 작업하는 블루치즈. 대개 우유로 만들지만, 봄과 여름에는 산양유와 양유를 섞기도 한다. 자연적으로 물을 뺀 커드에 수작업으로 가염을 한다. 저온 저장실에서 한 달 정도 두었다가 숙성용 동굴로 옮겨 푸른곰팡이의 성장을 천천히 기다린다. 그래서 독특하고 자극적인 풍미가 만들어진다. 시기에 따라 원료유의 배합이 달라지지만, 전부 섞은 치즈가 맛에 깊이가 있다고 한다. 예전에는 시카모어(단풍나무의 일종) 잎으로 포장하였으나, 요즘은 포장지로 싸는 경우가 많다.

입속에서 녹는 순수한 맛
Queso de Valdeon
케소 데 발데온

외관 — 전통적으로는 단풍나무 잎으로 싸서 만든다. 회색빛이 도는 조직 속에 푸른곰팡이가 퍼져 있다.

맛 — 촉촉하고 순수한 단맛과 깊은 맛. 나중에 아주 약하게 짠맛과 신맛이 서서히 퍼진다.

향 — 원료유를 우유만으로 만들면 버터 같은 원료유 향. 혼합유로 만들면 그 외의 스파이시한 향.

계절 — 연중. 숙성이 과하게 진행되기 전에 반숙성 타입의 부드러운 풍미가 좋다.

DATA
종류	푸른곰팡이
생산지	레온현
D.O.P 연도	인가 외(P.G.I 2004년)
원료유	소·혼합유(산양)
숙성 기간	최저 2개월간
고형분 중 유지방 함량	45%

문의 세카이 치즈 쇼카이

순수한 향에 깊이가 있는 복잡한 맛이 나는 푸른곰팡이 치즈. 입속에서 촉촉하게 녹는 식감이 아주 좋다. 외관에서 연상될 정도의 자극적인 예리한 맛은 없고 오히려 온화한 맛이다.

발데온은 스페인 북부 피코스 데 에우로파(유럽의 봉우리들이라는 뜻)산맥 남부에 있는 계곡의 이름이다. 이 계곡 주변에서는 1950년대까지 버터를 만들었지만, 그 후 치즈 제조로 방향을 바꿨다. 그때 참고한 것이 스페인의 대표 블루치즈 카브랄레스(→p.133)다.
카브랄레스처럼 우유를 주체로 산양유를 섞어서 만든다. 카브랄레스의 특징이던 단풍나무 잎으로 싸는 것을 흉내 내서 소금물에 절인 단풍나무 잎에 싼 다음 출하했다. 현재는 위생을 고려해 잎 모양의 포장지를 사용하기도 한다.
카브랄레스가 동굴에서 시간을 들여 숙성시킨 자연의 푸른곰팡이로 만드는 데 비해, 발데온은 인위적으로 곰팡이를 심는다. 그래서 맛이 크게 다르다. 카브랄레스의 금속적인 풍미가 입에 맞지 않는 사람은 이 치즈가 입에 맞을 것이다. 순수한 단맛과 진미를 느낄 수 있는 스페인산 블루치즈다.

와인으로 만드는 우아한 맛
Queso de Murcia al Vino
케소 데 무르시아 알 비노

 외관 — 탄력 있는 새하얗고 고운 조직. 껍질은 와인색에 물들어 있다.

 맛 — 밀키한 단맛과 산미. 보슬보슬한 식감. 화려한 과일 맛도 약간 느껴진다.

 향 — 레드 와인이 만들어주는 프루티하고 우아한 향. 산양유다운 개성은 거의 느껴지지 않는다.

계절 — 연중.

Spain

껍질의 와인색과, 새하얗고 촉촉한 속살과 이루는 대비가 아름다운 산양유 치즈. 숙성 과정에서 레드 와인으로 씻기는 하지만, 워시 타입은 아니다. 원료유의 단맛, 과일 향과 산미의 밸런스가 절묘하다.

DATA
종류	비가열 압착 (셰브르)
생산지	무르시아주
D.O.P 연도	2001년
원료유	산양
숙성 기간	최저 6주간
고형분 중 유지방 함량	45%

문의 프로마주 내추럴 치즈 통신판매

스페인의 남동부, 지중해와 접한 무르시아 지방에서 만드는 치즈.
몇 세기에 걸쳐 품종 개량을 한 '무르시아노 그라니다'라는 산양 품종에서 착유한 양질의 젖으로 만든다. 이 산양유는 지방분이 풍부하다. 완성된 새하얀 치즈는 끈적한 원료유의 단맛과 감칠맛이 난다. 산양다운 연한 산미도 있어서 농후한 요구르트를 먹는 듯하다.
이름의 비노Vino는 스페인어로 와인을 말한다. 숙성 중 1주일째에 두 번, 3주일째에 두 번, 껍질은 현지에서 생산하는 타닌에 의한 떫은맛이 강한 레드 와인으로 씻는다. 선명한 레드 와인색은 이런 과정으로 인해 생긴 것이다. 와인으로 씻어서 과일 향이 가미되어 셰브르 치즈 특유의 튀는 향은 거의 나지 않는다.
술과 함께 먹으려면 역시 레드 와인. 가능하면 같은 무르시아산 무거운 와인을 추천한다.

독일

🇩🇪 Germany

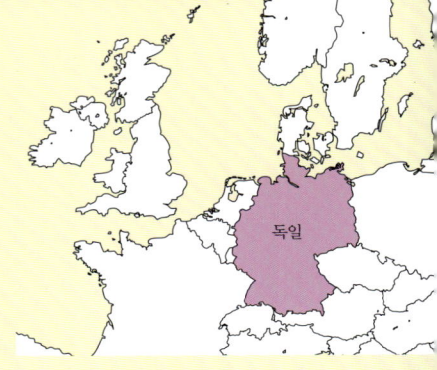

유럽 치즈의
맛을 응축한
맥주에 어울리는 치즈

독일은 거의 유럽 중앙에 위치해서 9개 국가와 국경을 접하고 있다. 그래서 근방의 여러 나라의 영향을 받은 다종다양한 치즈를 전 국토에서 만들고 있다.
서쪽의 네덜란드로부터는 고다(하우다)나 에담의 제조법을, 남서쪽의 프랑스에서는 소프트한 흰 곰팡이와 워시 치즈의 제조법을 전해 받았다. 물론 알프스의 '마운틴 치즈'도 들어왔다. 생산량도 많은데 미국에 이어 세계에서 2위(2012)다. 그중 약 40%를 수출한다.
독일 내에서 소비하는 치즈의 약 50%는 프레시 타입인데 가장 많고 그 외에 수입 치즈는 30%를 차지하고 있다. 자국의 전통 치즈보다는 다른 나라의 치즈를 독일풍으로 응용한 캄보졸라 같은 먹기 편하고 크리미한 치즈가 인기가 있다고 한다. 뭐니 뭐니 해도 독일은 맥주! 라거(하면 발효)에서 에일(상면 발효)까지 다양한 스타일의 맥주에 맞는 치즈를 만들고 있다.

* EU 가맹국인 독일은 P.D.O(원산지 명칭 보호) 제도하에 있다. 독일어로는 'Geschützte Ursprungsbezeichnung'이며, 'g.U'로 표기한다. 이 책에서는 치즈프로페셔널협회의 표기에 따라 'P.D.O'로 적는다.

카망베르와 고르곤졸라의 합체!
Cambozola
캄보졸라

외관 지름 24cm, 높이 4cm 정도의 바퀴 모양. 흰 곰팡이가 얇게 덮은 껍질. 속살에 핀 푸른곰팡이는 적다.

맛 아주 크리미하고 매끄럽다. 푸른 곰팡이의 적당하게 스파이시한 맛이 악센트를 준다.

향 버터 같은 원료유 향. 푸른곰팡이 특유의 개성적인 향은 약하다.

계절 연중. 수입 후 약 30일까지가 적기.

Germany

DATA	
종류	푸른곰팡이
생산지	알고이 지방
P.D.O 연도	인가 외
원료유	소
숙성 기간	2개월
고형분 중 유지방 함량	70%

문의 니폰 마이세라

'캄보졸라'는 르 카망베르(→p.31)와 고르곤졸라(→p.102)를 합한 조어다. 그 이름 그대로 겉은 흰 곰팡이가 덮고 있고, 속살에는 푸른곰팡이가 퍼져 있다. 흰 곰팡이와 푸른곰팡이 각각의 특징을 절묘하게 합한 맛이다.

마치 카망베르로 고르곤졸라를 감싼 듯한 블루치즈. 커드에 푸른곰팡이를 넣고 틀에 넣은 다음 마지막에 흰 곰팡이를 뿌려서 숙성하면 개성적인 블루치즈가 완성된다. 독일에서는 같은 타입의 블루치즈(소형 타입의 바바리아 블루Bavaria Blue와 라미 블루Lamy Blue)를 더 만들고 있다.
원료인 커드가 더블 크림의 브리 타입이라서 농후하고 진한 맛을 즐길 수 있다. 영어권에서는 블루 브리Blue Brie라고도 한다.

둘 중에 부드러운 흰 곰팡이 치즈 맛은 강하고, 푸른 곰팡이의 자극적인 향이나 특색 있는 풍미는 약하다. 그래서 푸른곰팡이의 풍미를 처음 접하고 싶은 사람에게는 아주 좋다.
머스캣(포도 품종) 같은 과일이나 꿀과는 물론이고 호밀빵 등의 산미가 있는 독일 빵과도 잘 어울린다. 술은 프루티하고 약간 단맛의 화이트 와인, 바이젠(화이트 밀맥주)이라면 아주 좋다.

자극성이 없는 롱 라이프 타입
Select Camembert
셀렉트 카망베르

보존성이 높은 롱 라이프 타입. 주로 수출용으로 생산하며, 숙성 정도에 신경 쓰지 않고 언제라도 같은 맛을 즐길 수 있다. 자연 치즈의 입문편으로 최적이다.

 외관 껍질은 얇은 흰 곰팡이가 덮고 있고, 속살은 크림색이며 조직이 꽉 차 있다.

 맛 마일드하고 튀지 않는 맛. 식감은 진득하다.

 향 온화하다. 버섯 같은 흰 곰팡이 향이 연하게 난다.

계절 연중. 최적의 숙성 상태로 품질 유지 기간은 6~12개월이다.

DATA
- 종류: 소프트(흰 곰팡이)
- 생산지: 바이에른주
- P.D.O 연도: 인가 외
- 원료유: 소
- 숙성 기간: —
- 고형분 중 유지방 함량: 50%

문의 프로마주 내추럴 치즈 통신판매

흑맥주가 맛과 풍미를 끌어 올린다
König Ludwig Bierkäse
쾨니히 루트비히 비어케제

흑맥주인 쾨니히 루트비히 둥켈로 씻어 마무리한, 풍미가 풍성한 세미하드 치즈. 여름에는 방목한 소, 겨울에는 건초만 먹인 소의 최고 품질 우유를 사용한다.

 외관 오렌지색이 들어간 갈색 껍질. 속살은 크림색의 탄력성 있는 조직.

 맛 묵직한 식감. 버터 같은 부드럽고 농후한 맛.

 향 입에 넣으면 고소한 흑맥주 특유의 순수한 향을 느낄 수 있다.

 계절 연중. 4개월 이상 숙성한 것을 권장.

DATA
- 종류: 비가열 압착 (세미하드)
- 생산지: 바이에른주
- P.D.O 연도: 인가 외
- 원료유: 소
- 숙성 기간: 최저 3개월
- 고형분 중 유지방 함량: 55%

문의 니폰 마이세라

1905년에 창업한 알펜하인사의 '롱 셀프 라이프 Long Shelf Life' 시리즈의 카망베르. 같은 제조사에서 롱 라이프 타입으로 다른 브랜드인 '프레스티지 Prestige'도 만든다.
가열, 살균하고 최고 상태일 때 숙성을 멈추어 밀봉한다. 그래서 품질 유지 기간이 길고, 언제라도 포장을 뜯을 때가 적이다. 레드 와인과 드라이한 화이트 와인뿐 아니라 커피, 홍차와도 궁합이 좋다. 시큼하고 달콤한 크랜베리를 곁들여도 좋다.

산지는 독일 남부 바이에른주의 산악 지대. 암갈색 둥켈로 워시한 치즈다.
예전에 바이에른 공 루트비히 2세가 태어난 님펜부르크 궁전 가까운 곳에 치즈 숙성고가 있었던 것에 유래해서 현재도 바이에른 왕가의 후손이 경영하는 쾨니히 루트비히 양조장의 맥주를 숙성에 이용한다. 그래서 이 치즈는 루트비히왕의 초상을 사용할 수 있도록 허가받았다.

고집스럽게 만든 혁명적 치즈
Mountain Herbs Rebel
마운틴 허브스 레벨

케제 레벨렌사의 대표 치즈. 로즈마리, 오레가노(꽃박하), 타임, 라벤더 같은 다양한 허브를 블렌딩해서 만든다. 스파이시하고 상큼한 향을 즐길 수 있다.

가열해도 맛있는
독일판 모차렐라
Steppen
슈테펜

이탈리아의 모차렐라를 모방해 독일의 바이에른에서 만든 치즈. 단, 프레시 타입이 아니라 숙성한 세미하드 타입. 가열하면 잘 늘어나서 주로 요리에 사용한다.

Germany

외관: 보들보들하고 결이 고운 연노랑 조직. 허브가 전체적으로 섞여 있다.

맛: 허브가 들어간 스파이시한 맛. 양질의 우유의 견과류 같은 맛도 난다.

향: 아로마틱. 말린 풀 같은 향. 발효한 우유의 달콤한 향.

계절: 연중.

DATA
종류
비가열 압착
(세미하드)
생산지
바이에른주
P.D.O 연도
인가 외
원료유
소
숙성 기간
최저 3개월
고형분 중 유지방 함량
50%

문의 니폰 마이세라

외관: 직육면체. 껍질이 없는 아이보리색의 단단한 조직.

맛: 묵직한 식감. 온화한 산미와 맛. 짠맛이 강하다.

향: 특징적인 향은 거의 없다. 가열하면 연하게 버터 향이 난다.

계절: 연중.

DATA
종류
파스타 필라타
(세미하드)
생산지
바이에른주
P.D.O 연도
인가 외
원료유
소
숙성 기간
—
고형분 중 유지방 함량
40%

문의 세카이 치즈 쇼카이

케제Käse는 독일어로 치즈를, 레벨렌Rebellen은 혁명가들을 의미한다. 치즈에 혁명을 일으키겠다는 생산자의 기개가 보이는 회사명 그대로, 알프스 산기슭에서 자라는 풀만 먹은 우유를 사용하는 등 시간과 수고를 아끼지 않는 제조법으로 치즈를 만든다.

이 노력의 보답이 있어서인지 '마운틴 허브스 레벨'은 BBC가 주체하는 와일드 치즈 어워드(2009)에서 금상을 받았다. 미디엄 보디의 레드 와인이나 상쾌한 필스너 스타일 맥주가 저절로 생각나는 치즈다.

이탈리아의 모차렐라를 흉내 내서 만든 치즈지만 모양도 식감도 완전히 다른 세미하드 타입. 열을 가하면 잘 늘어나는 것으로 보아 파스타 필라타 제조법의 흔적이 보인다. 전체적으로 튀지 않는 안정된 맛인데 가열하면 고소함과 쫀득하게 늘어나는 식감이 더해진다.

생으로 먹어도 좋지만 그라탱이나 피자, 파스타 등의 오븐 요리에 사용하면 풍미가 더 살아난다. 술은 역시 드라이한 와인을 추천.

오스트리아

🇦🇹 **Austria**

아름다운 자연에서
소규모의
수제 치즈를 생산

유럽 중앙에 위치한 오스트리아. 국가가 주도하는 유기농 대국으로 국민의 절반 이상이 유기농 식품 생산에 관련 있다고 한다. 물론 농가도 유기농. 이렇게 해서 얻은 고품질의 원료유로 안전하고 품질 좋은 치즈를 만든다. 원료유의 종류도 소, 산양, 양 등 다양하다. 생산량도 많아서 EU 여러 나라에 원료유를 수출하기도 한다.

오스트리아의 특징은 주변 국가의 영향을 받으면서도 자연에서 전통 치즈 제조를 계속했다는 점이다. 스위스와 연결된 티롤 지방에서 탈지유로 만든 '티롤러 그라우케제'(Tiroler Graukäse, 티롤산 잿빛 치즈라는 뜻) 등이 대표 치즈다.
의외로 오스트리아 국내에서 소비되는 것은 소박하고 단단한 치즈가 주류다.

*EU 가맹국인 오스트리아는 P.D.O(원산지 명칭 보호) 제도하에 있다. 독자적으로 엄격한 품질 기준을 세우고 있다.

맛과 깊이와 향을 즐기는
명실상부한 최고급 블루치즈
Kracher
크라허

베이스가 되는 블루치즈에 크라허사의 고급 귀부 와인 '베렌아우스레제'(독일어로 선택된 열매라는 뜻)를 듬뿍 물들여 숙성한다. 귀부 와인의 단맛이 살아난 독특한 맛과 깊이, 향이 더해진다.

외관 — 아이보리색 조직에 진녹색의 푸른곰팡이가 균일하게 피었다.

맛 — 프루티하고 부드럽다. 톡 쏘는 자극은 기분 좋게 느껴지는 정도다.

향 — 과일 같은 달콤새콤한 향. 푸른곰팡이의 화려한 향이 절묘한 조화를 이룬다.

계절 — 연중. 최적의 상태에서 판매하므로 상점에 진열되었을 때가 적기이다.

DATA
종류
푸른곰팡이
생산지
오스트리아 동부
P.D.O 연도
인가 외
원료유
소
숙성 기간
—
고형분 중 유지방 함량
55%

문의 치즈 오우코쿠

허브 향이 풍부한
드문 타입의 산양유 치즈
Ziegenkäsetorte
치겐케제토르테

Austria

타임과 오레가노, 로즈마리 등 남프랑스 허브를 입고 있는 상쾌한 프레시 치즈. 원료유는 오스트리아의 최고급 품질 산양유. 셰브르의 독특하게 튀는 풍미는 거의 느껴지지 않는다.

외관 — 높이가 있는 원반형. 겉면에는 허브가 뿌려져 있고, 속살은 새하얗다.

맛 — 산양유의 산미와 허브의 풍미가 절묘한 상큼함으로 매치를 이룬다.

향 — 남프랑스의 바람을 떠오르게 하는 허브 향. 산양 특유의 냄새가 없다.

계절 — 봄~가을. 특히 품질 좋은 원료유를 착유할 수 있는 초여름이 적기.

DATA
종류
소프트(셰브르)
생산지
오스트리아 동부
P.D.O 연도
인가 외
원료유
산양
숙성 기간
—
고형분 중 유지방 함량
—

문의 치즈 오우코쿠

유제품 회사 샤르딩거와 귀부 와인 제조자 알로이스 크라허Alois Kracher, 치즈 소믈리에 허버트 슈미트가 콜라보레이션해서 만든 치즈. 크라허사의 고급 귀부 와인 '베렌아우스레제Beerenauslese'의 프루티하고 고급스러운 풍미와 블루치즈의 화려한 향, 그리고 적절한 짠맛이 절묘한 밸런스를 만든다.
먹는 방법은 향을 더 잘 살리기 위해 전용 나이프로 반죽해서 젤라토처럼 공기를 머금게 하고 나서 먹는다.

프레시 타입의 셰브르 치즈. 치겐Ziegen은 산양, 케제Käse는 치즈, 토르테torte는 케이크를 의미하는 독일어다. 홀 케이크 같은 모양의 이 산양유 치즈를 한마디로 설명하는 이름이다. 다양한 색의 허브가 빼곡히 치즈를 덮고 있어 눈을 즐겁게 해준다.
셰브르 특유의 냄새가 없고 모든 사람이 즐길 수 있어서 파티용으로 적당하다. 샴페인을 곁들이면 그 화려함이 빛을 발할 것이다.

벨기에

🇧🇪 Belgium

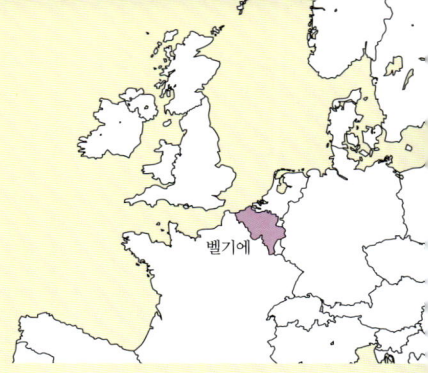

남북으로 나뉜
전혀 다른 문화가 만드는
개성 풍부한 워시

벨기에는 19세기에 네덜란드에서 독립한 신생국이다. 북부의 플랑드르(블랑데렌) 지방은 네덜란드 계열의 프랑스어를, 남부의 왈로니아(왈롱) 지방은 프랑스어 계열의 왈롱어를 사용한다. 현재도 남쪽과 북쪽의 문화는 독자적이다. 치즈도 북부는 네덜란드 치즈와 비슷하고 남부는 프랑스 치즈와 아주 비슷하다.

다민족 국가라서 발생하는 기호성의 차이와 주변 국가의 문화를 받아들여 만든다는 벨기에 맥주 종류는, 1200종이라고도 하고 1500종 이상이라고도 한다. 특히 '트라피스트'라고 불리는 수도원에서 만드는 맥주가 유명하다. 프랑스의 오래된 치즈 대부분이 기독교 포교를 하던 중세 수도원에서 퍼져나간 것처럼 벨기에 치즈도 이때는 생산했다고 한다.

'시메'도 그중 하나다. 국외로의 수출도 활발해서 세계로 나아가고 있다. 치즈와 맥주의 조합은 아주 뛰어나서 마무리 워싱을 맥주로 하는 치즈도 있다. A.O.P 치즈는 워시 타입의 '에르브'만 있지만 그 외에 맛보고 싶은 치즈도 적지 않다.

*EU 가맹국인 벨기에는 원산지 명칭 보호 제도하에 있다. 프랑스처럼 'A.O.P'로 표기한다.

종류가 풍부한
벨기에를 대표하는 치즈
Herve
에르브

벨기에에서 유일하게 A.O.P 인정을 받은 치즈다. 껍질을 소금물로 씻는 워시 타입인데 현지 맥주나 진으로 씻은 것도 있다. 상온에 미리 꺼내 향을 살린 후에 먹으면 벨기에 맥주와 궁합이 아주 좋다.

시메 수도원의 치즈
Chimay
à la Chimay Rouge
시메 아 라 시메 루주

술을 좋아하는 사람이라면 '시메'라는 단어에서 벨기에 맥주가 생각날 것이다. 그렇다. 맥주를 만드는 시메 수도원의 치즈다. '아 라 루주'란 같은 수도원에서 만든 맥주로 씻은 것이라는 의미다. 이전에는 '아 라 비에르'라고 했다.

Belgium

외관 — 정육면체나 직육면체. 껍질 색은 숙성이 진행되면서 담황색~오렌지색.

맛 — 짠맛이 강하지만 마일드하다. 뒷맛에 독특한 단맛이 남는다.

향 — 브레비박테리움 리넨스의 독특하고 강한 향. 술로 씻은 치즈 향은 아주 좋다.

계절 — 연중.

DATA
종류
소프트 (워시)
생산지
왈롱 지방
A.O.P 연도
1996년
원료유
소
숙성 기간
최저 6주간
고형분 중 유지방 함량
45%

문의: 알파주

외관 — 껍질은 선명한 노란색~오렌지색. 속살은 담황색이며 조직이 탄력 있다.

맛 — 밀키하고 부드럽고 쫀득한 식감. 단맛도 있다.

향 — '시메'로 워싱한 덕분에 과일 같은 화려한 향이 난다.

계절 — 연중.

DATA
종류
비가열 압착(워시)
생산지
에노주
A.O.P 연도
인가 외
원료유
소
숙성 기간
—
고형분 중 유지방 함량
45%

문의: 알파주

겉모습 때문에 마르세유 비누라는 애칭으로 불린 워시 치즈. 직육면체의 400g이 오리지널 사이즈이지만, 최근에는 정육면체 200g 사이즈가 주류다.
소금물만이 아니라 현지의 맥주와 진으로 씻은 것 등 다양한 타입으로 만들고 있다. 400g의 에르브를 8주 이상 숙성한 것을 '르무두Remoudou'라고 하며, 벨기에서는 가장 위대하고 고귀한 치즈라고 한다.

유명한 트라피스트 맥주를 만드는 시메 수도원에서는 19세기 후반부터 치즈도 조금씩 만들어왔다. 1982년에는 소금물로 가볍게 씻은 세미하드 타입 '클래식'이, 1986년에는 시메 맥주로 워시한 '아 라 비에르a la Biere'가 탄생했다. 신제품 개발에도 여념이 없어서 2013년에 오랜 세월 수도원 밖으로 나오지 못했던 에일 맥주 '라 시메 도레la chimay dorée'의 제품화와 함께 새로운 워시 타입 치즈를 발표했다.

네덜란드

🇳🇱 **Netherlands**

일본 치즈에
영향을 준
치즈 수출 대국

국가 이름은 네덜란드어로 '저지대 국가'라는 뜻이다. 국토의 4분의 1이 해면보다 낮고 국토의 대부분이 폴더Polder라고 부르는 간척지가 차지하고 있다.
13세기 이후 강행해온 해안 간척 사업으로 조금씩 영토를 넓혀온 것을 의미하는 '세계는 신이 만들고, 네덜란드는 네덜란드인이 만들었다'는 오래된 명언도 있다.
폴더는 예전에 바다였다는 것이 느껴지지 않는 녹음이 풍성한 목초지다. 기후도 해류 영향으로 온난해서 낙농에 최적이다. 4세기경부터 해왔던 치즈 제조를 본격적으로 하게 된 것은 13~14세기. 낙농업은 급격히 발전했으며 동시에 오랜 세월 치수를 해와서 일찍부터 발달한 운하를 통해 14세기에는 치즈 수출을 개시했다. 17세기에는 네덜란드를 대표하는 치즈인 고다(하우다)가 일본에도 들어오게 되었다.
오늘날도 세계에서 손꼽는 치즈 수출국인 네덜란드에서는 풍차, 튤립에 이어 관광 자원의 하나로 치즈 시장도 개최하고 있다.

＊EU 가맹국인 네덜란드는 P.D.O (원산지 명칭 보호) 제도하에 있다. 네덜란드어로는 'Beschermde Oorsprongsbenaming'이며 'B.O.B'로 표기한다. 이 책에서는 치즈프로페셔널협회의 표기에 따라 'P.D.O'로 적는다.

전 세계에서 사랑받는 네덜란드 치즈의 에이스
Gouda
고다 (하우다)

외관	껍질은 노란색의 왁스로 덮여 있다. 속살은 연노랑~오렌지색. 조직이 단단하다.
맛	온화하고 튀지 않는 맛. 숙성이 진행되면 감칠맛이 응축되어 카라스미 같은 농후한 맛이 난다.
향	견과류처럼 고소하고 버터같이 부드러운 향.
계절	연중. 네덜란드에서는 5월의 고다를 '메이 고다'라고 부른다. 처음 만든 치즈로 축제도 한다.

Netherlands

DATA
종류	비가열 압착 (세미하드·하드)
생산지	자위트홀란트주
P.D.O 연도	인가 외
원료유	소
숙성 기간	최저 30일
고형분 중 유지방 함량	48%

문의 세카이 치즈 쇼카이

네덜란드에서 생산하는 치즈의 절반 이상을 차지하며, 세계 각국으로 수출하는 치즈. 4~9월까지 매주 금요일에 열리는 '알크마르Alkmaar 치즈 시장'에서는 고다가 늘어선다. 커민, 캐러웨이(회향풀의 일종)나 클로브(정향) 같은 향신료를 넣은 것도 있다.

고다라는 이름은 노트르담 부근의 작은 마을인 고다 마을에서 따왔다. 네덜란드에서는 '하우다'라고 발음한다. 13세기부터 만들어와서 지금은 네덜란드를 대표하는 치즈로 발전했다. 14세기에는 일찍이 수출을 시작해 네덜란드의 중요한 수출 품목 중 하나가 되었다. 일본에 들어온 것은 17세기. 유일한 무역 상대국의 제품으로 나가사키로 들어와, 일본 치즈 제조의 모델이 되었다.

숙성 기간에 따라 맛이 다르며 숙성별(1~48개월)로 판매한다. 맛은 젊을수록 촉촉하고 부드러우며 숙성이 진행될수록 조직이 단단하게 조여져 감칠맛이 더해진다. 치즈 장인은 고다를 두들겨서 그 소리로 숙성의 진행 상태를 판단할 수 있다고 한다.

숙성이 덜 된 치즈는 프루티한 화이트 와인도 좋지만, 라거 맥주와 함께 먹는 것이 현지 방식. 1년 이상 숙성한 것은 맛이 강한 레드 와인과 페어링해야 제맛을 느낄 수 있다.

차분하게 숙성한 프리미엄 고다
Old Dutch Master
올드 더치 마스터

엄선한 고다 치즈를 1년간 정성껏 숙성해서 만드는 치즈. 고다의 촉촉함과 확실한 진미, 감칠맛이 응축되어 있다. 조직이 꽉 찬, 묵직한 식감도 먹는 즐거움을 준다.

외관	원반형. 검은 왁스로 덮여 있다. 속살은 갈색이 가미된 노란색.
맛	장기 숙성으로 풍부한 향에 깊은 맛과 감칠맛이 각별하다.
향	발효 버터 같은 개성이 풍부한 향.
계절	연중.

DATA
종류
비가열 압착(하드)
생산지
프리슬란트주
P.D.O 연도
인가 외
원료유
소
숙성 기간
1년
고형분 중 유지방 함량
52%

문의 ㈜노사와구미

엄선한 우유로 만든 왕실 전용 치즈
Beemster Classic
베임스터르 클래식

'베임스터르' 치즈 중에서 18개월간 숙성한 것이 '베임스터르 클래식. 숙성으로 결정화한 감칠맛 성분의 아미노산이 서글서글한 식감을 준다.

외관	원반형. 왁스로 코팅되어 있다. 속살은 갈색이 가미된 노란색.
맛	크리미. 감칠맛과 단맛이 풍성하게 퍼지는데 맛에 깊이가 있다.
향	순수하고 깊이가 있는 우유 향을 느낄 수 있다.
계절	연중.

DATA
종류
비가열 압착(하드)
생산지
노르트홀란트주
P.D.O 연도
인가 외
원료유
소
숙성 기간
18개월
고형분 중 유지방 함량
51%

문의 체스코㈜

네덜란드를 대표하는 고다 치즈를 정성껏 숙성시킨 프리미엄 치즈. 2004년에는 세계치즈콘테스트에서 금상을 받았다. 응축된 감칠맛은 그야말로 네덜란드 Dutch의 지배자 Master라는 이름에 걸맞는다. 한입 크기로 자르거나 슬라이스한 것을 그대로 입에 넣고 숙성의 묘미를 맛보고 싶다. 과일을 함께 넣는 안티파스토 Antipasuto도 맛있다. 술은 미디엄~풀 보디 레드 와인, 맥주라면 진한 맛이 어울린다.

네덜란드 서부, 노르트홀란트주에서 만드는 치즈. 그 부근은 해저였던 곳으로 해발 이하의 간척 지역이다. 미네랄 성분이 풍부한 간척지 토양에서 자란 우유가 원료다.
2001년 네덜란드 왕실에 납품하는 치즈로서 인정을 받았다. 엄격한 품질 기준에 맞는 것만 이 문장紋章을 표시할 수 있다. 클래식 외에 6개월간 숙성한 '프리미엄', 26개월간 숙성한 '엑스트라 올드' 등이 있다.

우주에서도 먹었던
인기 우유 치즈
Old Amsterdam
올드 암스테르담

고다 타입 치즈를 18개월간 숙성해서 만든 치즈. 원료유인 우유의 신선도에 신경을 쓰기 때문에 그 날 착유한 것만 사용한다고 한다.

 외관 새까만 왁스에 싸여 있다. 짙은 커스터드색의 조직에 기공이 산재해 있다.

 맛 우유의 단맛. 촉촉한 감칠 맛과 순수한 깊은 맛.

 향 깊은 맛의 버터 향과 견과류 같은 고소한 향.

계절 연중.

DATA
종류
비가열 압착(하드)
생산지
노르트홀란트주
P.D.O 연도
인가 외
원료유
소
숙성 기간
18개월
고형분 중 유지방 함량
51%

문의 니폰 마이세라

작지만
만족도가 높은 풍미
Baby Gouda
베이비 고다

정식 고다 치즈는 지름 약 35cm, 높이 10~12.5cm, 무게 약 12kg 정도 된다. 그래서 300~600g 정도의 작은 치즈를 총칭해 '베이비 고다'라고 부른다. 사진은 4주 숙성한 마일드이고 300g 정도. 밀키한 맛이 난다.

 외관 빨간 필름 안에 들어 있다. 껍질은 없고 탄력성이 있는 연노랑 조직이다.

 맛 상당히 마일드하고 크리미하다. 쫀득한 식감과 부드러운 맛.

 향 버터 같은 우유 향을 연하게 느낄 수 있다.

계절 연중.

DATA
종류
비가열 압착
(세미하드)
생산지
프리슬란트주
P.D.O 연도
인가 외
원료유
소
숙성 기간
최저 30일
고형분 중 유지방 함량
48%

문의 ㈜노사와구미

Netherlands

네덜란드의 수도 이름을 따서 지은 웨스트랜드사의 자신작으로 팬도 많다. 2011년에는 이 치즈를 아주 좋아하는 네덜란드인 우주비행사 안드레 카우퍼스 André Kuipers 의 요청으로 우주에도 운반되었다.
숙성 치즈답게 감칠맛이 진한데도 자극성이 적어서 치즈 마니아도 초심자도 즐길 수 있는 만능형의 맛이다. 술과 함께라면 맛이 진한 레드 와인이나 맥주가 잘 어울린다.

12kg 정도까지 나가는 고다를 가볍게 먹을 수 있도록 작게 고안했다.
통상적으로 고다와 같은 커드를 작은 틀에 성형해 소금물에서 꺼내고 빨간 필름을 씌워 숙성한다. 프로마코트(기름 상태의 코팅제)에 덮여 있는 것보다 튀는 맛 없이 순한 맛이다. 식감이 부드러워 샌드위치와 궁합이 좋다. 술이라면 프루티한 화이트 와인을 추천.

전 세계 100개국 이상에서 사랑받는 저지방 치즈
Edam
에담

외관 — 공 모양. 수출용은 빨간 왁스로 코팅한다. 조직은 진한 크림색.

맛 — 숙성이 덜 되면 마일드한 맛과 버터 같은 풍미가 난다. 뒷맛에 연하게 산미가 느껴진다.

향 — 온화한 향. 숙성이 진행되면 향이 강해진다.

계절 — 연중.

고다 다음으로 생산량이 많은 네덜란드의 대표 치즈 중 하나. 지방 성분이 낮고 맛이 깔끔해 '다이어트 치즈'로 부르는 사람도 있다. 숙성해서 단단해진 것은 깎아서 가루 치즈로 쓴다. 조리용으로도 인기 있다.

DATA
종류	비가열 압착(하드)
생산지	프리슬란트주
P.D.O 연도	인가 외
원료유	소
숙성 기간	최저 120일
고형분 유지방 함량	40%

문의 세카이 치즈 쇼카이

17세기 네덜란드에서 세계를 향해 배에 치즈를 실은 곳은 북부의 항구 도시, 에담. 이름은 그 작은 마을에서 따왔다. 수출용은 빨간 왁스로 코팅해 그 색과 모양 때문에 일본에서는 '빨간 공'이라는 애칭으로도 불렀다. 네덜란드 국내 소비용 에담은 노란색 왁스로 코팅한다. 간혹 검은색으로 코팅된 에담 치즈를 볼 수 있는데, 최소 17주에서 많게는 10개월간 숙성시킨 것이다. 원산지 명칭 보호를 받는 에담 치즈는 '노르트 홀란트 에다머_{Noord-Hollandse Edammer}'라고 부르며 네덜란드 북부에서 생산된다. 다른 에담 치즈에 비해 소금 함량이 적은 것이 특징이다.

현지에서는 숙성이 짧은 소프트 타입을 슬라이스해서 생으로 먹는다. 숙성해서 단단해진 것은 깎아서 가루 치즈로 만들어 주로 조리용으로 쓴다. 숙성 상태에 따라 사용 용도가 달라 하드와 소프트로 나눠서 취급하기도 한다.

그대로 먹는다면 드라이한 화이트 와인이나 프루티한 레드 와인, 맥주 등 가벼운 술과 잘 어울린다. 치즈 쿠키로 만들어도 그만이다.

Basiron
바지론

다양한 맛과
선명한 색이 즐거운

고다 타입 치즈에 다양한 향신료를 반죽해 넣은 치즈. 외관이 아주 선명하고 풍미도 개성적이다. 빨간색은 '페스토 로쏘', 중앙은 '와사비', 녹색은 '페스토 베르데'.

 외관 풍미에 따라 색이 달라진다. 조직은 보들보들하고 탄력이 있다.

 맛 바리에이션에 따라 다르다. 베이스가 되는 치즈는 부드럽고 크리미.

향 빨간색과 녹색은 향신료 향이 강하다. 와사비는 연한 향.

 계절 연중. 주로 숙성을 거의 하지 않고 먹는다.

DATA
종류
비가열 압착
(세미하드)
생산지
자위트홀란트주
P.D.O 연도
인가 외
원료유
소
숙성 기간
—
고형분 중 유지방 함량
50%

문의 세카이 치즈 쇼카이

1884년에 창업한 벨드하위전 카스사가 만드는 바리에이션이 풍부한 네덜란드 치즈 '바지론'. 바지론 치즈는 전부 18종이나 된다. 녹색의 '페스토 베르데Pesto Verde'는 제노바(바질과 마늘의 페이스트), 빨간색의 '페스토 로쏘Pesto Rosso'는 토마토와 오레가노를 섞어 넣은 이탈리아 풍미의 치즈다. 일본 수출용으로 홀스래디시(서양 고추냉이)를 갈아서 넣은 '와사비Wasabi'도 있다. 생으로 먹거나, 피자나 파스타에 사용해도 좋다.

Bleu de Graven
블루 드 그라벤

푸른곰팡이 맛이 강하지 않아
누구나 먹을 수 있는 치즈

자위트홀란트주에서 만드는 진귀한 블루치즈. 더치 블루로 대표되는 델프트 도자기를 모방한 디자인 필름으로 밀착 코팅되어 있다.

 외관 크림색 조직에 진한 색의 푸른곰팡이가 퍼져 있다.

 맛 마일드. 푸른곰팡이의 자극은 약하다. 전체적으로 끈적하고 진한 맛.

향 푸른곰팡이의 화려한 향이 연하게 퍼진다. 우유 향도.

 계절 연중.

DATA
종류
푸른곰팡이
생산지
자위트홀란트주
P.D.O 연도
인가 외
원료유
소
숙성 기간
—
고형분 중 유지방 함량
50%

문의 세카이 치즈 쇼카이

벨드하위전 카스사의 스페셜 치즈 중 하나. 네덜란드산 치즈에는 드문 푸른곰팡이 치즈이며 회사에서도 이 제품이 유일하다.
고급스럽고 크리미한 맛으로 라자냐와 피자에 넣어 가열 조리해도 좋다. 마일드하고 짠맛도 강해서 요리를 맛있게 해준다. 물론 치즈 플레이트에 담아내도 훌륭하다. 네덜란드 맥주 '하이네켄'같이 프루티하고 깔끔한 발포성 주류와 잘 어울린다.

북유럽

Nordic

유럽의 치즈를 견본으로 만든
현대적인 치즈와
북유럽만의 치즈가 공존

덴마크, 노르웨이, 스웨덴 등을 중심으로 하는 북유럽 국가들, 특히 이 세 국가를 총칭해서 스칸디나비아라고 부른다. 북해와 발트해 사이에 있는 덴마크 주변은 서유럽 기후, 스칸디나비아반도 중심부는 습도가 높은 대륙성 기후, 북부로 가면 툰드라 기후로 기후 변화가 극심한 지역이다.
청정 지역에서 자란 목초는 단맛이 강하다. 그 풀을 먹고 자란 동물에서 착유한 양질의 젖으로 치즈를 만든다.
유럽 치즈를 견본으로 한 것이 많은 한편, 훼이를 가열해서 만드는 개성적인 세미하드 치즈도 있다. 스웨덴 바로 옆 핀란드에서는 북극권에서만 만들 수 있는 순록유를 사용한 치즈가 예전에는 있었다고 한다. 지금도 응유를 구워서 만드는 '레이패유스토'(Leipäjuusto, 핀란드어로 빵의 치즈라는 의미)라는 쫄깃한 식감의 치즈를 먹을 수 있다.

Norwegian Sea
노르웨이해

England
영국

Ireland
아일랜드

Norway
노르웨이

Sweden
스웨덴

Gulf of Bothnia
보트니아만

Denmark
덴마크

Baltic Sea
발트해

Nordic

덴마크

🇩🇰 Denmark

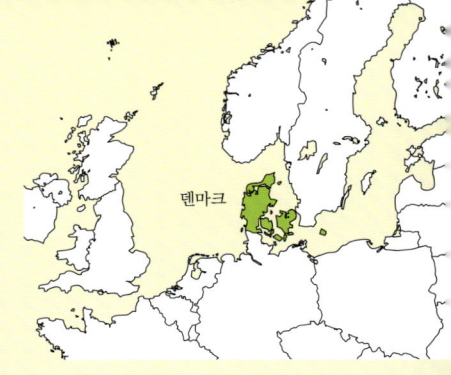

북유럽의 맑은 공기와
온난한 기후가 키운
덴마크만의 치즈

북유럽 여러 나라 중에서도 낙농 제품의 생산, 수출이 가장 성행한 덴마크.
봄부터 여름까지 풍부한 강우량과 온화한 기후 덕분에 낙농에 아주 적합한 나라다.
대규모로 치즈를 생산하게 된 것은 100년 정도 되었다. 19세기 말부터 유럽의 치즈를 본보기로 삼아 국가 산업으로 치즈 생산을 시작한 것이다. 특히 치즈 생산이 발달한 것은 주변국의 수요에 응해 수출이 늘어난 2차 세계 대전 후다. 전 세계에서 인기를 끌고 있는 '삼소'와 '마리보'는 덴마크의 독자적인 치즈로 전후에 이름을 지었다.
철저한 품질 관리를 거쳐 생산하는 덴마크 치즈는 어떤 나라나 지역에서도 받아들일 수 있는 자극성 없는 온화한 맛이 특징이다.

*EU 가맹국인 덴마크는 P.D.O (원산지 명칭 보호) 제도하에 있다. 하지만 P.D.O에 인정받은 치즈는 없고 그것보다 기준이 느슨한 P.G.I (지역적 표시 보호)에 일부 치즈만 인가를 받았다.

덴마크를 대표하는 친숙한 맛

Samsoe
삼소

외관 — 라인드레스. 노란색을 띤 아이보리색. 치밀한 조직 속에 동그란 기공이 있다.

맛 — 버터와 비슷한 산미와 단맛. 순하면서 튀지 않는 맛. 가열하면 부드럽게 녹는다.

향 — 연하게 달콤한 버터 같은 향. 숙성하면 헤이즐넛 같은 견과류 향.

계절 — 연중. 5개월 이상 숙성된 것은 감칠맛이 배가된다.

예전에는 '삼소 라인드'라고 불리던 원반형이 주류였다. 라인드rind란 하드 계열 치즈의 단단한 껍질을 말한다. 현재는 사각형에 껍질이 없는 '라인드 레스rindless' 타입이 일반적이다. 자극성 없는 맛으로 요리에 폭넓게 쓰일 수 있다.

DATA	
종류	비가열 압착 (세미하드)
생산지	삼소섬
P.D.O 연도	인가 외
원료유	소
숙성 기간	8~10주간 이상
고형분 중 유지방 함량	45%

[문의] 세카이 치즈 쇼카이

Denmark

스위스의 그뤼예르(→p.126)를 본떠서 만든 덴마크를 대표하는 치즈. 덴마크는 19세기까지 곡물 농업이 주류였다. 1870년대, 미국과 러시아로부터 값싼 곡물이 유입되면서 타격을 받아, 어쩔 수 없이 산업 구조를 전환했다. 당시의 국왕 크리스티안 9세는 낙농 제품의 수요가 높아지는 영국을 겨냥해서 낙농업으로 전환을 결단했다. 그때 스위스로부터 기술자를 초대해서 탄생시킨 것이 삼소다.

삼소는 연하고 부드러운 단맛이 특징이다. 온화하고 튀지 않는 맛은 가열하면 풍미가 더 좋아지고 매끄럽게 녹는 덕분에 주로 피자용 치즈로 쓴다.

이름의 유래는 삼소 치즈 발상지인 유틀란트반도와 셸란섬 사이에 있는 작은 섬, 삼소에서 이름을 따왔다.

고다 치즈의 제조법을 바탕으로 만든 인기 치즈
Maribo
마리보

 외관 — 라인드레스. 연노랑. 모양을 만들고 거의 누르지 않아서 속살에 자잘한 기공이 많다.

 맛 — 튀는 맛이 없고 온화한 맛. 결은 약간 거칠고 쫀득한 탄력이 있다. 연하게 산미도 느껴진다.

 향 — 온화한 향. 특징적인 향은 거의 없다. 열을 가하면 잘 늘어나고 치즈 향이 퍼진다.

계절 — 연중.

DATA
종류	비가열 압착 (세미하드)
생산지	롤란섬
P.D.O 연도	인가 외
원료유	소
숙성 기간	—
고형분 중 유지방 함량	45%

문) 세카이 치즈 쇼카이

치즈를 잘 모르는 사람이라도 이름은 들어본 적 있는 마리보. 덴마크 치즈라는 것은 잘 알려지지 않았다. 삼소(→p.153)와 마찬가지로 사각형에 껍질이 없는 타입이 일반적이다.

덴마크 치즈는 유럽 각국의 치즈를 모방해서 만든 것이 많다. 삼소도 그렇지만, 마리보는 네덜란드의 고다(→p.145) 치즈 제조법을 바탕으로 만들었다. 마리보는 틀에 넣고 나서 거의 누르지 않아 치즈 자체의 무게로 훼이를 배출한다. 그래서 고다와 달리 조직이 불규칙하고 기공이 세밀하다. 자연적인 껍질을 만들지 않고 왁스나 필름으로 보호해서 숙성한다.

덴마크 수출 시장에서는 삼소만큼 대표 치즈인 마리보가 마일드하고 풍미가 온화해 널리 받아들여지고 있다. 운송에 편리하도록 사각형으로 제조하는 것이 주류인 것도 특징이다.

마리보는 셀란섬 남쪽에 있는 롤란섬의 마을 이름에서 따왔다. 덴마크의 독자적인 치즈로 이름을 지은 것은 2차 세계 대전 후다. 덴마크 치즈는 세계적으로는 새로운 부류에 속한다.

농부가 만든
덴마크에서 가장 오래된 치즈의 진화
Creamy Havarti
크리미 하바티

속살에 있는 작고 불규칙한 구멍은 제조 과정에서 커드끼리 압착할 때 만들어진 틈에 의한 것이다. 메커니컬 홀이라고 부른다. 아침 식사용으로 쓰이기도 하며, 덴마크의 에일과 잘 어울린다.

 외관 원통형의 껍질 없는 타입. 속살에는 작은 구멍이 많다.

 맛 버터 같은 단맛과 깊은 맛. 숙성 3개월이 지나면 더욱 맛이 깊어진다.

 향 살짝 달콤한 향이 난다.

 계절 연중.

DATA
- 종류: 비가열 압착 (세미하드)
- 생산지: 유틀란트반도
- P.D.O 연도: 인가 외
- 원료유: 소
- 숙성 기간: —
- 고형분 중 유지방 함량: 60%

문의 니폰 마이세라

19세기 중반, 앤 닐센Hanne Neilsen이 유럽 여러 나라를 돌며 기술을 익혀와 만든 '하바티'는 덴마크에서도 가장 오래된 치즈다. 당초는 스위스 계열 치즈 '틸지터Tilsiter'의 덴마크판으로 알려졌다. 코펜하겐 북쪽에 위치한 앤 닐센이 소유한 목장 이름에서 유래했다. 크리미 하바티에 지방분을 넣고 크리미하게 완성한 이유는 하바티의 약간 자극성 강한 맛을 억제해서 먹기 쉽게 하기 위해서다. 현재는 입속에서 우아하게 녹으며 신맛이 천천히 사라지는 크리미 하바티가 주류다.

세미하드 타입의
모차렐라?
Mozzarella
모차렐라

유럽 각지에서 만드는 세미하드 타입 치즈. 이탈리아의 모차렐라(→p.115)와 이름이 같지만, 숙성 치즈이며 모양도 다르다. 다양한 음식 재료와 잘 어울리는 맛이다. 와인은 가벼운 타입의 화이트 와인이나 로제 와인이 어울린다.

외관 하얗고 광택이 있다. 단단하고 조직이 매끄러우며 껍질은 없다.

맛 탄력 있는 식감. 적절한 산미에 마일드한 풍미.

 향 거의 없다. 가열하면 버터처럼 고소한 향이 난다.

 계절 연중. 숙성 4~6주 정도가 적기.

DATA
- 종류: 파스타 필라타 (세미하드)
- 생산지: 유틀란트반도
- P.D.O 연도: 인가 외
- 원료유: 소
- 숙성 기간: —
- 고형분 중 유지방 함량: 40%

문의 오더 치즈

쫀득한 탄력이 있는 덴마크산 모차렐라 치즈 '모차렐라'. 파스타 필라타 제조법에 의한 섬유상으로 찢어지는 성질은 별로 없지만, 가열하면 실처럼 늘어나는 성질이 아주 뛰어나다.

이탈리아산 모차렐라가 수분량이 55~62%인 것에 비해 덴마크산 모차렐라는 45~52%로 억제해서 보존성과 조리의 편리성을 높였다.

맛이 마일드해서 쉬레드 치즈로 가공도 많이 한다.

로크포르에 대항해서 만들었다
Danablu
다나블루

 외관 유백색의 치밀한 조직. 청록색 곰 팡이가 전체에 알록달록한 잔무늬 를 만든다. 불규칙한 구멍이 있다.

 맛 혀에 예리하게 느껴지는 푸른곰팡 이 특유의 자극적인 맛과 짠맛. 약 간 수분이 적고 단단한 인상.

 향 버섯 같은 향. 푸른곰팡이의 톡 쏘는 향도 난다.

 계절 연중.

DATA
종류	푸른곰팡이
생산지	유틀란트반도
P.G.I 연도	2006년
원료유	소
숙성 기간	2~3개월
고형분 중 유지방 함량	50%

문의 니폰 마이세라

프랑스의 로크포르(→p.82)를 따라 만 든 블루치즈. 이름도 판매 당초에는 '대니시(Danish, 덴마크의) 로크포르' 였다. 프랑스의 항의로 '대니시 블루' 로 개명했다가 현재는 '다나블루'가 되었다.

1874년, 덴마크 치즈 산업의 선구자 앤 닐센이 프랑스 의 로크포르를 흉내 내서 해외 수출용으로 만든 블루 치즈.
프랑스의 본가 로크포르와 경쟁하기 위해 '대니시 로 크포르'라는 이름으로 팔기 시작했다. 그러자 프랑스 가 로크포르 명칭을 지키기 위해 항의했고, 이 사건이 그 후 A.O.C 전신이 되는 제도를 만드는 계기 중 하나 가 되었다고 한다.
수출을 중시하는 덴마크 치즈는 장기 운송과 보관에 견디는 안정된 품질로 세계 각국의 식탁에 올라간다. 양유로 만드는 로크포르에 비해 우유로 만들어 튀지 않는 마일드한 맛이 난다. 현재는 균질화된 살균유를 사용한다. 덴마크 치즈 중에서 P.G.I로 지정된 2개의 유 명 제품 중 하나다.

덴마크의 외딴섬에서 만드는
환상의 블루
Mycella
미셀라

'숨겨진 명품'으로 높은 평가를 받는 블루치즈. 수출을 목적으로 만드는 덴마크 치즈로는 드물게 거의 국외로 나가지 않았다. 일시적으로 제조가 중지된 적도 있다.

부드러운 식감의 크리미한 맛
Castello® Creamy Blue
카스텔로 크리미 블루

십각형을 반으로 자른 듯한 포장. 같은 카스텔로의 다나블루(→p.156)와 엄밀하게는 맛이 다르다. 푸른곰팡이의 특징을 억눌러 크리미하고 소프트한 맛이 난다.

Denmark

Mycella

- **외관**: 껍질은 없다. 옅은 크림색의 매끄러운 조직에 푸른곰팡이가 섞여 있다.
- **맛**: 우유의 진미와 단맛. 톡 쏘는 푸른곰팡이의 자극. 마일드한 짠맛.
- **향**: 화려한 푸른곰팡이 향.
- **계절**: 연중.

DATA
종류: 푸른곰팡이
생산지: 보른홀름섬
P.D.O 연도: 인가 외
원료유: 소
숙성 기간: 약 2개월
고형분 중 유지방 함량: 60%

문의 니뽄 마이세라

Castello Creamy Blue

- **외관**: 옅은 크림색. 청록색 곰팡이가 대리석처럼 섞여 있다.
- **맛**: 크리미. 식감이 좋고 온화하다. 짠맛이 약간 강하다.
- **향**: 마일드. 푸른곰팡이 향이 약하게 난다.
- **계절**: 연중. 푸른곰팡이가 갈색으로 변하기 전.

DATA
종류: 푸른곰팡이
생산지: 유틀란트반도
P.D.O 연도: 인가 외
원료유: 소
숙성 기간: 약 15일간
고형분 중 유지방 함량: 70%

문의 니뽄 마이세라

발트해에 떠 있는 외로운 섬, 보른홀름. 덴마크 본토에서 뚝 떨어져 스웨덴 남부에 위치한다. '발트해의 보석'으로 불리며 소박한 아름다움을 간직한 곳이다.
미셀라는 이탈리아의 고르곤졸라(→p.102)를 본보기로 삼아 만든 블루치즈. 하지만 섬의 자양분 넘치는 목초를 먹은 소에서 착유한 우유에서는 특별한 맛이 난다. 보른홀름섬이 자랑하는 유일무이의 블루치즈로 높은 평가를 받고 있다.

덴마크의 치즈 브랜드 '카스텔로'에서 1960년대에 개발했다. 푸른곰팡이의 톡 쏘는 샤프한 맛을 억제한 블루치즈. 모든 사람이 먹을 수 있는 맛이지만 소프트한 식감은 개성적이다. 풍미가 온화해서 먹기 편하므로 블루치즈에 처음 도전하는 사람에게 좋다. 짠맛은 약간 강하지만 요리에 사용하면 적절한 감칠맛이 난다. 오믈렛 등의 달걀 요리와 궁합이 좋아서 모든 요리에 사용할 수 있다. 와인이라면 진한 레드 와인을 추천.

카스텔로를 유명 브랜드로 끌어올린 치즈
Castello® Creamy White
카스텔로 크리미 화이트

마일드하고 크리미한 흰 곰팡이 치즈. 사워크림과 비터 초콜릿에서 아이디어를 얻은 밀키한 맛의 치즈다. 견과류나 건포도, 알자스 지방의 향 좋은 화이트 와인과 잘 어울린다.

🇩🇰 덴마크

외관 얇은 흰 곰팡이에 덮여 있는 껍질. 속살은 연노랑의 매끄러운 조직.

맛 크리미하고 순한 맛. 버터 같은 우유 맛.

향 흰 곰팡이가 만드는 은근한 버섯 향.

계절 연중.

DATA
종류
소프트 (흰 곰팡이)
생산지
유틀란트반도
P.D.O 연도
인가 외
원료유
소
숙성 기간
—
고형분 중 유지방 함량
70%

문의 니폰 마이세라

누구나 좋아하는 온화한 맛
Friendship Camembert
프렌드십 카망베르

125g으로 한 번에 다 먹을 수 있는 크기다. 견고한 조직 덕분에 모양이 잘 망가지지 않아 치즈 튀김이나 구이로 활용한다. 상온에 두었다가 드라이한 와인과 함께 먹어도 입이 즐겁다.

외관 약간 단단한 얇은 흰 곰팡이가 덮인 껍질. 커스터드 크림 같은 조직.

맛 온화하고 튀지 않는 맛. 부드러운 우유 풍미. 적당한 짠맛.

향 거의 안 난다. 먹은 후에 입속에 우유 향이 연하게 퍼진다.

계절 연중.

DATA
종류
소프트 (흰 곰팡이)
생산지
—
P.D.O 연도
인가 외
원료유
소
숙성 기간
—
고형분 중 유지방 함량
50% 이상

문의 무라카와

'카스텔로'는 라스무스 톨스트럽Rasmus Tholstrup이 1893년에 창업한 회사에서 만든 치즈 브랜드다.
톨스트럽사의 치즈를 일약 유명하게 만든 '화이트'. 창업자의 아들 헨리크Henrik가 스웨덴 치즈에서 힌트를 얻어 10년 이상의 세월을 들여 완성했다. 상큼한 산미가 있는 밀키한 맛이 난다. 지금까지 덴마크산 치즈에는 없는 크리미하고 매끄러운 식감으로 국내외에서 인기를 끌고 있다.

프렌드십 카망베르는 밀폐 용기에 넣고 레토르트 살균한 롱 라이프 타입 치즈다. 낭창낭창한 껍질에 싸인 크림과 묵직하게 탄력 있는 조직은 덴마크산답게 튀는 맛 없이 마일드하다.
생으로 먹는다면 상온에서 온도를 맞추고 드라이한 와인과 함께 매끄럽게 녹아내리는 식감을 즐겨보라. 어떤 재료와도 조화를 잘 이루므로 가열 요리에 넣어 먹는 방법도 추천한다.

치즈 케이크 붐과 함께
알려진 크림치즈
Arla BUKO®
알라 부코

그리스의 '페타'를
맛있고 가볍게
Apetina® FETA
아페티나 페타

치즈 케이크 재료로 널리 사용하는 프레시 치즈. 덴마크산은 가격이 적절하고 품질이 좋아서 인기가 있는데, 자극성이 없는 친숙한 맛을 느낄 수 있다.

150g들이 유리병과 블랙 올리브를 넣은 79g들이 평평한 플라스틱 포장이 있다. 샐러드에 병에 든 내용물째로 드레싱으로 끼얹어 먹어도 맛있다.

Denmark

 외관 — 새하얗고 광택 있는 결이 고운 조직. 매끄럽고 단단하다.

 맛 — 신맛과 연한 단맛. 크리미하고 강하지 않은 깔끔한 맛이 난다.

 향 — 거의 안 난다. 연한 우유 향.

계절 — 연중.

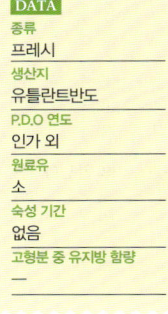

DATA
종류
프레시
생산지
유틀란트반도
P.D.O 연도
인가 외
원료유
소
숙성 기간
없음
고형분 중 유지방 함량
—

문의 체스코(주)

 외관 — 흰색 주사위 모양. 허브와 향신료를 넣은 오일에 담겨져 있다.

 맛 — 부슬부슬한 식감. 오일 덕분에 짠맛이 줄었다.

 향 — 드레싱 같은 스파이시한 향. 치즈 향은 거의 없다.

 계절 — 연중.

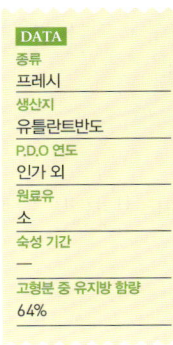

DATA
종류
프레시
생산지
유틀란트반도
P.D.O 연도
인가 외
원료유
소
숙성 기간
—
고형분 중 유지방 함량
64%

문의 체스코(주)

'부코BUKO'는 오르후스에 본사를 둔 유럽 최대의 유제품 제조 회사인 알라사가 생산하는 크림치즈다. 덴마크어로 '부BU'는 소의 울음소리, '코KO'는 소를 의미한다. 덴마크의 신선한 우유로 만든 매끄러운 치즈다.
로고 마크인 노란색 꽃이 보이면 알라사의 치즈라는 표시다. 꽃의 정체는 덴마크에 봄을 알리는 '에란티스' 일본에서는 절분초, 우리나라에서는 바람꽃이라고 부른다.

기원전부터 만들어온 그리스의 프레시 치즈 '페타'는 전통적으로 양유와 산양유로 만드는 P.D.O 치즈다. 강한 짠맛과 양유의 깊은 맛이 난다. 부슬부슬 부서지는 식감은 독특하다.
덴마크 페타는 우유로 만든다. 진한 밀크감과 독특한 식감을 그대로 스파이시한 오일에 담가 촉촉하게 마무리한다. 오일에 레몬이나 비니거를 넣어 드레싱으로 활용하기도 한다.

노르웨이

🇳🇴 **Norway**

노르웨이

예토스트로 대표되는 나라,
바이킹 시대부터 이어온
블루치즈도!

노르웨이는 국토가 남북으로 길게 늘어서서 복잡한 지형의 피오르(빙하에 침식되어 생긴 좁고 깊은 만)와 긴 해안선이 있다. 스칸디나비아반도의 서쪽 절반을 점하는 국토는 25%가 숲이라서 임업과 어업이 성행한다.

국토를 산맥이 종단하고 북쪽은 툰드라 지대라서 농작할 수 있는 면적은 국토의 불과 3% 정도. 그래서 대부분 낙농업을 하고 있다.

스칸디나비아는 8~11세기경 활동한 '바이킹'이라 불리는 해적들의 근거지였다. 그 원정과 교역으로 유럽의 치즈가 전해졌다고 예측한다. 감메로스트(Gammelost, 오래된 치즈)라는 효소를 사용하지 않는 저지방 유제품으로 만든 자연 푸른곰팡이 치즈는 바이킹 시대에 만들어졌다고 한다. 그 외에 고다 타입의 세미하드 치즈 '노르베이아 Norvegia'가 있다. 아시아로부터 가열 농축법으로 만드는 치즈도 전해졌다고 한다. 현재 노르웨이에서 브루노스트(Brunost, 갈색 치즈)로 불리는 '예토스트'같이 유청으로 만든 독자적인 치즈도 있다.

*노르웨이는 EU 가맹국이 아니므로 원산지 명칭 보호를 받지 못한다.

산양유 맛을 연하게 느낄 수 있는
캐러멜 같은 치즈
Gjetost
예토스트

노르웨이산 산양유 치즈. 일본에서는 '스키 퀸'이라는 이름으로 잘 알려져 있다. 빨간 캐러멜 포장이 앙증맞다. 먹을 때는 포장의 그림처럼 슬라이서로 얇게 잘라서 먹는다.

 외관 — 단단하고 진한 캐러멜색 조직. 윤기가 난다.

 맛 — 캐러멜 같은 단맛이 있다. 끈적한 식감.

 향 — 태운 듯한 달콤한 원료유 향. 연한 산양 향.

계절 — 연중.

DATA
종류
프레시
*세미하드로 분류된 적도 있다
생산지
오플란
인가 외
원료유
소 · 산양(웨이)
숙성 기간
—
고형분 중 유지방 함량
35%

문의 ㈜산류

'예Gjet'는 산양, '오스트Ost'는 치즈를 의미하는 노르웨이어로 원래는 산양유로 만든 치즈다. 현재는 소의 훼이에 우유나 산양유, 크림을 넣어 만든다.
외관만이 아니라 원료유를 끓여 졸이는 제조법도, 만들어진 제품의 식감도 캐러멜과 비슷하다. 맛은 거의 캐러멜 그 자체다. 차갑게 식히면 뒷맛에 산양유 향이 약간 강하다. 노르웨이에서는 얇게 슬라이스한 것을 아침에 먹는다고 한다.

모두가 다 잘 먹는
크리미한 워시
Ridder
리더

'리더'는 노르웨이어로 기사를 의미한다. 강한 향을 표현한 것이라고 한다. 워시 특유의 향은 덩어리일 때 약간 난다. 자르면 거의 세미하드 타입 같다.

 외관 — 약간 끈적임이 있는 오렌지색 껍질. 속살은 흰색이 가미된 연노랑.

 맛 — 촉촉한 식감. 버터 같은 크리미. 튀는 맛도 없는 순한 맛이 난다.

 향 — 워시다운 향은 거의 없다.

계절 — 연중.

DATA
종류
비가열 압착(워시)
생산지
뫼레오그롬스달
인가 외
원료유
소
숙성 기간
—
고형분 중 유지방 함량
60%

문의 ㈜산류, 오더 치즈

Norway

1969년에 탄생한 마일드한 워시 치즈. 노르웨이 최대의 유제품 제조 회사, 티나그룹이 제조했다. 티나TINE는 버터와 치즈를 넣는 노르웨이의 전통 목제 용기를 말한다.
워시다운 오렌지색의 약간 끈끈한 껍질이지만, 특유의 향은 거의 나지 않는다. 열을 가하면 더 순한 맛을 즐길 수 있다. 맛이 소박한 치즈로 토스트에 제격이다.

영어권
Anglosphere

영국의 체더치즈에서
시작한 영어권의
치즈 제조와
문화 속에서
태어난 다양성

미국
United States
of America

북태평양
North Pacific
Ocean

북대서양
The North
Ocean

New Zealand
뉴질랜드

Atlantic Ocean
대서양

United Kingdom
영국

Atlantic

Anglosphere

영어권 국가들은 주로 영국에서 이민을 간 사람들이 많아서 영국풍 문화의 영향을 많이 받을 수밖에 없었다. 영국에서 이민한 사람들은 이주한 곳에서 체더를 만들어 전 세계로 퍼트렸다. 미국은 현재 전 세계에서 치즈를 가장 많이 만드는 나라다. 역사적으로 이민이 빈번하고 서부 해안 쪽으로는 이탈리아인과 히스패닉 계열, 중서부에는 독일과 북유럽과 네덜란드인, 동부 해안에는 영국과 프랑스와 동유럽인들이 이주해서 각각의 독특한 문화를 형성하고 있다. 아마도 다양한 스타일의 치즈를 만드는 것은 전 세계에서 모여든 사람들이 자국의 치즈를 먹고 싶어 하기 때문일 것이다.

오늘날에는 이민 시 가지고 들어온 제조법이나 지식을 발전시킨, 좀 더 맛있는 치즈와 독자성 있는 치즈를 원하는 움직임이 활발해지고 있다.

영국, 아일랜드

🇬🇧 🇮🇪 United Kingdom, Ireland

전통과
모던이 공존하는
브리티시 치즈

여름에 시원하고 겨울에 따뜻한 해양성 기후의 나라 영국은 국토의 대부분이 농지와 목초지다. 특히 남서부는 1년 내내 비가 많이 내려 목초가 잘 자라는 환경이다. 남서부는 현재 세계 각지에서 만들고 있는 '체더치즈'의 원산지다. 그중 4개 주에서 전통 제조법으로 만드는 체더를 '웨스트 컨트리 팜하우스 체더West Country Farmhouse Cheddar'라고 명칭하고 P.D.O (원산지 명칭 보호)에서 보호하고 있다.

1993년에 EU로 통합될 때 영국의 전통 치즈 중에서 P.D.O에 리스트업 된 것은 이 체더치즈와 블루 스틸톤뿐이다. 이유 중 하나는 2차 세계대전 후 전통 치즈 농가가 급감했다는 점이다. 영국의 가장 오래된 치즈인 '체셔Cheshire'처럼 전통 산지 외에도 만드는 치즈들은 인가 외가 되었기 때문이다.

현재는 전통 브리티시 치즈 제조를 재검토하는 중이며, 좀 더 맛있는 치즈를 목표로 1980년대 이후에 만든 '모던 브리티시 치즈' 등도 주목받고 있다.

영국이 세계에 자랑하는 블루치즈의 걸작
Blue Stilton
블루 스틸톤

 외관 — 껍질에는 회색이 가미된 흰 곰팡이가, 속살에는 푸른곰팡이가 대리석처럼 퍼져 있다.

 맛 — 젊으면 톡 쏘는 푸른곰팡이의 자극과 연한 단맛. 숙성이 진행되면 쓴맛이 나는 강한 맛.

 향 — 강한 향. 코를 자극하며 푸른곰팡이 특유의 향이 퍼진다.

계절 — 연중. 11월부터 다음 해 4월경에 만든 것이 특히 좋다고 한다.

DATA	
종류	푸른곰팡이
생산지	영국 레스터셔주 등
P.D.O 연도	1996년
원료유	소
숙성 기간	최저 8주간
고형분중 유지방 함량	최저 48%

문의 세카이 치즈 쇼카이

세계 3대 블루치즈 중 하나다. 레스터셔주, 더비셔주, 노팅엄셔주에서 만든다. 제조는 허가된 몇 회사만(2015년 현재 6개 회사) 만들고 있다.

United Kingdom, Ireland

스틸톤은 런던에서 북쪽으로 120km 정도 떨어진 곳에 있는 마을이다. 생산지는 그 마을이 아니라 그 마을의 '벨 인Bell Inn'에서 먹은 치즈가 맛있다는 평판이 나면서 스틸톤으로 부르게 되었다. 계기는 《로빈슨 크루소》의 저자 다니엘 디포. 디포는 《영국 주유기周遊記》에서 '영국의 파르메산 치즈English Parmesan'로 소개했다. 끈끈하고 농후한 맛, 샤프하고 약간 쓴 푸른곰팡이의 풍미, 뒤에 남는 꿀 같은 단맛은 로크포르(→p.82), 고르곤졸라(→p.102)와 함께 세계 3대 블루치즈로 불리기에 적합한 맛이다. 독특한 단맛과 진미가 있으며 포트와인과 궁합이 아주 좋다. 물론 셰리, 마데이라 등의 주정 강화 와인과도 잘 맞는다. 크리스마스에는 도자기 같은 치즈 전용 용기에 담아 선물하는 습관이 있다고 한다.

선명한 오렌지에 피어난
아름다운 블루
Shropshire Blue
슈롭셔 블루

'모던 브리티시'로 불리는 새로운 치즈. 블루 스틸톤(→p.165)과 아주 비슷한 맛이지만 좀 더 크리미한 인상. 색이 화려해 큼직하게 조각내 샐러드에 곁들여도 아름답다.

 외관 　오렌지색 조직에 푸른곰팡이가 골고루 퍼져 있다.

 맛 　연한 단맛과 쓴맛이 밸런스 있다. 수분이 약간 많으며, 끈적하다.

 향 　푸른곰팡이의 코를 찌르는 강한 향.

 계절 　연중. 숙성 후 4개월 정도가 적기.

DATA
종류
푸른곰팡이
생산지
영국 노팅엄셔주
P.D.O 연도
인가 외
원료유
소
숙성 기간
12주간
고형분 중 유지방 함량
48%

문의 니폰 마이세라

전통 제조법으로 만드는 진정한 체더치즈
West Country Farmhouse Cheddar
웨스트 컨트리 팜하우스 체더

본래 체더치즈의 모습을 남기려고 1982년에 생산자들이 모여 결성한 '웨스트 컨트리' 그룹. 모든 제조 공정을 전통 방식에 따라 오리지널 체더치즈를 생산한다.

 외관 　속살은 숙성이 진행된 짙은 크림색. 껍질에는 자연의 푸른곰팡이가 보인다.

 맛 　프루티하고 복잡한 맛. 입속에서 부스스 녹아내리는 식감.

  향 　건초 향. 버터와 견과류 같은 진한 향.

 계절 　연중. 전통에 따라 여름 체더를 맛보는 것도 하나의 방법이다.

DATA
종류
비가열 압착(하드)
생산지
영국 서남부
P.D.O 연도
1996년
원료유
소
숙성 기간
최저 9개월
고형분 중 유지방 함량
최저 48%

문의 프로마주 내추럴 치즈 통신판매

영국·아일랜드

2차 세계 대전 후 영국에서는 쇠퇴하던 전통 치즈를 부흥시키고자 새로운 치즈를 연구하기 시작했다. 연구를 통해 태어난 새 치즈들이 '모던 브리티시 치즈'로 최근에 주목을 받고 있다. 슈롭셔 블루도 그중 하나. 아나토로 색을 입힌 선명한 오렌지색과 푸른곰팡이의 콘트라스트가 아름답다. 스틸톤과 비슷한 맛으로, 블루치즈답다.

웨스트 컨트리 그룹은 체더치즈 제조에서 가장 중요한 작업인 체더링(→p.167)을 수작업으로 직접 하는 것이 최대 특징이다. 그룹 안에서도 높은 평가를 받는 몽고메리 가에서 준비하는 것은 프리지아 품종 우유와 전통적인 송아지의 렌넷. 커드의 알갱이를 밀링(잘게 자르기)할 때 일부러 균일하게 잘라서 보슬보슬한 식감과 우아한 맛을 끌어낸다.

영국에서 태어난, 세계에서 생산량이 가장 많은 치즈
Cheddar (Red·White)
체더 (레드·화이트)

 외관 — 껍질은 없고 사각으로 성형한다. 매끄럽고 치밀한 조직.

 맛 — 숙성이 덜 되면 순하고 상큼한 신맛. 원래의 맛에 가까운 진미는 숙성 6개월경부터 맛볼 수 있다.

 향 — 버터 같은 향이 연하게 난다. 특징적인 향은 거의 없다.

계절 — 연중.

DATA	
종류	비가열 압착(하드)
생산지	—
P.D.O 연도	인가 외
원료유	소
숙성 기간	6개월 이상
고형분 중 유지방 함량	50% 이상

[문의] 무라카와

United Kingdom, Ireland

체더는 영국에서 시작했지만 미국, 캐나다, 오스트리아 등 세계 각국에서 만들며, 치즈 중에서도 생산량이 가장 많다. 화이트 체더는 아이보리색, 레드 체더는 식물성 착색료인 아나토로 색을 입힌 오렌지색. 사진은 숙성 타입.

영국 남서부 체더 마을이 원산지인 치즈. 체더링이라는 특수 제조법을 사용한다.
체더링cheddaring은 커팅한 후 훼이를 빼낸 커드를 쌓고 반복해서 뒤집거나 잘라서 겹쳐 다시 훼이를 빼내는 공정을 말한다. 체더링한 커드를 밀링해서 소금을 뿌려 틀에 넣고 압착 숙성하면 체더가 완성된다.
전통 체더는 남서부에서 만드는 원통형의 장기 숙성 타입. 자연적으로 생긴 단단한 껍질이 있다. 표면에 천을 감아 지방분을 보충하며 숙성하기 때문에 표면에 자연의 푸른곰팡이가 피는 것도 있다.
공장제의 '껍질이 없는' 타입의 체더는 온화하고 튀는 맛이 없다. 슬라이스해서 샌드위치를 만들어 먹거나 잘게 잘라 샐러드에 토핑한다. 피자나 햄버거 같은 가열 요리와 궁합이 아주 좋다.

흑맥주로 반죽한
개성적인 체더
Irish Porter
아이리시 포터

체더 조각들과 흑맥주로 물들인 부분이 섞여 마치 모자이크 타일처럼 보인다. 자연의 껍질은 없고, 흑갈색 왁스로 코팅해서 숙성한다.

오리지널을 누른 인기 있는
상큼한 맛
Sage Derby
세이지 더비

세이지의 녹색이 화려해 보인다. 더비는 체더(→p.167)와 비슷한 맛이며, 약간 부드럽고 촉촉하다.

외관 진갈색 조직에 불규칙한 크기의 노란색 체더 덩어리가 섞였다.

맛 끈적한 식감에 흑맥주의 고소한 맛, 희미한 단맛.

향 강렬한 향은 없다. 초콜릿 같은 복잡한 로스트 향.

계절 연중.

DATA
종류
비가열 압착
(세미하드)
생산지
아일랜드 리머릭주
P.D.O 연도
인가 외
원료유
소
숙성 기간
9개월
고형분 중 유지방 함량
40~52%

문의 치즈 허니

외관 세이지에서 나온 녹색과 아이보리색 치즈가 섞여 대리석 무늬를 만든다.

맛 묵직한 식감. 세이지의 상큼한 스파이시감.

향 세이지의 상쾌한 향이 강하다. 버터 향도 살짝 난다.

계절 연중. 상쾌한 맛은 여름과 어울린다.

DATA
종류
비가열 압착
(세미하드)
생산지
영국 요크셔주
P.D.O 연도
인가 외
원료유
소
숙성 기간
1~2개월
고형분 중 유지방 함량
48%

문의 치즈 허니

영국·아일랜드

남아일랜드 리머릭주에서 3대째 이어오는 캐이힐사가 1991년에 개발한 치즈다.
모자이크 같은 이색적인 외관은 훼이를 배출한 후에 밀링한 커드를 아일랜드 전통 흑맥주인 '포터'를 넣고 성형했기 때문이다. 포터를 넣은 만큼 일반 체더보다 수분량이 많아서 탄력 있고 식감이 끈적하다. 보기와 달리 먹기 편하다. 차갑게 식힌 기네스나 포터와 매칭하기 좋다.

16세기경 더비셔주에서 탄생한 전통 하드 치즈인 '더비'를 응용해서 만든 치즈다. 17세기경부터 추수감사절이나 성탄절 같은 명절을 위해 만들어왔다.
세이지(꿀풀과 허브의 한 종류)의 싱그러운 향과 약간 씁쓸한 맛이 특징이다. 전통적으로는 약효를 얻을 수 있는 가을이나 겨울에 먹는다. 현재는 오리지널인 더비보다 유명해져서 1년 내내 만든다. 본가의 더비는 영국 국내에서도 별로 유통하지 않는다.

부드러운 조직을 맛볼 수 있는
White Stilton (Blueberry)

화이트 스틸톤(블루베리)

외관 — 아이보리 화이트 조직 전체에 말랑한 블루베리가 고루 섞여 있다.

맛 — 부드러운 맛. 블루베리 맛도 더해져서 그야말로 '디저트'로 불리기에 제격이다.

향 — 발효한 우유 향이 연하게 난다. 달콤새콤한 블루베리 향.

계절 — 연중. 프레시 타입이므로 숙성이 시작되기 전에 먹는다.

DATA
종류	소프트(그 외)
생산지	영국 레스터셔주 영국 더비셔주 영국 노팅엄셔주
P.D.O 연도	1996년
원료유	소
숙성 기간	4주간
고형분 중 유지방 함량	최저 48%

문의 프로마주 내추럴 치즈 통신판매

United Kingdom, Ireland

푸른곰팡이를 넣지 않은 화이트 스틸톤은 크리미한 조직 그대로의 맛과 입속에서 살짝 녹는 식감이 재미있다. 다른 재료를 섞어서 만들어도 되며, 일반적으로 과일을 넣는다.

푸른곰팡이 타입의 세계 3대 블루치즈 중 하나로 꼽히는 '스틸톤'. 스틸톤에는 타입이 하나 더 있는데 별로 알려지지 않았다. 블루(푸른곰팡이)와 또 다른 하나는 화이트다. 신선한 우유 맛과 부스스 부서지는 크럼블한 식감이 특징이다. 소프트 타입으로 이름은 화이트지만 흰 곰팡이 치즈는 아니다.

화이트 스틸톤은 몇 가지 종류가 있는데, 플레인은 꿀을 얹어서 디저트로 먹으면 좋다. 영국 국내에서는 과일을 넣은 화이트 스틸톤을 주로 판매하고 있다. 블루베리 외에 살구, 레몬 필 등 종류도 다양하다.

요즘은 '스틸톤'이라면 일반적으로 블루치즈를 말한다. 하지만 1724년에 '맛으로' 화제를 모은 초기 스틸톤은 '파르메산'이라고 표현했다는 것을 아는가. 어쩌면 화이트를 숙성한 것이었을지도 모른다.

미국, 뉴질랜드

🇺🇸🇳🇿 U.S.A., New Zealand

다민족 문화에 의해 발전한
수출용 치즈 생산국
독자적인
발전을 이룬 치즈도 있다

세계적으로 손꼽는 치즈 생산국 미국. 대규모 공장에서 제조하는 대량 생산형 치즈로는 체더 치즈, '잭 치즈'로 불리는 아메리칸 타입 치즈, 모차렐라와 파르메산 등 이탈리아 타입 치즈를 생산한다. 1960년대 이후 스페셜리티 치즈라는 전통 유럽풍의 소규모 치즈를 만들기 시작했으며, 그 맛에 매료된 사람들에 의해 치즈 농가도 점차 늘고 있다.

뉴질랜드는 오스트리아와 함께, 19세기 이후 영국인 이민자들에 의해 유제품을 이용하기 시작했다. 처음에는 영국 수출용으로 체더치즈를 중심으로 생산했지만, 냉장 운송 기술을 도입하면서 지금은 전 세계로 수출하고 있다. 체더치즈 외에 모차렐라와 크림치즈 생산도 활발하게 하고 있다.

뉴질랜드에는 체더링 공정으로 제조하는 '에그몬트Egmont'라는 독자적인 치즈도 있다.

미국에서 가장 대중적인 치즈

Monterey Jack /Colby Jack/Pepper Jack

몬터레이 잭/콜비 잭/페퍼 잭

외관 탄력 있는 크리미 화이트색의 단단한 조직. 껍질은 없다.

맛 온화한 맛. 버터 같은 가벼운 산미. 가열하면 적당한 진미가 나온다.

향 강한 향은 거의 없다. 새콤달콤한 우유 향이 연하게 느껴진다.

계절 연중.

플레인한 맛의 '몬터레이 잭', 두 종류의 커드를 압착해서 만드는 마블링색의 '콜비 잭', 향신료가 들어간 '페퍼 잭' 등 바리에이션이 풍부하다.

DATA	
종류	비가열 압착 (세미하드)
생산지	미국 캘리포니아주
P.D.O 연도	인가 외
원료유	소
숙성 기간	1개월
고형분중 유지방 함량	50%

[문의] 세카이 치즈 쇼카이

U.S.A.
New Zealand

1700년대 멕시코인 선교사가 몬터레이 마을에서 케소 드 파이스(Queso de pais, 컨트리 치즈)를 만든 것이 기원이라고 한다. '잭'이라는 이름은 1800년대 후반에 이 치즈를 캘리포니아 밖으로 팔았던 데이비드 잭스 David Jacks의 이름에서 따왔다. 잭 치즈는 콜비(오렌지색의 체더 타입 치즈)와 믹스한 '콜비 잭'이나, 할라피뇨를 넣은 스파이시한 '페퍼 잭' 등이 유명하다.

'몬터레이 잭'은 유럽 치즈를 응용해서 새롭게 만든 아메리칸 타입으로 불린다. 마일드한 풍미와 잘 녹는 특성 덕분에 멕시코 요리나 스페인 요리에 자주 등장한다. 몬터레이 잭은 숙성 1개월 정도의 젊은 치즈(영 잭 Young Jack)가 많지만, 6개월 이상 숙성한 '드라이 잭 Dry Jack'도 있다. 견과류 같은 맛의 맛있는 치즈인데 우연히 만들었다는 이야기도 있다.

부드럽고 매끄러워 발라 먹기 편한
American Cream cheese
아메리칸 크림치즈

8oz(227g)들이 용기에 들어 있다. 크리미하고 매끄럽다. 냉장고에서도 잘 굳지 않아, 바로 사용할 수 있어서 편리하다. 베이글 샌드위치 등에 빠질 수 없는 치즈다.

외관 흰색의 매끄러운 조직. 결이 곱다.

맛 크리미하고 농후한 맛. 상쾌한 산미.

향 요구르트 같은 달콤새콤한 향이 느껴진다.

계절 연중.

DATA
종류
프레시

생산지
미국 펜실베이니아주

P.D.O 연도
인가 외

원료유
소

숙성 기간
없음

고형분 중 유지방 함량
—

문의 체스코(주)

질리지 않는 우유의 진미
Anchor™ Cream cheese
앵커 크림치즈

앵커는 닻을 의미한다. 바다가 연상되는 파란색과 파도가 치는 우유색이 인상적인 패키지다. 패키지를 뜯으면 은박 비닐에 밀봉된 치즈가 들어 있다. 주로 제과 재료점 등에서 구할 수 있다.

외관 하얀색의 묵직하고 치밀한 조직인데 매끄럽다.

맛 자극성 없는 크리미한 맛. 연한 단맛과 신맛.

향 특징적인 향은 거의 없다.

계절 연중.

DATA
종류
프레시

생산지
뉴질랜드 오클랜드

P.D.O 연도
인가 외

원료유
소

숙성 기간
없음

고형분 중 유지방 함량
—

문의 체스코(주)

미국의 크림치즈다운 농후한 우유의 풍미와 연한 단맛이 특징이다. 산미도 적당해서 싱그러운 맛이 편하다. 현재의 '크림치즈' 원형은 19세기 후반 미국에서 탄생했다. '필라델피아 크림치즈'가 1호다. 프랑스의 뇌샤텔(→p.32)을 참고로 해서 크리미하고 풍성한 풍미를 목표로 만들었다고 한다. 요즘 우리가 접하는 필라델피아는 라이선스 생산을 하고 있기 때문에 정확하게는 미국산이라고 할 수 없다.

1kg씩 묵직하게 블록으로 판매하는 크림치즈. 튀는 맛이 없는 밀키한 맛으로 식감은 매끄럽다. 주로 제과 업계에서 전문가용으로 사용하는 치즈다. 가격도 적당해서 치즈케이크나 요리에 쓴다.

앵커는 1886년에 버터 브랜드로 출발했다. 현재는 3개의 협동조합이 합병해서 2001년에 설립한 뉴질랜드 유업 회사인 폰테라사가 제조와 판매를 한다.

한 번쯤은 먹고 싶은!
마음을 설레게 하는 치즈들

세계 각국에는 아직 구하기 힘든 맛있고 진기한 치즈가 많다. 현지에서도 좀처럼 먹을 수 없거나, 아주 짧은 기간에만 유통되는 등 이유도 다양한 희귀 치즈. 치즈 마니아도 동경하는 치즈 중 7종을 소개한다.

🇫🇷 France
Bleu de Termignon
블뢰 드 테르미뇽

프랑스 국립공원 안에서 만드는 '환상의 블루'. 여름 3개월 간 만든 치즈를 카브에서 반년 정도 두고 푸른곰팡이가 자연 발생하길 기다렸다가 완성하는 진기한 치즈다.

🇮🇹 Italy
Bitto
비토

로마 시대에 켈트족에게 제조법을 배웠다고 하는 D.O.P 치즈. 6~9월까지 착유한 우유로 만드는 하드 치즈다. 원료유에는 산양유를 10%까지 넣어도 된다.

🇮🇹 Italy
Ricotta di Bufala
리코타 디 부팔라

남이탈리아에서 전통 물소유로 만든 모차렐라의 유청으로 제조하는 농후한 맛과 단맛의 리코타 치즈. 만들자마자 맛보고 싶은 치즈 중 하나다.

🇪🇸 Spain
Cebreiro
세브레이로

'요리사 모자' 모양이 특징인 우유로 만든 D.O.P 치즈. 산미와 깊이가 있고 묵직한 식감도 있다. 마르멜로(유럽모과) 잼이나 꿀을 곁들여서 디저트풍으로 즐기면 좋다.

🇵🇹 Portugal
Queijo Serra da Estrela
케이주 세라 다 에스트렐라

독특한 풍미를 느낄 수 있는 소프트 타입의 양유 치즈. 현지 토종인 세라 품종의 양유(무살균유)로 만든다. 커드를 틀에 넣어 수작업으로 성형하고 측면을 거즈 같은 천으로 둘러 숙성한다.

🇳🇿 New Zealand
Epicure
에피큐어

통조림 치즈. 캔에 넣고 숙성해서 발효로 발생하는 가스 등으로 캔이 부풀어 오른다. 강한 산미와 깊이 있는 독특한 맛인데 향은 그 어떤 치즈보다 강렬하다.

🇨🇭 Switzerland
Schabziger
샵치거

녹색의 스파이시한 풍미를 자랑하는 치즈. 탈지유의 커드에 페누그리크(콩과의 허브) 분말을 섞고 술통 마개 모양으로 성형해서 만든다. 생산량은 아주 적다. 깎아서 조미료로 쓴다.

일본

🔴 **Japan**

유럽의 치즈 문화를
솜씨 좋게 받아들여
일본의 풍토를 표현한
새로운 치즈로

East Sea
동해

Osaka
오사카

Kyushu
규슈

Hokkaido
홋카이도

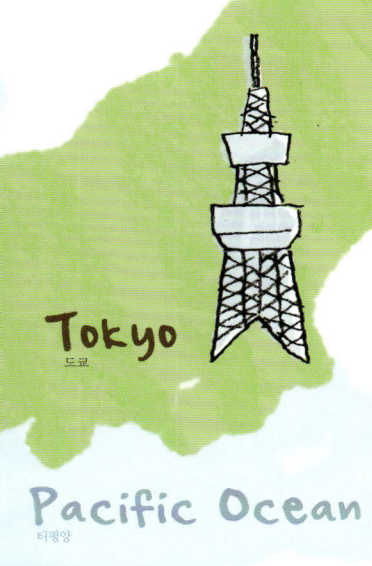

Tokyo
도쿄

Pacific Ocean
태평양

일본의 유제품 제조 역사는 700년에 시작되었다. 이때 이미 아시아에서 전해 들어온 '소蘇'라는 치즈 비슷한 유제품을 수도 부근을 중심으로 당번제로 만들어서 조정에 헌상했다고 한다. 언젠가부터 당번이 끊겨 '소'의 정확한 레시피는 남아 있지 않지만, 가열 농축한 것 같다고 한다. 일본사에 치즈가 다시 등장한 것은 18세기. 인도에서 들여온 3마리의 소로 '소'와 비슷한 제조법을 이용해 설탕을 넣고 '하쿠규라쿠白牛酪'라는 유제품을 만들었다. 이 치즈는 더는 발전하지 못했다. 하지만 쇄국 체제에서 유일한 무역 상대국이던 네덜란드로부터 고다 치즈를 들여온 시기도 이때다. 아시아의 치즈와 유럽의 치즈 양쪽을 먹어본 사람이 있었다면 아주 흥미진진한 경험이었을 것이다.

18세기 후반에 접어들자 본격적으로 낙농을 하면서 치즈를 제조하게 되었다. 민간에서는 1900년부터 치즈를 제조했다고 한다. 치즈의 긴 역사로 보면 아주 최근의 일이다. 그 후로 100년 정도 사이에 치즈는 착실히 친숙한 존재로 성장했다. 지금은 각지에서 200명이 넘는 치즈 생산자가 다양한 타입의 특색 있고 맛있는 치즈를 만들고 있다. 현대인의 식탁에 어울리는 치즈를 만들려고 끊임없이 노력하는 생산자의 치즈를 꼭 맛보길 바란다.

Japan

유기농 우유로 만든 치즈
カリンパ
가림파

외관 껍질은 밀색. 단단한 조직으로 숙성이 진행되면 노란색이 짙어진다.

맛 견과류 같은 고소한 맛. 온화한 맛.

향 싱싱한 풀 향과 우유의 순한 향.

계절 연중.

DATA
종류	가열 압착(하드)
생산지	홋카이도 구도 군 세타나 초
원료유	소
숙성 기간	6개월
고형분 중 유지방 함량	—

문의 무라카미 팜 밀크 공방 레프레라

씹으면 씹을수록 우유의 감칠맛과 진미가 살아난다. 얇게 슬라이스하거나 주사위 모양으로 잘라서 안주로, 깎아서 다양한 요리에 응용해도 좋다.

일본

마을 중심부에서 약간 떨어진 고지대에 있는 무라카미 목장. 바다가 보이는 곳으로 해풍이 목초에 미네랄을 듬뿍 전해준다. 가림파에는 세타나 초의 자연이 꽉 채워져 있다. 원료는 봄부터 가을까지의 목초기에 싱싱한 풀만을 먹고 자란 우유다. 무농약, 무화학 비료의 목초지에서 느긋하게 자란 소에서 착유한 우유는 유기농 그 자체다. 싱싱한 풀을 머금은 우유의 풍미가 온화하게 느껴진다.

제조자인 무라카미가 세타나 초의 풍토를 살린 치즈 제조를 모색해서 지금의 맛에 이르렀다고 한다. 고품질이어서 2015년 봄에는 JAL 국제선 퍼스트 클래스 기내식에 채택되었다. 잡지의 택배 주문 그랑프리 국내 치즈 부문에서 그랑프리를 받기도 했다.
'가림파'라는 이름은 목장에서 보이는 홋카이도 남쪽 최고봉인 가리바 산의 어원이 된 아이누어 '가림파 우시 누푸리'에서 따왔다고 한다.

도카치산 생우유 100%의 고집스러운 치즈
花畑牧場
十勝ラクレット
하나바타케보쿠조 도카치 라클레트

일본에서 인지도가 높은 치즈, 라클레트. 하나바타케보쿠조의 치즈는 다른 나라 치즈보다 향이 적어서 생으로 먹어도 맛있다. 치즈 표면을 녹여서 익힌 채소나 피자에 얹어 먹기도 한다. 화이트 와인과 마리아주하기 아주 좋다.

 외관 오렌지색의 단단한 껍질. 속살은 부드러운 유백색이며 조직은 단단하다.

 맛 마일드한 맛. 열을 가하면 깊이가 더해진다.

 향 표면에 렌넷균 특유의 향이 나지만 본고장의 라클레트보다 약하다.

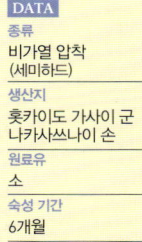 **계절** 연중. 특히 추운 시기가 맛있다.

DATA
종류
비가열 압착
(세미하드)
생산지
홋카이도 가사이 군
나카사쓰나이 손
원료유
소
숙성 기간
6개월
고형분 중 유지방 함량
—

문의 ㈜하나바타케보쿠조

도카치산 생우유 100%로 만드는 하나바타케보쿠조의 도카치 라클레트. 숙성 공정 중 하나인 워시 작업을 3개월 이상 매일 하나하나 반복한다. 완성품은 본고장의 라클레트보다 향을 억제한 덕분에 초심자라도 친근하게 접근할 수 있다. 구워서 녹여 먹으면, 깊은 맛이 더해진다. 제8회 ALL JAPAN 자연치즈콘테스트에서는 농림수산대신상을 수상했다.

풍요로운 대지가 만들어낸
질 좋은 우유가 원료
ナチュラルチーズ
「鶴居」シルバーラベル
자연 치즈 '쓰루이' 실버 라벨

제조법은 단순하지만, 제조자의 고집이 꽉 들어찬 치즈. 튀지 않는 맛은 화이트 와인이나 프루티한 레드 와인과 잘 맞는다. 가열해서 파스타나 그라탱으로 먹어도 좋다.

 외관 빨간색이 들어간 껍질. 속살은 크림색이며 결이 고운 조직이다.

 맛 진하고 온화한 맛. 열을 가하면 짠맛이 나와 풍미가 좋아진다.

 향 연한 낫토 향.

 계절 연중. 특히 가을.

DATA
종류
비가열 압착
(세미하드)
생산지
홋카이도 아칸 군
쓰루이 손
원료유
소
숙성 기간
80일 이상
고형분 중 유지방 함량
—

문의 쓰루이손 진흥공사 라쿠라쿠칸

ALL JAPAN 자연치즈콘테스트에서 4회 연속으로 수상한 '쓰루이' 실버 라벨. 안정된 맛을 만드는 것은 쓰루이 손에서 생산하는 갓 착유한 생우유를 사용하고 그날 안에 만드는 까다로운 과정이다. 쓰루이 마을은 낙농을 중심으로 했던 지역인데, 낙농가들이 좀 더 좋은 생우유를 만들려고 노력을 기울인 끝에 치즈 제조를 하는 데 필요한 최적의 조건을 갖추었다. 불필요한 것은 들어가지 않아서, 질리지 않는 맛으로 누구라도 맛있게 즐길 수 있다.

일본에서 만들어진 블루치즈
二世古 空 [ku:]
니세코 쿠

블루치즈와 세미하드 치즈의 중간 정도 되는 맛은 커피와 홍차에 곁들이기 좋다. 라클레트, 콩테 등과 함께 녹여 치즈 퐁뒤로 만들어 먹는 방법도 추천한다.

 외관 갈색 껍질. 치밀한 조직에 깨알 같은 푸른곰팡이가 전체적으로 빼곡하다.

 맛 푸른곰팡이 특유의 견과류 같은 맛. 상쾌한 쓴맛.

 향 블루치즈의 독특한 향은 연하다.

 계절 연중. 상쾌한 쓴맛은 여름에 잘 어울린다.

DATA
종류	푸른곰팡이
생산지	홋카이도 아부타 군 니세코 초
원료유	소
숙성 기간	3~4개월
고형분 중 유지방 함량	—

문의 니세코 치즈 공방(유)

공방의 2대째인 곤도 히로시가 첫 번째 자체 제작 치즈로 선택한 것은 자신이 가장 좋아하는 블루치즈. 블루치즈의 장점을 일본에 전하고 싶어서 시행착오를 겪으며 만든 것이 '니세코 쿠'다.

원료는 니세코에서 소량 사육으로 확실하게 품질 관리를 하는 우유다. 조화를 이룬 맛의 비결은 '푸른곰팡이', '소금', '치즈 본래의 맛'의 절묘한 밸런스에 있다. pH (수소 이온 농도 지수), 숙성 온도, 숙성 습도를 꼼꼼하게 관리해 푸른곰팡이를 제대로 자라게 하면서도 자극적인 풍미는 억제했다. 그 컨트롤은 강렬한 풍미의 블루치즈를 만드는 것보다 어렵다고 한다.

제9회 ALL JAPAN 자연치즈콘테스트에서 높은 기술과 맛을 인정받아 우수상을 거머쥐었다. 치즈 마니아 사이에서는 '홋카이도 3대 블루치즈' 중 하나로 통한다. 이름에는 니세코의 상쾌한 하늘 이미지가 들어가 있다.

신선한 우유의 감칠맛이
입속 가득 퍼진다
出来たてモッツァレラ
갓 만든 모차렐라

갓 만든 치즈에서만 느낄 수 있는 우유 맛을 품은 치즈다. 탱글탱글한 탄력 있는 식감이 즐겁다. 과일과 함께 먹으면 더 즐거울 것이다.

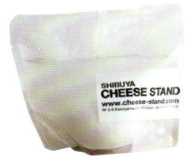

외관
새하얗고 윤기 있는 공 모양. 단면에는 우유가 배어 나온다.

맛
우유의 단맛. 유산균에 의한 상큼한 산미.

향
프레시 치즈 특유의 우유 향을 느낄 수 있다.

계절
연중. 신선할 때 먹는다.

DATA
종류
파스타 필라타
(프레시)
생산지
도쿄 도 시부야 구 가미야마 초
원료유
소
숙성 기간
없음
고형분 중 유지방 함량
—

문의 시부야 치즈 스탠드

제과에서 요리까지
폭넓게 사용하는 프레시 치즈
タカナシ北海道マスカルポーネ
다카나시 홋카이도 마스카르포네

티라미수 원료재로 알려진 마스카르포네. 베리 계열, 감귤 계열의 과일과 잘 어울린다. 가열에 강하고 다른 재료와 잘 섞여서 파스타 소스나 그라탱 소스에 넣어도 좋다.

외관
껍질은 없다. 전체적으로는 크림색이며 매끄럽다.

맛
생우유 그대로의 순한 맛. 풍성한 맛.

향
우유 향이 연하게 퍼진다.

계절
연중.

DATA
종류
프레시
생산지
홋카이도 앗케시 군 하마나카 초
원료유
소
숙성 기간
없음
고형분 중 유지방 함량

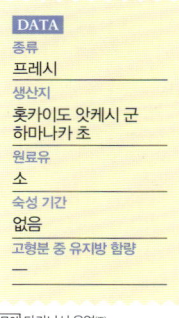

문의 다카나시 유업(주)

이탈리아 남부에서 먹은, 갓 만든 모차렐라에 감동해서 프레시 치즈를 만들기 시작했다는 시부야 치즈 스탠드. 도심 한가운데 자리한 공방에는 교외에 자리한 목장에서 착유한 신선한 우유가 매일 아침 도착한다. 그 우유로 크리미한 식감을 좌우하는 유지방을 망가뜨리지 않고 정성껏 만든다. 이곳 치즈의 프레시하고 밀키한 맛은 최고다. 미네랄감이 있는 화이트 와인을 추천한다.

홋카이도 곤센 지구의 생우유로 만드는 다카나시 홋카이도 마스카르포네. 프레시 치즈 특유의 우유 맛이 직접 느껴진다. 완성품은 아주 매끄러워서 어떤 재료와도 잘 어울린다. 프로 셰프와 파티시에 사이에 평판이 좋다. 제7회 ALL JAPAN 자연치즈콘테스트에서 우수상을 받았다. 좋은 맛을 가정에서 즐길 수 있도록 사용하기 편한 크기로 만들었다고 한다.

나스 지역 명산 봉우리를 모방한 고급스러운 맛
茶臼岳
자우스다케

산 형태를 이미지로 만든 피라미드형. 프레시한 산양유에서만 느낄 수 있는 세련되고 섬세한 맛. 화이트 와인이나 스파클링 와인, 사케와 잘 어울린다.

 외관 껍질은 숯의 검은색과 푸른곰팡이가 덮고 있다. 속살은 새하얗고 결이 곱다.

 맛 부드러운 맛. 우유의 진미가 느껴지지만 질리지 않는다.

 향 일반 셰브르에 비해 약하다.

계절 신선한 산양유를 착유할 수 있는 5~11월만 제조. 봄~여름이 적기.

DATA
종류	소프트(셰브르)
생산지	도치기현 나스 군 나스 초
원료유	산양
숙성 기간	16일간
고형분 중 유지방 함량	—

문의 (유)나스 고원 이마 팜 치즈 공방

이름의 유래는 나스의 유명한 산봉우리 '자우스다케'에서 왔다. 피라미드 모양의 겉모습도 산 모양으로 만들었다. 위생적으로 산양을 길러서 착유한 덕분에 '산양 냄새'가 거의 나지 않는다. 특히 산양유의 신선함을 유지하기 위해 착유부터 저유貯乳, 살균까지 꼼꼼하게 관리한다. 완성품은 정말 먹기 편해서 셰브르 초심자에게 추천할 만하다. 부드럽고 매끄러운 식감은 몇 번이고 다시 먹고 싶어진다.

JAPAN CHEESE AWARD 2014에서 금상을, 제9회 ALL JAPAN 자연치즈콘테스트에서 우수상을 받는 등 높은 평가를 받고 있다. 2013년과 2014년 9~11월에는 JAL 국제선 퍼스트 클래스 기내식으로 제공되었다.

산양유를 착유할 수 있는 5~11월에 계절 한정으로 판매하니 기회가 오면 꼭 먹어보기를 바란다.

자연 방목한
브라운스위스 품종으로 만드는 농후한 치즈

フロマージュ・ド・みらさか

프로마주 드 미라사카

숙성 기간에 따라 맛이 변하는 치즈. 개인 취향에 맞춰 먹을 수 있다. 잘라서 바로 먹어도 좋고 크래커나 바게트, 말린 과일과 함께 먹어도 맛있다.

외관 속살은 숙성이 진행되면서 점점 크리미해진다. 껍질은 흰색 효모가 얇게 덮었다.

맛 연한 산미. 숙성하면 훨씬 더 진한 맛으로 변한다.

향 떡갈나무 잎의 향이 살짝 퍼진다. 진한 우유 향도.

계절 연중. 품질 유지 기간은 약 21일.

DATA
종류
소프트(그 외)
생산지
히로시마현 미요시 시 미라사카 초
원료유
소
숙성 기간
약 6주간
고형분 중 유지방 함량
—

문의 미라사카 프로마주

2013년, 프랑스에서 개최한 국제콘테스트에서 은상을 받았다. 세계에서 인정한 그 맛은 정말 농후하고 크리미하다. 특히 소 사육에 특별한 정성을 들인다고 한다. 산지 낙농에서 자연 방목으로 기른 우유는 지방분이 높다. 치즈를 떡갈나무 잎으로 싸서 6주간 숙성한 덕분에 진득하고 부드럽다. 숙성하면서 산미가 빠져나와 더욱 맛이 깊어진다.

독특한 향과
크리미한 맛에 빠지다

ロビオーラダイワ

로비올라 다이와

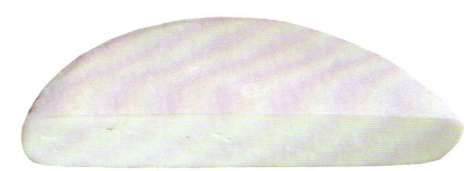

부드럽고 순한 식감은 카망베르와 비슷해서 먹기 편하다. 레드 와인과 궁합이 좋다. 피자 토핑에 사용하면 맛에 악센트를 줄 수 있다.

외관 핑크색 껍질. 속살은 하얗고 부드럽다.

맛 맛이 강한데 짠맛은 약간 강하다.

향 표면에 브레비박테리움 리넨스에서 나오는 독특한 향이 난다.

계절 연중. 품질 유지 기간은 제조일자로부터 약 30일간.

DATA
종류
소프트(워시)
생산지
미야자키현 고바야시 시
원료유
소
숙성 기간
약 30일
고형분 중 유지방 함량
—

문의 (유)다이와 팜

안심과 품질에 최선을 다해 치즈를 만드는 다이와 팜. 건강한 소를 키우는 데 정성을 들이다 보니 물과 사료도 꼼꼼하게 관리한다.
로비올라 다이와의 원료는 홀스타인 품종과 브라운스위스 품종에서 착유한 우유다. 매일 아침 갓 착유한 우유를 사용해 수제로만 제조한다. 지방 조절을 하지 않은 전유(全乳)를 사용하고 있어서 강한 진미가 느껴지는 치즈로 완성되는 것이 특징이다.

Japan

일본의 가공 치즈
JAPANESE PROCESSED CHEESE

쉽게 구할 수 있고 친근한 가공 치즈.
자연 치즈보다 보존성이 높고 제조가 쉬운 것이 특징이다.
여기서는 7가지 타입의 가공 치즈를 소개한다.

6P 타입

원형 치즈를 부채 모양으로 6등분한 타입. P는 포션(Potion, 1인용)의 P. 유키지루시의 6P 치즈는 1954년 발매를 시작한 후로 반세기 이상 사랑받아왔다. 시리즈 제품에는 짠맛을 줄인 타입도 있다.

문의 유키지루시 메구밀크㈜_6P 치즈

카톤 타입

일본 가공 치즈의 원형. 카톤Carton은 영어로 홀 상자를 의미한다. '크라프트 커팅 치즈'는 사용하기 적당한 크기와 두께라서 요리를 할 때 대활약한다. 맛은 4종류. 식재료에 맞춰 선택할 수 있으니 맛의 폭이 더 넓어진다.

문의 모리나가 밀크 인더스트리㈜_크라프트 커팅 치즈

슬라이스 타입

슬라이스 타입은 식빵용으로 1971년에 개발되었다. 메이지의 슬라이스 치즈는 도카치산 자연 치즈를 60% 이상 배합한 농후한 맛으로 인기를 모으고 있다. 진하고 크리미한 식감이 특징이다.

문의 ㈜메이지_메이지 홋카이도 도카치 슬라이스 치즈

베이비 타입

카톤 타입 치즈를 아주 작게, 먹기 편한 크기로 포장한 타입이다. Q.B.B 베이비 치즈는 일본인의 취향에 맞춘 질리지 않는 맛이 특징이다. 라인업도 풍부하다.

문의 롯코 버터㈜_베이비 치즈

스모크 타입

엄선한 치즈와 발효 버터를 블렌드해서 오랜 시간 훈연한 향은 한 번 먹으면 빠져들고 만다. 회사마다 모양은 다양하지만, 한입 크기가 주를 이룬다. 와인이든 맥주든 잘 어울려서 안주로도 적당하다.

문의 고이와이 데일리 프로덕트_
고이와이 히토구치 스모크 치즈

캔디 타입

가볍게 가공 치즈를 맛볼 수 있는 캔디 타입. 한 알에 약 5g 정도로 먹기 편해서 아이부터 어른까지 좋아한다. 마일드한 맛은 크로켓이나 꼬치구이 등 다양한 요리에 활용 만점.

문의 롯코 버터㈜_덕용 캔디 치즈

스틱 타입

스틱 치즈의 파이오니아, Q짱 치즈. 그 맛은 1960년에 발매를 시작한 이후로 많은 사람에게 사랑받아왔다. 스틱 모양은 어육 소시지에서 힌트를 얻었다고 한다. 먹기 편하고 필름을 벗기는 재미도 쏠쏠하다.

문의 롯코 버터㈜_Q짱 치즈

Japan

183

치즈 공방
SHIBUYA CHEESE STAND

치즈 공방이라면 목장 옆에 풍부한 자연 속에 자리할 것 같은 이미지가 있다. 그런 이미지를 바꾼 '시부야 치즈 스탠드'. 도심 속 공방에서 만드는 치즈는 공방 내 시식 스페이스에서 그 맛을 즐길 수 있다.

DATA
주소　도쿄 도 시부야 구 가미야마 초 5-8 1층
영업시간　11:00~23:00
(일요일 11:00~20:00)
정기휴일　월요일·연말연시
※월요일이 국경일이라면 다음 날이 휴일
URL　http://cheese-stand.com/

도심에 프레시 치즈의 감동을 전한다

치즈 공방은 전면 유리창이라서 밖에서도, 공방 내 시식 스페이스에서도 작업하는 모습을 볼 수 있다. 치즈 장인이 하나씩 정성을 다해 만드는 모습은 보기만 해도 흐뭇하다. 지금까지 조금 멀게 느껴졌던 자연 치즈. 좀 더 일상적인 먹거리로 만들고 싶다는 오너의 열의가 가득한 공방이다.

투명한 생산자 정보로 안심과 신뢰를

시부야 치즈 스탠드는 도내 부근의 목장에서 매일 아침 착유한 신선한 우유를 사용한다. 프레시 치즈의 특징인 우유의 풍미를 고스란히 배달하는 것이다. 더구나 근처에 있다는 것은 생산자의 얼굴을 가까이에서 볼 수 있다는 '안심'과 '신뢰'를 주어 맛있는 치즈 제조를 지탱한다.

치즈 도감
Knowledge of Cheese

Part 2
조금 더 치즈를 맛있게 즐기기 위한 지식

어떤 치즈를 먹고 싶은가?
어떤 음식과 함께 먹고 싶은가?
맛있는 치즈를 좀 더 맛있게 즐기기 위해
알아두면 유용한 지식을 모았다.

치즈의 역사
CHEESE HISTORY

〈치즈의 기원〉

치즈의 기원은 정확하게 밝혀지지 않았지만, 메소포타미아(현재의 이라크, 이란, 시리아 일부)에서 기원전 9000~8500년경에 탄생했다는 설이 유력하다. 당시 치즈는 인간이 만든 것이 아니라 우연히 만들어진 자연 발생의 산물이었다고 한다(→p.10).

얼마 지나지 않아 어린양이나 산양, 소의 위장에 젖을 넣어 보관하면 그 효소로 젖이 굳는다는 것을 발견했다. 그런데 굳은 젖은 수분이 많아서 부패가 잘되다 보니, 풀이나 덩굴풀로 짠 주머니나 바구니에 넣고 탈수하는 기술이 생겨났다. 여기에 소금을 넣거나 햇볕에 건조하는 작업을 거치면서 보존성이 높아졌다. 이렇게 오랜 시간과 수고를 들여 현재와 같은 '치즈'로 진화해왔다.

〈치즈의 발전과 보급〉

메소포타미아에서 태어난 치즈는 현재의 터키 등을 거쳐 고대 그리스에 전해졌다고 한다. 기원전 8세기, 호메로스 서사시에 치즈가 등장한 것으로 보아 당시에 치즈를 만들었다는 것을 알 수 있다. 그리스에서 지금도 대중적으로 먹는 치즈 '페타'는 이때 탄생한 것이다. '현존하는 세계에서 가장 오래된 치즈'라고 한다.

기원전 735년에 건국한 고대 로마는 그리스의 식민 도시와 주변 지역을 지배하에 두게 된다. 문명과 함께 그리스인과 선주민이 먹던 치즈 제조 기술이 로마로 들어오는 계기가 되었다. 로마 군인의 식량으로 치즈를 지급했다는 기록이 있으며, 그 치즈는 이탈리아의 가장 오래된 치즈인 '페코리노 로마노'라고 추정된다. 로마군이 유럽을 침공했을 때, 치즈 제조법도 함께 전해져 유럽 전역에 치즈가 퍼져나갔다.

중세(5~16세기)에 들어서면서 지금도 익숙한 치즈가 문헌에 등장한다. 프랑스의 '로크포르'는 774년, '브리'는 800년에 당시 황제가 먹었다는 기록이 남아 있다. 당시의 치즈는 주로 수도원에서 만들었으며, 수도사들이 주위에 치즈 제조법을 전했다.

덕분에 중세 중반에는 유럽 각지에서 치즈 생산이 활발해졌다.

1만 년 이상의 역사를 지닌 치즈.
어떤 과정을 거쳐 전 세계인의 사랑을 받는 존재가 되었을까?
탄생에서 현재까지 치즈의 변화 과정을 자세히 살펴보자.

14세기에 네덜란드 각지에서는 치즈 시장을 열기도 했다. 시장에서 거래하는 치즈는 차츰 유럽 서민의 식탁에 빼놓을 수 없는 존재가 되었다. 왕후 귀족의 식탁에 치즈가 오른 것은 중세 말이다. 소프트 타입의 치즈를 좋아해 왕후 귀족들 사이에서는 '브리'가 유행했다고 한다.

18세기 중반, 영국에서 산업 혁명이 일어나자 지금까지 농가에서 만들던 치즈를 공장에서 생산할 수 있게 되었다. 19세기에는 저온 살균법이 개발되고 원료유를 굳히기 위한 효소를 대량 생산할 수 있게 되면서 치즈 제조 기술이 비약적으로 향상되었다.

같은 시기 일본에서도 낙농을 시작했다. 1870년, 하코다테에 농업시험장 '나나에칸엔七重官園'을 설치했다. 여기서 '홋카이도 낙농의 아버지'로 불리는 에드윈 던 Edwin Dun 같은 외국인 기술자로부터 치즈 등의 유제품 제조법을 배웠다. 그 문하생 중 하나가 적은 치즈 제조에 관한 자세한 기록이 현재 일본 치즈 제조의 초석이 되었다.

1910년에는 스위스에서 가공 치즈가 탄생했다. 보존성이 높은 가공 치즈는 독일을 경유해 미국으로 건너갔다. 크래프트사가 치즈 제조를 시작하면서 미국 전 국토에 퍼졌다. 일본에서는 2차 세계 대전 후부터 가공 치즈 소비가 확대되었다.

〈오늘날의 치즈, 그리고 미래〉

20세기 치즈는 한층 더 높은 차원의 대량 생산 시대를 맞이했다. 큰 공장, 많은 원료유, 1년 내내 안정적으로 얻을 수 있는 우유를 모아 전통 치즈를 기본으로 한 현대인이 좋아하는 크리미하고 온화한 맛의 치즈를 개발해서 전 세계로 판로를 넓혔다. 한편으로 옛날부터 내려오는 전통 치즈를 보호해야 한다는 움직임이 유럽 전역에서 활발해지기도 했다.

현재, 일본에서 소비되는 치즈의 주류는 가공 치즈다. 바리에이션이 풍부하고 다양한 진화를 거쳤다. 1980년대 후반에는 찢어 먹는 치즈나 녹는 치즈 같은 상품을 개발하는 한편 자연 치즈의 소비가 점차 확대되었다. 전 세계에서 다양한 치즈를 손에 넣을 수 있게 된 것이다. 지금은 식생활에 빼놓을 수 없는 존재가 된 치즈. 2012년에는 연간 총 소비량이 처음으로 30만t을 넘었으며 앞으로도 수요는 확대될 것이다.

치즈의 영양
CHEESE NUTRITION

치즈는 맛도 있지만, 영양도 풍부한 완벽한 식재료다.
생활 습관병을 예방할 수 있으므로 매일 먹고 건강해지자!

남녀노소 누구에게나 권할 수 있는 뛰어난 영양 식품

우유의 영양이 꽉 들어찬 치즈. 그 영양가는 우유의 10배라고도 한다. 다시 말해서 우유 200ml(한 컵 정도)에 포함된 같은 양의 영양을 20g(슬라이스 치즈 1장 정도)에서 얻을 수 있다. 영양 성분 중에서도 현대인에게 가장 부족한 칼슘이 풍부하다. 튼튼한 뼈를 만들어 골다공증 같은 병을 예방하기 위한 중요한 영양소다. 아이와 고령자는 칼슘을 꼭 섭취해야 하므로 치즈를 매일 먹길 권장한다. 체다나 고다라면 2장(약 30g)으로 하루에 필요한 칼슘 섭취량에 거의 도달할 것이다.

최근 연구 성과로 치즈에는 건강을 유지하기 위한 다양한 기능이 갖춰져 있다는 것이 밝혀졌다. 그야말로 치즈는 현대인의 식생활을 지지해주는 식품이다.

1. 단백질
몸의 기초가 되는 양질의 단백질이 풍부하다. 식품으로만 섭취할 수 있는 필수 아미노산을 포함해서 20종의 아미노산이 균형 있게 들어 있다.

2. 지방
치즈에 풍부한 칼슘이나 비타민B_2에는 지방의 대사를 높이는 효과가 있다. '지방 성분이 높다'고 멀리하는 사람도 많지만 다른 식품에 함유한 지방보다 잘 축적되지 않는다고 한다.

3. 탄수화물(당질)
우유를 마시면 배가 부글거리는 유당불내증인 사람도 치즈라면 안심할 수 있다. 우유의 주된 탄수화물인 유당 대부분이 훼이로 이동해 숙성 과정에서 분해되므로 숙성 치즈에는 거의 들어 있지 않다.

4. 무기질(미네랄)
칼슘이 풍부하다. 칼슘은 뼈나 이를 만들고 출혈 시 혈액 응고, 근육의 수축 활동, 신경 전달, 짜증과 불안 방지 등의 작용을 한다. 치즈 숙성 과정에서 만들어지는 카제인포스포펩티드(CPP: Casein Phosphopeptide)가 칼슘의 흡수를 돕기 때문에 멸치 같은 뼈째 먹는 생선을 먹어서 얻는 칼슘 섭취보다 효과가 뛰어나다고 한다.

5. 비타민
몸의 성장과 눈 건강에 작용하는 비타민A가 풍부하다. 숙성 과정에서 미생물에 의해 만들어지는 비타민B군도 많이 포함되어 있어서 지방 연소와 피로 회복 효과를 기대할 수 있다.

이렇게나 많다! 치즈의 효과

혈당치 상승 억제
저GI 식품인 치즈를 탄수화물과 함께 먹으면 혈당치 상승이 완만해진다.

순환기 계열 질환 예방
체내의 활성 효소를 억제하는 성분이 있어서 심장이나 혈관의 병을 예방한다.

위궤양 원인균 억제
푸른곰팡이 치즈에 포함된 유리지방산이 필로리균을 억제한다.

충치 예방
하드 타입 치즈에 풍부한 린산 칼슘과 펩티드에는 충치 예방 효과가 있다.

비만 억제
칼슘과 비타민 B_2가 지방의 대사를 높여 살이 잘 찌지 않는 몸으로 바꿔준다.

골다공증 예방
칼슘이 풍부해서 뼈를 형성하는 세포의 움직임을 높이는 성분도 있다.

정장 작용
소프트 타입 치즈는 장내 비피더스균을 늘려 장내 환경을 정비하는 작용을 한다.

고혈압 예방
혈압을 낮추는 칼슘과 나트륨의 배출을 촉진하는 칼륨이 풍부하다.

치즈의 주요 영양 성분 (100g당)

	열량 kcal	수분 g	단백질 g	지방 g	MG/ES %	식염상당량 g	칼슘 mg	비타민A μg	비타민B_2 mg	비타민B_{12} μg
우유	67	87.4	3.3	3.8	–	0.1	110	38	0.15	–
에멘탈	429	33.5	27.3	33.6	50.5	1.3	1200	220	0.5	1
코티지	105	79	13.3	4.5	21.4	1	55	37	0.2	1
카망베르	310	51.8	19.1	24.7	51.2	1.3	460	240	0.5	1.3
크림	346	55.5	8.2	33	74.2	0.7	70	250	0.2	0.1
고다	380	40	25.8	29	48.3	2	680	270	0.3	1.9
체더	423	35.3	25.7	33.8	51.1	2	740	330	0.5	1.9
파르메산(가루)	475	15.4	44	30.8	36.4	3.8	1300	240	0.7	2.5
블루	349	45.6	18.8	29	53.3	3.8	590	280	0.4	1.1
가공	339	45	22.7	26	47.3	3.2	630	260	0.4	3.2

＊비타민A는 레티놀당량을 나타낸다.
＊《치즈 프로페셔널 교본 2014》에서 일부 발췌하였다.

맛있는 치즈 고르는 법
CHEESE SELECTION

자연 치즈는 숙성 기간에 따라 맛의 표정이 달라진다.
여기서 소개하는 타입의 선택법과 매장에서의 조언을 참고로
다양한 치즈를 골라보자.

세미하드·하드 타입

자른 면이 밝고 색에 얼룩이 없는 것을 선택한다. 치즈의 지방이 배어 나와 젖어 있다면 좋지 않다. 자른 단면에 보이는 흰색 반점은 아미노산의 결정으로 숙성이 잘되었다는 증거다. 구멍이 있는 치즈라면 구멍 모양이 동그랗고 크기가 균일한 것을 선택한다. 숙성 정도에 따라 제품이 다양하므로 시식하고 나서 선택하는 것도 좋은 방법이다.

셰브르 타입

숙성 단계마다 다른 맛을 즐길 수 있다. 프레시한 것은 껍질에 곰팡이가 적고, 숯가루를 뿌린 제품은 약간 검은색을 띤다. 먹기 좋은 때는 곰팡이가 덮였을 때다. 산양유는 우유에 비해 새하얀 느낌이다. 속살은 산양유 그대로의 밝은 흰색이면 좋은 상태다. 산양유를 착유할 수 있는 봄부터 여름이 제철이다.

워시 타입

치즈에 따라 숙성의 단단함 정도에 차이가 있다. 그러나 일반적으로 가장자리가 건조해서 단단해진 것은 좋지 않다. 껍질이 촉촉하고 가장자리는 말랑한 것이 좋은 상태다. 손가락으로 만졌을 때 약간 끈끈하면 적기다. 주름이나 금이 간 것은 피한다. 다만, 숙성이 과한 데도 껍질이 단단할 수 있으니 구분이 어렵다면 매장 직원에게 상담한다.

푸른곰팡이 타입

잘라진 단면이 촉촉하고 크리미한 것이 좋은 상태다. 푸른곰팡이가 균일하고 빼곡하게 있으며 곰팡이 색이 좋은 것을 고른다. 색은 곰팡이의 푸른색과 흰색 부분의 대비가 확실한 것이 좋다. 곰팡이 부분에 구멍이 나거나 갈색으로 변한 것은 피한다. 푸른곰팡이 타입은 충분히 숙성시킨 것을 상점에 진열하므로 제조, 수입 연월이 가까운 것이 가장 좋다.

라벨 보는 법

다양한 정보를 담고 있는 치즈 라벨(포장).
적힌 내용을 알면 원하는 치즈를 선택하는 단서로 이용할 수 있다.

치즈 이름
치즈 종류가 적혀 있다. 이 상품은 브리 드 모.

A.O.P 마크
A.O.P (원산지 명칭 보호) 인증 치즈를 표시하는 마크. 엄격한 기준을 통과했다는 증거다. EU의 원산지 명칭 보호를 받은 것은 같은 도안(알파벳 표기가 국가마다 다르다)의 마크로 표시한다.

생산 방식
FERMIER(페르미에)는 농가 생산품이라는 의미다.

생산 지역
생산 지역은 바론 에드몬드 드 로칠드 가. 로칠드 가는 유일하게 농가 제품인 브리 드 모를 만들며, 와인으로도 유명하다.

위생 관리 마크
생산한 국가의 국가 생략 기호와 제조 장소를 번호로 표시한다. 최초의 두 자리가 현 번호다.

현 번호
제조 번호가 보이지 않는다면 5자리 숫자를 찾는다. 맨 앞에 두 자리가 현 번호다.

프레시 타입

프레시 타입은 숙성하지 않은 신선한 맛을 즐기는 치즈다. 그래서 신선도가 중요하다. 포장에 적힌 제조일자를 확인하고 최대한 최근에 제조한 것을 선택한다. 새롭고 신선한 치즈는 광택이 있으며 하얗고 깨끗한 색이다. 시간이 지나면서 노란색을 띠므로 주의 깊게 살피고 고른다. 개봉 후에는 1주일 이내에 전부 먹는다.

흰 곰팡이 타입

전체가 말랑하면서도 탄력이 있는 것이 좋은 제품이다. 껍질의 곰팡이가 새하얗다면 아직 숙성이 덜 된 상태다. 맛있는 숙성 정도는 취향에 따라 다르지만, 껍질이 얇고 갈색이 돌기 시작하면 적기다. 수입해서 3주 전후가 적기이니, 약간 숙성이 덜 된 제품을 구매해 숙성하는 맛을 즐기는 것도 좋다. 강한 암모니아 냄새가 난다면 숙성이 지나친 것이다. 향에도 주의한다.

조금 더
치즈를
맛있게

치즈 도구
CHEESE TOOL

치즈는 부드러운 것, 단단한 것, 모양이 부서지기 쉬운 것 등 다양하다.
치즈를 맛있게 즐기려면 도구를 제대로 선택하는 것이 중요하다.

요리의 열쇠!

만능 나이프
칼 단면에 구멍이 뚫려 있어서 치즈가 잘 달라붙지 않는다. 부드러운 치즈를 자르기에 최적인 도구지만 단단한 치즈도 잘 잘린다. 칼끝으로 치즈를 찔러 포크처럼 사용하면 서브할 때 편리하다.

슬라이서
치즈를 얇게 슬라이스하기 위한 도구. 세미하드와 하드 타입 치즈에 사용한다. 각도에 따라 두께를 조절할 수 있다. 짠맛이 강한 치즈는 얇게 자르는 등 용도에 맞춰 두께를 조절한다.

치즈 보드
치즈를 담는 트레이. 소재는 목재, 스테인리스, 대리석 등 다양하다. 치즈를 돋보이게 하는 보드를 고르는 것이 요령이다. 보드 위에서 바로 자를 수 있는 것도 있다.

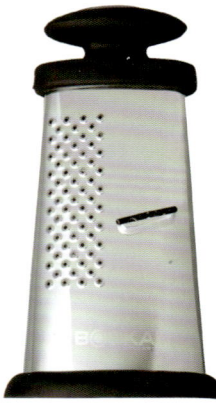

그레이터
파르미지아노 레지아노 같은 단단한 치즈를 갈아서 사용할 때 활약한다. 다양한 모양의 제품이 있지만, 칼날이 잘 선 것으로 고른다. 파르메산 치즈를 갈 때는 제스터를 사용한다.

있으면 편리!

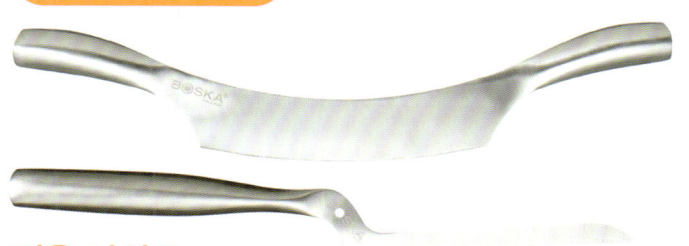

전용 나이프
치즈에 따라 전용 나이프가 있기도 하다. 위쪽 사진은 콩테같이 단단한 치즈를 자를 때 편리한 양손잡이 나이프. 아래쪽 사진은 브리용 나이프로 날이 얇다. 치즈에 따라 도구를 바꾸는 사치를 부려보는 것도 치즈의 즐거움 중 하나다.

와이어 커터
말랑해서 조직의 모양이 망가지기 쉬운 브리 치즈는 와이어 커터를 사용한다. 팽팽하게 매어진 와이어는 충격과 저항이 적어서 치즈의 단면이 깔끔하게 잘린다.

지롤
테트 드 무안 전용 도구. 중앙 축에 치즈를 꽂고 핸들이 달린 칼을 얹어 돌리면 꽃잎같이 얇게 잘린다. 훨씬 더 화려하게 연출할 수 있다.

프로마주 덴마바시 지점
치즈 전용 상사인 세카이 치즈 쇼카이에서 운영하는 치즈 숍. 세계의 치즈와 그 치즈에 어울리는 와인을 소개해준다. 한 달에 한 번, 창고 세일을 한다.

DATA
주소 　 　오사카 시 주오 구 덴마바시교마치 3-6 1층
영업시간　10:30~19:30 (월~금)
　　　　　11:00~18:00 (국경일, 2·4주 토요일)
정기휴일　토요일·일요일 (2·4주 토요일 제외)

*p.192~193에 실린 치즈 도구는 이 점포에서 취급한다.

조금 더 치즈를 맛있게

본연의 맛을 살리는 치즈 자르는 법
CHEESE CUTTING

치즈는 원칙적으로 바깥쪽에서 시작해 중심을 향해 숙성한다. 치즈를 커팅할 때는 바깥쪽과 중심부가 한 컷 안에 들어가도록 한다.

* 커팅하자마자 단면에서 산화를 시작하므로 한 조각 분량을 가늠해서 먹을 만큼만 자른다.

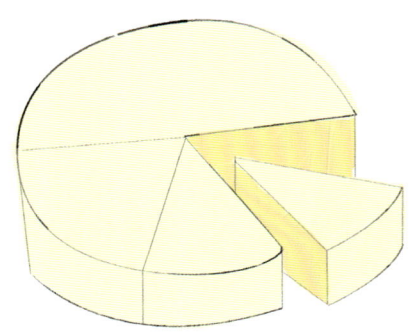

원형
둥근 치즈를 절반으로 자르고 중심에서 방사선으로 자른다. 잘린 치즈가 균등하게 쐐기 모양(V자 모양의 삼각형)이 되도록 한다.

예 르 카망베르, 생 앙드레 등

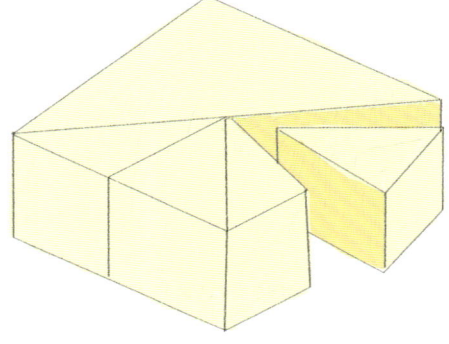

각형
사각 치즈는 원형과 같은 요령으로 중심에서 방사선으로 자른다. 대각선에 나이프를 넣고 사선으로 잘라서 삼각형으로 만들면 균일하게 자를 수 있다.

예 루이, 퐁 레베크 등

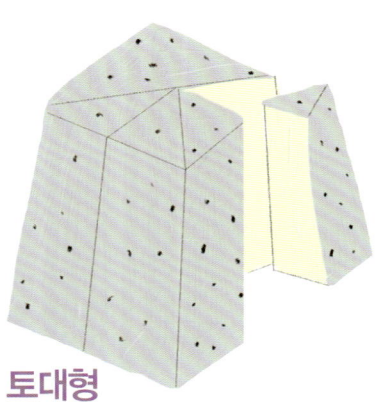

토대형
피라미드형 치즈는 원형과 마찬가지로 중심에서 바깥쪽으로 자른다. 대각선으로 칼을 넣고 중심이 포함되도록 방사선 모양으로 자른다.

예 발랑세 등

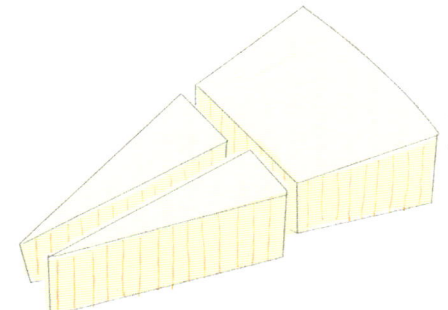

삼각형(브리 계열)

커다란 바퀴 모양 치즈지만 삼각형으로 잘라서 판매하는 것은 먹기 편한 크기로 커팅한다.

예 브리 등

블록형

블록형으로 잘라서 판매하는 세미하드와 하드 타입은 막대 모양으로 커팅한다. 슬라이서로 얇게 잘라도 맛있다.

예 그뤼예르, 콩테 등

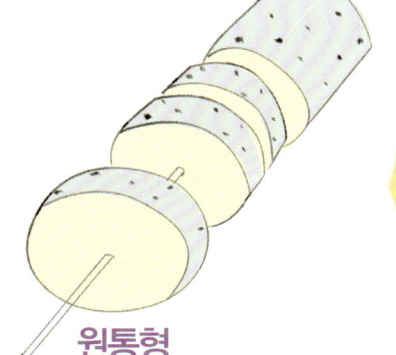
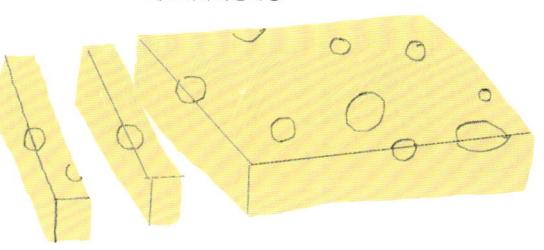

원통형

원통 모양의 치즈는 적당한 두께로 통 썰기 한다. 너무 얇게 썰면 맛을 충분하게 느낄 수 없으므로 주의한다.

예 생트 모르 드 투렌 등

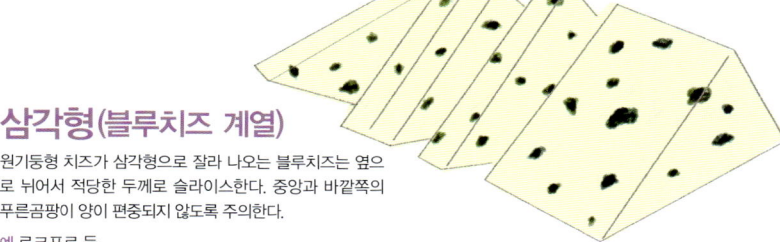

삼각형(블루치즈 계열)

원기둥형 치즈가 삼각형으로 잘라 나오는 블루치즈는 옆으로 뉘어서 적당한 두께로 슬라이스한다. 중앙과 바깥쪽의 푸른곰팡이 양이 편중되지 않도록 주의한다.

예 로크포르 등

치즈 담는 법
CHEESE PLATE

치즈를 하나의 접시에 담아내는 것을 '치즈 플라토 Cheese Plateau'라고 한다.
레스토랑 못지않은 멋진 플라토 만들기에 도전해보자.

맛의 균형을 생각

치즈 플레이트에서 중요한 것은 맛의 균형. 타입이 다른 치즈 3종 정도를 담는다. 첫 번째는 자극성이 없는 먹기 쉬운 것. 두 번째는 좋아하는 것, 세 번째는 앞의 2가지와 다른 타입을 세팅하면 전체적으로 균형이 잡힌다.

외관도 즐기면서

치즈만 담으면 색이 수수해지므로 허브나 건과일 등으로 악센트를 주면, 훨씬 더 화려해진다. 파니에나 커팅 보드에 세팅하면 평소와 다른 고급스러운 인상을 줄 수 있다. 연출을 연구하는 것도 즐거움 중 하나다.

계절에 맞춘다

신경 써서 맞추고 싶은 계절감. 그 시기에 가장 맛있는 치즈를 플레이트하는 것이 포인트다. 봄부터 여름까지는 프레시한 셰브르가 제철이며, 가을에서 겨울까지는 확실히 숙성한 하드 타입이나 워시 타입이 맛있는 계절이다.

파니에

입체적으로 담는다

둥근 치즈와 사각 치즈, 높이가 있는 치즈 등 치즈 모양에 변화를 주어 치즈 플레이트에 강약을 만든다. 작은 것은 앞쪽에, 큰 것은 뒤쪽에 세팅하면 입체감을 살릴 수 있다. 접시 모양도 신경 써서 담으면 밸런스가 좋아진다.

커팅 보드

계절별 추천 치즈

취향에 맞춰 제철 치즈를 3~5종씩 세팅하면 아주 좋다.
각각의 타입에서 한두 개씩 선택하면 자연과 맛의 밸런스를 얻을 수 있다.
와인과 함께 먹거나 단일 타입으로 모으는 것도 흥미로운 방법이다.

봄	묑스테르, 브로슈, 블뢰 뒤 베르코 사스나주, 생 앙드레, 에멘탈, 크로탱 드 샤비뇰
여름	랑그르, 미몰레트, 바농, 발랑세, 브리야 사바랭, 블루 스틸톤, 생 마르슬랭
가을	고르곤졸라, 뇌샤텔, 리바로, 바라트, 브리 드 모, 체더
겨울	로크포르, 샤비슈 뒤 푸아투, 에푸아스, 오쏘 이라티, 카망베르 드 노르망디, 콩테

＊자연 치즈 분류(p.14~20)에 따라 치즈 종류를 색으로 구별하였다.
＊견과류나 건과일 외에 사과와 래디시 같은 신선한 채소와 과일을 곁들이면 보기에도 좋고 맛에 변화가 생긴다.

치즈 & 음료

레드 와인

Cheese × Red wine

와인과 치즈의 조화는 숙성 정도에 따른 맛의 '강도'의 밸런스가 중요하다. 기본적으로 프레시하고 과일 맛이 나는 와인에는 숙성 초기의 치즈, 풀 보디 와인에는 숙성이 진행된 치즈를 선택한다.

가벼운 레드 와인에 어울리는 치즈는 깔끔하고 밀키한 프레시 타입, 숙성 초기인 흰 곰팡이, 워시 등이다. 마일드한 푸른곰팡이의 짠맛은 레드 와인의 산미가 있는 프루티한 맛을 살려준다.

무겁고 향이 강한 레드 와인에는 적당한 산미와 묵직한 풍미의 치즈를 매칭한다. 농후하고 크리미한 치즈에는 타닌의 떫은맛이 확실한 와인과 잘 어울린다. 좀 더 순한 맛의 레드 와인은 소프트한 셰브르도 잘 맞는다.

CHEESE

라이트
루쿨롱(➡ p.74), 르 카망베르(➡ p.31)
셀 쉬르 셰르(➡ p.47), 폰티나(➡ p.113)

미디엄
가프롱(➡ p.93), 루이(➡ p.75)
르 생 오뱅(➡ p.33), 미몰레트(➡ p.57)
브라(➡ p.112)

풀
고르곤졸라 피칸테(➡ p.102)
브리 드 모(➡ p.40), 이디아사발(➡ p.132)
케소 데 무르시아 알 비노(➡ p.135)

입에 머금은 치즈가 녹아내리면서 음료와 함께 어우러져 맛이 한층 살아난다.
이 행복한 조합을 마리아주(결혼)라고 한다.
치즈의 마리아주는 무한하다. 많은 도전을 해보자!

화이트 와인

Cheese
×
White wine

치즈와 와인이 같은 산지, 가까운 산지일 때 궁합이 잘 맞는다고 한다. 마코네에서 생산하는 상큼한 맛의 화이트 와인에는 같은 지방의 셰브르 치즈가 잘 맞는 것처럼 말이다.

화이트 와인은 주로 단맛, 드라이한 맛으로 구분한다. 짠맛이 강한 푸른곰팡이 치즈는 대체로 단맛의 와인과 함께 먹는다. 로크포르와 소테른(귀부 와인)의 조합은 얼마나 특별한가.

신맛이 순하고 깊이가 있는 중간맛의 화이트 와인은 숙성하면 포실포실한 맛이 나는 셰브르 치즈나 MG 60% 이상의 크리미한 치즈가 어울린다. 나무통에서 숙성한 향기 좋은 와인은 부드러운 맛과 견과류 향이 있는 치즈와 한 쌍이다. 이처럼 화이트 와인과 즐길 수 있는 치즈는 아주 다양하다.

CHEESE

단맛
로크포르(➡ p.82), 마스카르포네(➡ p.104)
크라허(➡ p.141)

중간맛
몽 도르(➡ p.70), 보포르(➡ p.63)
캄보졸라(➡ p.137), 크로탱 드 샤비뇰(➡ p.47)

드라이
그뤼에르(➡ p.126), 묑스테르(➡ p.53)
에담(➡ p.148), 카스텔로 크리미 화이트(➡ p.158)
콩테(➡ p.60)

치즈 & 음료

스파클링

Cheese × Sparkling wine

입속에서 톡톡 튀는 크리미한 거품이 기분 좋은 스파클링 와인과 시드르는 입에서 잘 녹은 치즈와 잘 어울린다. 소프트한 식감의 지방분이 높은 흰 곰팡이 치즈나 밀키한 워시 치즈라면 일단 실패하지 않는다. 보글보글 퍼지는 거품과 치즈의 부드러운 질감을 즐기려면 연한 산미와 실크처럼 녹아내리는 프레시 치즈를 함께 먹으면 좋다.

스파클링 중에서도 감칠맛의 여운이 있는 샴페인이라면 같은 샹파뉴 지방에서 만든 워시 치즈가 제격이다. 여기에 아미노산의 결정이 나타나는 장기 숙성한 단단한 치즈나 숙성한 단단한 셰브르 등도 추천한다.

CHEESE

단맛 시드르
라 투르(➡ p.105), 브리 오 그랑 마니에(➡ p.42)
카망베르 드 노르망디(➡ p.30)
퐁 레베크(➡ p.34)

드라이
바라카(➡ p.76), 아봉당스(➡ p.64)
아페리프레(➡ p.70)

샴페인
랑그르(➡ p.53), 샤우르스(➡ p.54)
치겐케제토르테(➡ p.141)

스피릿

식후 술로 즐기는 위스키, 브랜디 등의 스피릿(증류주)의 높은 알코올 성분에는 장기 숙성한 단단한 치즈가 잘 어울린다. 산지로 찾는다면 네덜란드의 주니퍼베리 향이 나는 제네바(진의 일종)에는 미몰레트, 이탈리아의 그라파(포도를 짜고 남은 지게미를 발효, 증류해서 만드는 브랜디)에는 파르미지아노 레지아노를 추천한다.

마지막에 디저트로 술과 치즈를 맛보는 자리라면 포트와인(도중에 브랜디를 넣어 발효를 멈춰 단맛을 남긴 포르투갈 원산지의 와인)과 영국의 전통 치즈를 조합해보라. 물론 포르투갈산의 밀키한 양유 치즈에도 잘 어울린다.

Cheese × Spirits

CHEESE

브랜디 마스카르포네(→ p.104), 에푸아스(→ p.71)

위스키 마온(→ p.132), 이디아사발(→ p.132)
콩테(→ p.60)
파르미지아노 레지아노(→ p.107)

포트와인 블루 스틸톤(→ p.165)
트라프 데슈냐크(→ p.97)

치즈 & 음료

맥주

옅은 색

맥주는 치즈만큼 스타일도 향도 맛도 다종다양하다. 치즈와 함께 조합해보면 새로운 마리아주를 발견하게 될지도 모른다.

맛이 심플하고 쓴맛이 있는 라거(하면 발효 맥주)에는 짠맛이 나는 마일드한 치즈나 향신료를 느낄 수 있는 치즈가 좋다. 그 외에 옅은 색 계열 맥주로는 프루티한 향의 바이젠(밀맥주), 샴페인 같은 가벼운 맛의 퀼슈 등이 있다.

중간 짙은 색

중간 짙은 색의 맥주는 에일(상면 발효 맥주) 중에서, 색이 진하고 홉 향이 강한 페일 에일이나 몰트(맥아)에 의한 고소한 단맛을 가진 브라운 에일, 프루티한 산미의 레드 에일 등이 있다. 이 책에서는 독특한 산미에 절인 과일 풍미의 프루트 람빅(자연 발효 맥주)도 중간 짙은 색의 맥주로 분류한다.

이 맥주들을 주로 만드는 곳은 벨기에와 영국이다. 이곳 맥주에는 워시한 치즈처럼 약간 풍미가 강한 치즈가 좋은 짝을 이룬다. 달콤새콤한 프루트 람빅은 디저트 치즈와 즐겨보자.

CHEESE

바이젠
라 투르(➡ p.105), 생 앙드레(➡ p.92)
캄보졸라(➡ p.137), 프로마주 블랑(➡ p.33)

퀼슈
모차렐라(➡ p.115), 샤우르스(➡ p.54)
자우스다케(➡ p.180)
파르미지아노 레지아노(➡ p.107)

필스너
가프롱(➡ p.93), 고다(➡ p.145)
마운틴 허브스 레벨(➡ p.139)
미몰레트(➡ p.57), 아페티나 페타(➡ p.159)

CHEESE

과일 맥주
로카마두르(➡ p.87), 르 카망베르(➡ p.31)
화이트 스틸톤(➡ p.169)

레드 에일 브라운 에일
솜(➡ p.86), 시메 아 라 시메 루주(➡ p.143)
크리미 하바티(➡ p.155)

페일 에일
마루왈(➡ p.52), 에르브(➡ p.143)
체더(➡ p.167)

짙은 색

새까만 맥주와 먹으려면 주의해야 한다. 탄 맛과 진득한 단맛의 포터(에일)에서 가볍고 깔끔한 맛의 둥켈(라거), 여기에 스모크 맥주로 불리는 라우흐(라거)까지 짙은 색 맥주다. 이 맥주가 어떤 스타일의 맥주인지 확인해야 한다. 강한 맛의 포터라면 지방분이 높고 깊이가 있는 치즈와 먹는 것이 좋다. 둥켈은 표면을 가볍게 워시한 단단한 치즈, 스모키한 라우흐라면 훈제한 치즈와 함께해보자.

Cheese × Beer

CHEESE

둥켈
르블로숑 드 사부아(➡ p.64)
쾨니히 루트비히 비어케제(➡ p.138)

라우흐
스카모르차 아푸미카타(➡ p.121)
이디아사발(➡ p.132)

포터
아이리시 포터(➡ p.168)
트라프 데슈냐크(➡ p.97)

치즈 & 음료

사케

일본에서 만드는 사케(니혼슈)는 함께할 상대를 가리지 않는 넓은 마음의 소유자다. 프루티한 단맛이 있으며, 톡 쏘는 맛도, 차분한 깊이가 있는 것도 있다. 최근에는 과일을 넣어 칵테일풍으로 완성한 사케와 발포성 사케까지 개발되는 등 맛이 더욱 다양해졌다. 치즈도 그런 사케에 맞춰 즐길 수 있다.

깔끔하고 산미가 있는 상쾌한 발포성 사케나 풍부한 깊이와 감칠맛을 가진 쥰마이슈純米酒는 어떤 치즈와도 잘 어울린다. 단맛과 드라이한 맛의 구분은 화이트 와인처럼 생각하면 된다.

역으로 어떤 사케와도 어울리는 치즈는 아미노산의 감칠맛을 느낄 수 있는 장기 숙성한 단단한 치즈다.

Cheese × Sake

CHEESE

 단맛
제라르 셀렉숑 프로마주 블뢰(➡ p.77)
탈레지오(➡ p.106), 푸름 드 몽브리종(➡ p.78)

 드라이
마온(➡ p.132), 미몰레트(➡ p.57)
셀 쉬르 셰르(➡ p.47)
파르미지아노 레지아노(➡ p.107)

 발포성
로크포르(➡ p.82), 모차렐라(➡ p.115)
브리야 사바랭(➡ p.43)

티타임

치즈는 커피와 홍차, 녹차와도 잘 어울린다. 이 음료들은 각각 맛이 달라서 일괄적으로 좋은 것 하나만 고를 수 없다. 다만, 음료가 원래 지닌 섬세한 향, 떫은맛, 쓴맛을 해치지 않도록 향도 맛도 마일드한 치즈를 선택하면 무난하다.

센차(煎茶)라면 아직 숙성이 덜 된 단단한 치즈가 좋다. 향이 고소한 호지차에는 견과류 향에 깊이가 있는 치즈나 소박한 맛의 치즈가 잘 맞는다. 맛의 조화를 생각하면서 프랑스와 이탈리아 치즈에는 에스프레소, 영국 치즈에는 홍차와 허브티 등을 선택하면 잘 어울린다.

Cheese × Coffee & Tea

CHEESE

녹차 마스카르포네(➡ p.104), 미몰레트(➡ p.57)
바지론(와사비)(➡ p.149), 콩테(➡ p.60)

커피 니세코 쿠(➡ p.178), 마스카르포네(➡ p.104)
브리야 사바랭(➡ p.43), 예토스트(➡ p.161)

홍차 허브티 라 투르(➡ p.105), 세이지 더비(➡ p.168)
트라프 데슈냐크(➡ p.97)
화이트 스틸톤(➡ p.169)

치즈 & 음식

육류 요리

감칠맛 성분으로 알려진 것은 글루타민산, 이노신산, 구아닌산이다. 글루타민산은 아미노산 중 하나로 다시마와 치즈에 많이 들어 있는 물질이다. 고기와 생선류에 포함된 이노신산, 버섯에 포함된 구아닌산은 핵산의 일종이다. 아미노산 계열의 감칠맛 성분과 핵산계의 감칠맛 성분을 조합하면 감칠맛이 더욱 강해진다.

그래서 치즈와 함께 고기를 먹으면 멋진 맛이 탄생한다. 얇게 썬 소고기 안심에 루콜라와 얇게 썬 파르미지아노 레지아노를 토핑한 카르파초, 체더를 끼워 넣은 육즙 가득한 치즈 햄버거 등은 세계 어디서나 인기 있다.

Cheese × Meat

CHEESE

굽기
캉탈(➡ p.96)×베이컨, 감자 갈레트(튀르파드)
탈레지오(➡ p.106)×소고기 고기말이

녹이기
가프롱(➡ p.93) 소스×치킨소테
로크포르(➡ p.82) 소스×비프그릴

소시지 햄
리코타(➡ p.118)×생 햄
에멘탈(➡ p.125)×슬라이스 햄
콩테(➡ p.60)×훈제 소시지

생으로 먹어도 충분히 맛있는 치즈지만
다른 재료들과 함께라면 주역으로도 악센트로도
맛있는 일품요리가 만들어진다.

생선 요리

Cheese
×
Fish

치즈를 사용한 생선 요리는 처음 들어본다고 생각하는 사람도 있겠지만, 크림치즈와 훈제 연어 샌드위치가 대표 조합이다. 육류 요리에서 설명했듯이 생선에는 이노신산, 갑각류에는 아데닐산이라는 핵산계의 감칠맛 성분이 있다. 그래서 치즈와 어패류도 감칠맛의 상승 효과가 일어나 맛이 훨씬 살아난다.

맛의 균형을 잡기 좋은 치즈는 상큼한 산미와 크리미한 맛의 프레시 타입, 감칠맛과 향이 강한 하드 타입 치즈다. 워시 타입 치즈의 향과 깊이도 의외로 좋은 조화를 이룬다. 깊이와 단맛이 나는 양유로 만든 단단한 치즈는 카르파초처럼 날 생선으로 만든 요리와 잘 맞는다.

CHEESE

굽기
퐁 레베크(➡ p.34)×가리비 그라탱
프로볼로네 발파다나(➡ p.114)×굴 오븐 구이

녹이기
그뤼예르(➡ p.126)×달걀노른자를 섞은
베샤멜소스×광어회

마리네 등
아메리칸 크림치즈(➡ p.172)×훈제 연어
오쏘 이라티(➡ p.94)×참치 카르파초

치즈&음식

빵

와인과 빵과 치즈는 균형이 잘 맞아 삼위일체라고 표현할 만한 먹거리다. 부드러운 치즈를 얹거나 짠맛이 강한 치즈의 자극을 누르는 합리적인 일면도 있다.

어떤 치즈와도 잘 어울리는 것은 바게트 같은 심플한 프랑스빵과 크래커. 부드럽고 크리미한 치즈에는 소프트한 식감의 브리오슈나 크루아상, 산미가 있는 호밀빵도 잘 어울린다.

자극적인 치즈는 건포도와 견과류가 들어간 개성 있는 빵이 어울린다. 블루치즈에는 건포도빵이나 산미가 있는 빵, 셰브르나 워시 치즈에는 견과류가 들어간 빵이 잘 어울린다.

과일·견과류

과일과 견과류는 치즈를 플레이트할 때 곁들이면 색이 화려해진다. 단맛이 강한 건과일이나 꿀은 치즈의 짠맛을 부드럽게 해주며, 견과류는 치즈의 풍부한 향을 살려주면서도 간편하게 이용할 수 있는 중요한 재료다. 신선한 과일은 입안을 개운하게 해준다. 프레시 치즈는 베리 계열, 흰곰팡이 치즈는 사과, 셰브르 치즈는 무화과, 블루치즈는 포도나 서양배와 먹으면 제격이다.

물론 채소와도 잘 어울린다. 모차렐라는 토마토, 페코리노 로마노에는 누에콩, 워시 치즈나 마운틴 치즈는 감자와 함께 먹어보자.

CHEESE

- **건포도·견과류 첨가**: 블루치즈, 셰브르 치즈, 워시 치즈
- **바게트**: 거의 모든 치즈
- **브리오슈**: 프레시 치즈, 농후하고 크리미한 소프트 타입 치즈

CHEESE

- **과일**:
  - 고르곤졸라(➡ p.102)×서양배
  - 르 카망베르(➡ p.31)×사과
  - 마스카르포네(➡ p.104)×딸기
- **견과류**:
  - 마운틴 치즈×헤이즐넛
  - 체더(➡ p.167)×아몬드
  - 하드, 셰브르, 블루치즈×호두
- **채소**:
  - 고르곤졸라 마스카르포네(➡ p.103)×바질
  - 제라르 프로마주 루(➡ p.36)×감자

치즈 보존법
CHEESE KEEPING

치즈는 '촉촉함'이 생명.
사오면 최대한 빨리 전부 먹는다.

마르지 않도록 랩으로 싸는 것이 기본

치즈를 보존할 때는 최대한 건조하지 않도록 한다. 입구를 랩으로 꽁꽁 싸서 밀폐 용기에 넣어 냉장고에서 보존하는 것이 기본이다. 프레시 타입 치즈는 냉장고에서 가장 차가운 (0~3℃ 정도) 곳에, 그 외의 치즈는 5~10℃ 범위에서 냉장한다.
촉촉하게 수분을 머금은 셰브르 타입은 랩으로 꽉 싸면 물방울이 맺히므로 표면을 약간 말리고 느슨하게 싼다. 모양이 망가지기 쉽고 빛과는 적대적인 블루치즈는, 랩으로 씌운 다음 알루미늄 포일로 다시 한 번 싼다. 이처럼 각각의 치즈 특징에 맞춰 보관한다. 밀폐 용기에 숯을 함께 넣으면 냄새를 제거해주고 습기를 조절해준다.

종류별 보존법

세미하드·하드
공기가 들어가지 않도록 입구를 랩으로 밀착한다. 보존 온도는 6~10℃. 야채실을 이용하면 적당하다.

셰브르
치즈에 물방울이 맺히지 않도록 표면을 약간 말리고 랩으로 느슨하게 싼다. 6~8℃에서 보존한다.

워시
치즈에 물방울이 맺히지 않도록 랩으로 느슨하게 싼다. 표면이 건조되면 물에 적셔 꽉 짠 거즈 등으로 감싼다.

푸른곰팡이
랩으로 싸고 다시 알루미늄 포일로 감싼다. 5℃ 전후를 유지할 수 있는 장소에서 보존할 수 있으면 이상적이다.

프레시
컵 모양 용기 그대로 0~3℃에서 보존한다. 개봉하면 될 수 있는 한 빨리 먹는다.

흰 곰팡이
잘린 단면의 조직이 흐르지 않도록 알루미늄 포일을 접어서 맞대고, 전체를 랩으로 느슨하게 싸서 8~10℃에서 보존한다.

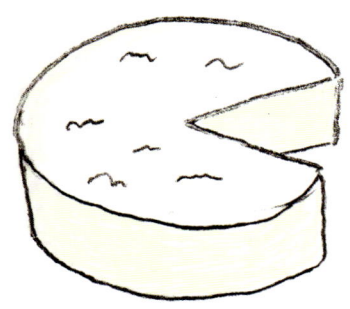

트러블별 대처법

건조 냉풍이 직접 닿지 않는 장소로 옮기거나 물에 적신 키친타월을 넣어둔다.

곰팡이 곰팡이가 핀 부분을 도려낸다. 습기가 많아서 생긴 것이므로 원인을 찾아 해결한다.

물기 수분을 키친타월 등으로 닦는다. 랩을 벗겨서 표면을 조금 말리고 느슨하게 다시 싼다.

조금 더 치즈를 맛있게

전문점에서 치즈 즐기기
CHEESE SPOT

치즈를 즐기는 방법은 다양하다.
전문점에서 전문가가 권하는 맛을 음미해보거나, 직접 치즈를 만들어보는 방법도 있다.
치즈의 새로운 매력을 발견하는 또 다른 방법이다.

전 세계 치즈를 맛볼 수 있는 가게

도쿄
페르미에

자연 치즈 전문점으로 유명한 '페르미에'. 전국 5개 점포 중에서도 아타고점은 종류가 풍부하다. 매주 파리와 밀라노에서 항공편으로 받은 치즈를 항상 200종 이상 갖춰놓는다. 페르미에에 딸린 카페에서는 글라스 와인이나 에스프레소 등과 즐길 수 있도록, 그날의 추천 치즈를 3~4종 담아 '치즈 모듬'을 선보인다. 호텔 등의 출장 서비스, 기업이나 개인의 오더 메이드 주문도 받고 있다.

▶ DATA
- **주소** 도쿄 도 미나토 구 아타고 1-5-3 아타고AS빌딩 1층
- **영업시간** 11:00~19:00
- **정기휴일** 일요일·국경일·연말연시·여름휴가
  ※때에 따라서는 일요일·국경일도 영업
- **URL** www.fermier.co.jp/c/shop_atago.php

일본 치즈를 맛볼 수 있는 곳

가나가와현
쇼난 팜

일본의 자연 치즈를 맛볼 수 있는 바, '쇼난 팜'. 카운터 앞에 약 40종의 치즈를 진열해놓아 먹고 싶은 치즈를 주문하면 바로 커팅해준다. 점주는 C.P.A 치즈프로페셔널 인증을 받은 시바모토 미키야. '일본에도 치즈 제조에 정열을 쏟는 생산자가 있다'는 것을 널리 알리기 위해, 가게에서 매일 활동을 하고 있다. 준비해놓은 와인도 일본산. 일본산 치즈와의 마리아주는 물론 절묘하다. 두 달에 1회, '전통식 민가에서 즐기는 일본 와인과 일본 치즈' 이벤트도 개최한다.

DATA
주소   가나가와현 후지사와 시 미나미후지사와 9-2
영업시간 17:00~23:00
정기휴일 일요일·국경일
        ※여름 휴업·임시 휴업 있음
URL   www.facebook.com/shonanfarm

수제 치즈 체험을 즐길 수 있는 목장

효고현
롯코산 목장

롯코산 목장 내의 '마키바유메 공방'에서는 수제 치즈 만들기 체험 교실을 열고 있다. 만드는 치즈는 코티지치즈와 찢어지는 치즈, 두 종류다. 갓 만든 치즈는 그 자리에서 시식하거나 포장해갈 수 있다. 자신이 직접 만든 치즈는 훨씬 더 맛있을 것이다.

목장 내의 '롯코산 Q·B·B 치즈관'에서는 치즈 관련 전시물을 볼 수 있고, 치즈 공장 견학도 할 수 있다. 관내의 레스토랑에서는 공장에서 만든 카망베르 치즈인 '고베 치즈'를 넉넉히 사용한 요리를 맛볼 수 있다.

DATA
주소   효고현 고베 시 나다 구 롯코산 초 나카이치리야마 1-1
영업시간 9:00~17:00
정기휴일 하계(4~10월) 무휴/동계(11~3월) 화요일 정기휴일
        ※화요일이 국경일이라면 다음 날이 휴일
URL   www.rokkosan.net

＊일시에 따라 체험 내용은 달라지므로 홈페이지 확인 필수

치즈 자격증

대화를 이끌어가는 상식용에서 업무용까지 치즈에 관한 자격은 다양하다.
일본의 대표 검정 시험과 자격시험을 소개한다.

이것부터!

C.P.A 치즈 검정

치즈에 흥미가 있다면 도전하고 싶은 검정 중 하나다. 봄가을, 연 2회 개최하며 치즈 초심자에서 치즈 마니아까지 누구라도 가능하다. 검정 시험에 합격하면 '캄래드 오브 치즈Comrade of Cheese'라고 내세울 수 있다. 캄래드 오브 치즈란, '치즈의 동료'라는 의미다. 인정 배지를 받고 인정서도 교부 받는다. 이 검정을 통해 치즈에 대한 이해가 깊어진다.

검정은 2부제로 치르며 1부는 강습회, 2부는 검정 시험이다. 시험은 수험 신청을 하고 보내주는 교재와 당일 강습회 내용에서 출제한다.

문의 www.cheesekentei.com

전문가를 지향한다면!

치즈프로페셔널 자격 인정 시험

치즈 판매와 서비스를 할 때 필요한 전문 지식과 취급 기능을 가늠하는 시험이다. 수험 자격은 수험 연도의 C.P.A 전기 개인 회원이어야 한다. 합격하면 '인정 치즈프로페셔널'로 자격이 등록된다. 전국 각지에서 치즈의 매력을 전하는 사람으로 활약 할 수 있다.

시험은 두 번에 걸쳐 치르며, 1차 시험 합격자에 한해 2차 시험을 응시할 수 있다. 2차 시험에는 서술형 외에 블라인드 테이스팅과 서비스 현장에서의 실천 사항이 출제된다.

문의 www.cheeseprofessional.com

치즈 도감
Knowledge of Cheese

치즈를 즐기기 위한 용어 모음

유럽이 중심적으로 생산하는 치즈는 익숙하지 않은 단어를 많이 사용한다. 알아두면 치즈의 세계가 넓어지는 치즈 관련 용어를 해설한다.

(ㄱ)

가공 치즈 Process Cheese
한 종류 혹은 여러 종류의 자연 치즈를 원료로 만든 치즈. 원료 치즈를 가열해서 유화시켜 성형하고 살균 상태에서 포장하기 때문에 숙성이라는 변화가 없다. 프랑스어로는 프로마주 퐁뒤 Fromage Fondu.

공장 제품
원료유를 다른 곳에서 모아 만든 치즈. 대량 생산 치즈는 원료유를 살균한 덕분에 안전성이 높고 안정된 품질을 유지할 수 있다.

(ㄴ)

농가 제품
자기 집에서 생산하는 원료유로 만드는 치즈. 원료유의 운송 거리가 짧아서 무살균유를 사용하는 경우가 많고, 원료유에 포함된 자연의 미생물 등의 균에 의해 그 토지만의 독특한 맛이 태어난다. 각 생산자의 개성이 나타나기 쉽다.

(ㄷ)

더블 크림/트리플 크림
원료유에 생크림을 넣어 유지방 성분을 더 높여서 만드는 소프트 타입 치즈. M.G 60~75% 이상은 더블 크림 double cream, 75% 이상은 트리플 크림 Tripl cream.

돌체 Dolce
이탈리어로 '달다'를 의미하는 단어. 달콤한 치즈를 말한다.

(ㄹ)

레티에 Laitier / 프루티에 Fruitière
프랑스에서 전통 방법으로, 한 종류의 치즈만 만드는 낙농 협동조합.

롱 라이프 long-life 제조법
치즈를 밀폐 용기에 넣고 가열 처리해서 유산균과 곰팡이의 작용을 멈추게 하고 품질을 안정시켜 장기 보존하게 하는 제조법. 6~12개월 정도 보존할 수 있다. 이 타입 치즈는 가열 처리는 하지만 유화 공정이 없어서 자연 치즈와 분류를 달리한다.

렌넷 Rennet
젖을 굳히는 응유효소(레닌 rennin)의 일반적인 이름. 원래는 송아지 위장에서 추출한 효소를 말한다. 현재는 미생물에서 추출하는 효소를 널리 사용한다.

(ㅁ)

마르 Marc
포도를 짜고 남은 지게미를 발효, 증류해서 만드는 브랜디. 나라마다 이름이 다르다. 이탈리아에서는 그라파 grappa, 부르고뉴에서는 마르 드 부르고뉴 Marc de Bourgogne, 샹파뉴에서는 마르 드 샹파뉴 Marc de Champagne라고 부른다. 드라이하며 알코올 도수가 매우 높고 일반적으로 식후주로 마신다.

마리아주 Mariage
음료와 요리의 조합이 아주 좋은 상태, 일명 페어링. 특히 와인과의 궁합을 표현할 때 사용한다.

모르주 액
표면에 단단한 껍질을 만들어 숙성시키기 위해 사용하는 액체. 두 달 이상 숙성한 치즈의 표면에서 채취한 박테리아와 소금물을 섞어서 만든다. 워싱과 브러싱으로 형성된 껍질을 모르주 Morges라고 한다.

몰드 Mold
응유(커드)를 넣는 틀. 치즈를 성형하는 데 사용한다.

무라주 Moulage
치즈 제조 공정 중 하나로 프랑스어로 틀에 넣는 것. 응유를 구멍 뚫린 틀에 넣고 성형, 탈수하는 공정.

무살균유 Re cru
살균 처리하지 않은 젖. 유럽의 원산지 명칭 보호 치즈 중에는 원료를 무살균유로 규정하는 것도 있다. 이상적인 상태의 무살균유로 만든 치즈는 지역성과 계절을 반영해서 풍미가 풍성한 치즈로 완성된다.

(ㅂ)

베키오 Vecchio
장기 숙성한 치즈.

브레비박테리움 리넨스 Brevibacterium Linens
워시 치즈만의 독특한 풍미를 만드는 세균. 단백질과 지질을 분해해서 절임채소 같은 강한 향과 오렌지색의 색소를 만든다. 모르주 액에도 들어 있다.

브리 타입
우유제의 흰 곰팡이 타입의 부드러운 치즈. 커다란 바퀴 모양이 많다.

(ㅅ)

사라주 Salage
프랑스어로 치즈에 소금을 가하는 것. 숙성하는 치즈에 반드시 들어가는 과정.

상드레 Cendré
프랑스어로 '잿빛이 되었다'는 의미로, 재를 뿌린 치즈.

샬레 Chalet
알프스 지방에 있는 치즈를 만들기 위한 산오두막.

세크 Sec / 드미 세크 Demi Sec
프랑스어로 건조해서 굳어진 치즈. 와인에서는 신맛을 표현한다. '드미'란 절반을 의미한다.

스타터 Starter
유산균이나 곰팡이 같은 원료유의 발효를 촉진하기 위해 넣는 미생물. 잡균 번식을 방지하는 역할도 한다.

(ㅇ)

아나토 Annatto
잇꽃나무의 씨앗에서 뽑아낸 오렌지색의 식용 색소. 미몰레트(➡ p.57)나 레드 체더(➡ p.167) 등에 사용한다.

아페리티프 Apéritif
식전술. 또는 식전술을 마시기 위한 가벼운 안주.

아푸미카토 Affumicato
이탈리아어로 훈제 치즈. 프랑스어로는 퓌메 Fumé.

아피네 Affiné
프랑스어로 '숙성 ripening'이라는 의미로, 숙성 타입 치즈를 말한다. 이탈리아어로는 스타지오나토 Stagionato.

알파주 Alpage
알프스에서 여름 동안 가축을 방목하는 것. 이동 목축. 이탈리아에서는 알페지오 Alpéggio.

에피세아 Epicea
전나무의 일종. 에세피아 나무껍질로 몽 도르(➡ p.70)를 넣는 나무 상자 등을 만든다.

울트라필터레이션 Ultrafiltration
원유를 응축하기 전에 초미세 필터로 원료유에서 수분을 빼는 방법.

유청(乳淸, 훼이 Whey)
젖을 굳혀 치즈를 만드는 과정에서 나오는 노란색의 맑은 액체.

응고제
원료유를 굳히기 위한 효소나 산. 송아지의 제4위장에서 추출한 효소인 '렌넷'이 오래전부터 사용되어왔다. 식물성 효소도 있다.

응유(凝乳, 커드 Curd)
유산균이나 응유효소의 작용으로 원료유가 두부처럼 굳어진 것.

(ㅈ)

자연 치즈 Natural Cheese
우유, 산양유, 양유 등에 유산균과 효소를 넣고 응고시켜, 유청을 제거한 후 발효·숙성한 치즈. 유산균 등이 살아 있는 상태.

전유 全乳
유지방 성분이 전부 들어 있는 젖. 성분 무조정유.

정치 분리 靜置分離
기름과 수분의 비중 차를 이용해 유분이 떠오르게 해서 분리하는 방법.

(ㅊ)

치즈 Cheese
라틴어의 '카세우스caseus'에서 유래된 치즈는 이후 독일에서 '케제käse', 이탈리아에서는 '카초cacio', 스페인에서는 '케소queso'로 불리게 되었다. 영어 문화권에서는 고대의 'cese', 중세의 'chese'를 거쳐 현재의 'cheese'로 변하였다. 프랑스어의 '프로마주fromage'나 이탈리아어의 '포르마지오formaggio'는 둘 다 라틴어의 '포르모스formos'에서 유래된 것이다. 고대 로마에서는 '포르마forma'로 불리던 것이 이후 고대 프랑스어인 'formage'를 거쳐 프랑스에서는 'fromage'로, 이탈리아에서는 'formaggio'가 되었다.

치즈 아이 Cheese Eye
에멘탈 같은 하드 치즈의 특징인 큰 구멍. 장기 숙성하는 동안 탄산가스가 발생해서 생긴다.

(ㅋ)

카브 Cave
치즈를 숙성하기 위한 숙성고를 말한다. 지하 저장 숙성고.

카세인 마크 Casein Mark
치즈 품질 표시 마크. 녹색은 농가 제품, 빨간색은 공장 제품.

카이야주 Caillage
프랑스어로 응유를 만드는 것.

커드 워싱 Curd Washing
커드 안에 수분을 많이 남겨 유당을 빼는 기술. 프랑스어로는 데락토사주 délactosage.

(ㅌ)

탈지유 skim milk
원료유에서 유지방분을 제거한 것.

테루아 Terroir
프랑스어로 그 토지의 풍토를 의미.

(ㅍ)

파스타 필라타 Pasta Filata
뜨거운 물속에서 응유를 반죽해 섬유상의 조직을 만드는 제조법. 모차렐라 등 남이탈리아 원산지에서 만드는 치즈에 이 종류가 많다. 영어로는 스펀 페이스트 Spun Paste.

페코리노 Pecorino
이탈리아어로 양유로 만든 치즈. 프랑스어로는 브레비 Brebis.

프로마주리 Fromagerie
치즈를 전문적으로 판매하는 가게. 치즈 제조소라는 의미도 있다.

피칸테 Piccante
이탈리아어로 톡 쏘는 자극적인 맛의 치즈. 프랑스어로는 피캉 Piquant.

(알파벳)

A.O.C Appellation d'Orgine Contrôlée
프랑스의 독자적인 제도로, 원산지 호칭 통제를 말한다. 프랑스에서는 A.O.C 인증을 받은 후가 아니면 EU의 A.O.P에 신청할 수 없다.

A.O.P Appellation d'Origine Protégée
EU가 규정한 식품 원산지를 지키기 위한 제도로, 원산지 명칭 보호를 말한다. 토산물 품질 보증을 의미하는 것으로 제조법이나 지역 등 세세한 규정을 통과한 것에만 부여하며, 인증 조건이 아주 엄격하다.

D.O.C Denominazione d'Origine Controllata
이탈리아의 독자적인 원산지 통제 호칭을 가리킨다.

D.O.P Denominazione di Origine Protetta
이탈리아와 스페인의 EU 기준의 원산지 명칭 보호 제도. 프랑스의 A.O.P에 해당한다.

I.G.P Indicazione Geografica Protetta
EU가 규정하는 식품의 원산지를 지키기 위한 제도로 지리적 표시 보호를 말한다. 생산지다운 특성이 있고 생산, 가공, 조정의 과정 중 하나 이상이 지역과 관련 있어야 한다. 원재료의 일부는 다른 지역의 것을 사용해도 된다.

M.G
프랑스어로 유지방을 의미하는 마테르 그라세 Matère Grasse의 약칭. 치즈에서 수분을 제거한 고형분 중에 포함된 지방분의 퍼센트.

CHEESE INDEX
치즈 이름 색인

치즈 이름	국가명	페이지
(ㄱ)		
가림파	일본	176
가프롱	프랑스	93
갓 만든 모차렐라	일본	179
고다 (하우다)	네덜란드	145
고르곤졸라 돌체	이탈리아	102
고르곤졸라 마스카르포네	이탈리아	103
고르곤졸라 피칸테	이탈리아	102
그라나 파다노	이탈리아	108
그란 몬테오	이탈리아	110
그뤼예르	스위스	126
그뤼예르	프랑스	62
(ㄴ)		
뇌샤텔	프랑스	32
니세코 쿠	일본	178
(ㄷ)		
다나블루	덴마크	156
다카나시 훗카이도 마스카르포네	일본	179
(ㄹ)		
라귀올	프랑스	97
라미 뒤 샹베르탱	프랑스	73
라클레트	스위스	129
라 투르	이탈리아	105
랑그르	프랑스	53
로비올라	이탈리아	105
로비올라 다이와	일본	181
로카마두르	프랑스	87
로크포르	프랑스	82
루이	프랑스	75
루쿨롱	프랑스	74
르블로숑 드 사부아	프랑스	64
르 나폴레옹	프랑스	95

치즈 이름	국가명	페이지
르 로브 데 가리그	프랑스	89
르 생 오뱅	프랑스	33
르 카망베르	프랑스	31
르 쿠탕스	프랑스	31
르 퀴레 낭테	프랑스	35
르 피에 당글로이	프랑스	74
리고트 드 콩드리유	프랑스	66
리더	노르웨이	161
리바로	프랑스	35
리코타	이탈리아	118
(ㅁ)		
마담 로익(갈릭/연어)	프랑스	37
마루왈	프랑스	52
마리보	덴마크	154
마스카르포네	이탈리아	104
마온	스페인	132
마운틴 허브스 레벨	독일	139
마코네	프랑스	66
모르비에	프랑스	61
모차렐라	덴마크	155
모차렐라	이탈리아	115
모차렐라 디 부팔라 캄파냐	이탈리아	120
모테 쉬르 푀이유	프랑스	48
몬타지오	이탈리아	108
몬터레이 잭/콜비 잭/페퍼 잭	미국	171
몽 도르	프랑스	70
묑스테르	프랑스	53
미니 뷔슈	프랑스	45
미몰레트	프랑스	57
미셀라	덴마크	157
(ㅂ)		
바농	프랑스	89
바라카	프랑스	76
바라트	프랑스	68
바지론	네덜란드	149
발랑세	프랑스	46

CHEESE INDEX
치즈 이름 색인

치즈 이름	국가명	페이지
베이비 고다	네덜란드	147
베임스터르 클래식	네덜란드	146
보포르	프랑스	63
부라타	이탈리아	121
부르소	프랑스	43
브라	이탈리아	112
브레스 블뢰	프랑스	79
브로슈	프랑스	90
브리	프랑스	41
브리 드 모	프랑스	40
브리 드 믈룅	프랑스	41
브리 오 그랑 마니에	프랑스	42
브리야 사바랭	프랑스	43
블뢰 데 코스	프랑스	83
블뢰 도베르뉴	프랑스	83
블뢰 뒤 베르코르 사스나주	프랑스	77
블뢰 드 라퀘이유	프랑스	86
블뢰 드 젝스	프랑스	79
블루 드 그라벤	네덜란드	149
블루 스틸톤	영국	165
블루'61	이탈리아	103

(ㅅ)

치즈 이름	국가명	페이지
삼소	덴마크	153
생 넥테르	프랑스	92
생 니콜라	프랑스	88
생 마르슬랭	프랑스	69
생 모르공	프랑스	37
생 아구르	프랑스	84
생 앙드레	프랑스	92
생 펠리시앙	프랑스	69
생트 모르	프랑스	45
생트 모르 드 투렌	프랑스	44
샤롤레	프랑스	67
샤무아 도르	프랑스	56
샤비슈 뒤 푸아투	프랑스	49
샤우르스	프랑스	54
세이지 더비	영국	168
셀 쉬르 셰르	프랑스	47

치즈 이름	국가명	페이지
셀렉트 카망베르	독일	138
솜	프랑스	86
수맹트랭	프랑스	72
쉬프렘	프랑스	55
슈롭셔 블루	영국	166
슈브로탱	프랑스	68
슈테펜	독일	139
스브린츠	스위스	127
스카모르차 아푸미카타	이탈리아	121
시메 아 라 시메 루주	벨기에	143

(ㅇ)

치즈 이름	국가명	페이지
아메리칸 크림치즈	미국	172
아봉당스	프랑스	64
아지아고	이탈리아	109
아이리시 포터	아일랜드	168
아페리프레(이탈리아/프로방스)	프랑스	70
아페티나 페타	덴마크	159
아펜젤러	스위스	127
아피델리스	프랑스	72
알라 부코	덴마크	159
앵커 크림치즈	뉴질랜드	172
에담	네덜란드	148
에르브	벨기에	143
에멘탈	스위스	125
에멘탈	프랑스	62
에푸아스	프랑스	71
예토스트	노르웨이	161
오쏘 이라티	프랑스	94
올드 더치 마스터	네덜란드	146
올드 암스테르담	네덜란드	147
우브리아코	이탈리아	110
웨스트 컨트리 팜하우스 체더	영국	166
이디아사발	스페인	132

(ㅈ)

치즈 이름	국가명	페이지
자연 치즈 '쓰루이' 실버 라벨	일본	177
자우스다케	일본	180

CHEESE INDEX
치즈 이름 색인

치즈 이름	국가명	페이지
제라르 셀렉숑 프로마주 블뢰	프랑스	77
제라르 카망베르	프랑스	56
제라르 프로마주 루	프랑스	36

(ㅊ)

치즈 이름	국가명	페이지
체더(레드·화이트)	영국	167
치겐케제토르테	오스트리아	141

(ㅋ)

치즈 이름	국가명	페이지
카망베르 드 노르망디	프랑스	30
카브랄레스	스페인	133
카스텔로 크리미 블루	덴마크	157
카스텔로 크리미 화이트	덴마크	158
카스텔마뇨	이탈리아	111
카이에 드 브레비	프랑스	91
카프리스 데 디외	프랑스	55
캄보졸라	독일	137
캉탈	프랑스	96
케소 데 무르시아 알 비노	스페인	135
케소 데 발데온	스페인	134
케소 만체고	스페인	131
케소 테티야	스페인	133
콩테	프랑스	60
쾨니히 루트비히 비어케제	독일	138
쿨로미에	프랑스	42
크라허	오스트리아	141
크로탱 드 샤비뇰	프랑스	47
크리미 하바티	덴마크	155

(ㅌ)

치즈 이름	국가명	페이지
탈레지오	이탈리아	106
테트 드 무안	스위스	128
톰 드 사부아	프랑스	61
트라프 데슈냐크	프랑스	97

(ㅍ)

치즈 이름	국가명	페이지
파르미지아노 레지아노	이탈리아	107
파베 다피누아	프랑스	75
페라르동	프랑스	88
페코리노 로마노	이탈리아	119
페코리노 토스카노	이탈리아	120
폰티나	이탈리아	113
퐁 레베크	프랑스	34
푸름 당베르	프랑스	85
푸름 드 몽브리종	프랑스	78
프렌드십 카망베르	덴마크	158
프레 플레지르 드 생 아구르	프랑스	84
프로마주 드 미라사카	일본	181
프로마주 블랑	프랑스	33
프로볼로네 발파다나	이탈리아	114
프티 아구르	프랑스	95
플뢰르 뒤 마키	프랑스	91
피아베	이탈리아	111
피코동	프랑스	65

(ㅎ)

치즈 이름	국가명	페이지
하나바타케보쿠조 도카치 라클레트	일본	177
화이트 스틸톤(블루베리)	영국	169

*일본의 가공 치즈는 p.182~183 참조.

CHEESE INDEX
종류(타입)별 색인

치즈 이름	국가명	페이지
가열 압착(하드)		
가림파	일본	176
그라나 파다노	이탈리아	108
그뤼예르	스위스	126
그뤼예르	프랑스	62
몬타지오	이탈리아	108
보포르	프랑스	63
스브린츠	스위스	127
에멘탈	스위스	125
에멘탈	프랑스	62
콩테	프랑스	60
파르미지아노 레지아노	이탈리아	107
페코리노 로마노	이탈리아	119
피아베	이탈리아	111
반가열 압착(세미하드)		
그란 몬테오	이탈리아	110
아지아고	이탈리아	109
우브리아코	이탈리아	110
폰티나	이탈리아	113
반가열 압착(하드)		
아봉당스	프랑스	64
비가열 압착(세미하드)		
라귀올	프랑스	97
라클레트	스위스	129
르 나폴레옹	프랑스	95
마리보	덴마크	154
마온	스페인	132
마운틴 허브스 레벨	독일	139
모르비에	프랑스	61
몬터레이 잭/콜비 잭/페퍼 잭	미국	171
바지론	네덜란드	149
베이비 고다	네덜란드	147
삼소	덴마크	153
생 넥테르	프랑스	92
세이지 더비	영국	168
아이리시 포터	아일랜드	168
아펜젤러	스위스	127
오쏘 이라티	프랑스	94
이디아사발	스페인	132
자연 치즈 '쓰루이' 실버 라벨	일본	177
카스텔마뇨	이탈리아	111
캉탈	프랑스	96
케소 만체고	스페인	131
쾨니히 루트비히 비어케제	독일	138
크리미 하바티	덴마크	155
테트 드 무안	스위스	128
톰 드 사부아	프랑스	61
페코리노 토스카노	이탈리아	120
프티 아구르	프랑스	95
하나바타케보쿠조 도카치 라클렛	일본	177
비가열 압착(세미하드·하드)		
고다(하우다)	네덜란드	145
미몰레트	프랑스	57
브라	이탈리아	112
비가열 압착(셰브르)		
슈브로탱	프랑스	68
케소 데 무르시아 알 비노	스페인	135
비가열 압착(워시)		
르블로숑 드 사부아	프랑스	64
리더	노르웨이	161
시메 아 라 시메 루주	벨기에	143
트라프 데슈냐크	프랑스	97

CHEESE INDEX
종류(타입)별 색인

치즈 이름	국가명	페이지
비가열 압착(하드)		
베임스테르 클래식	네덜란드	146
에담	네덜란드	148
올드 더치 마스터	네덜란드	146
올드 암스테르담	네덜란드	147
웨스트 컨트리 팜하우스 체더	영국	166
체더(레드·화이트)	영국	167
소프트(그 외)		
로비올라	이탈리아	105
생 마르슬랭	프랑스	69
생 펠리시앙	프랑스	69
케소 테티야	스페인	133
프로마주 드 미라사카	일본	181
화이트 스틸톤(블루베리)	영국	169
소프트(브레비)		
플뢰르 뒤 마키	프랑스	91
소프트(셰브르)		
로카마두르	프랑스	87
르 로브 데 가리그	프랑스	89
리고트 드 콩드리유	프랑스	66
마코네	프랑스	66
모테 쉬르 푀이유	프랑스	48
미니 뷔슈	프랑스	45
바농	프랑스	89
바라트	프랑스	68
발랑세	프랑스	46
생 니콜라	프랑스	88
생트 모르	프랑스	45
생트 모르 드 투렌	프랑스	44
샤롤레	프랑스	67
샤비슈 뒤 푸아투	프랑스	49
셀 쉬르 셰르	프랑스	47
자우스다케	일본	180

치즈 이름	국가명	페이지
치겐케제토르테	오스트리아	141
크로탱 드 샤비뇰	프랑스	47
페라르동	프랑스	88
피코동	프랑스	65
소프트(워시)		
라미 뒤 샹베르탱	프랑스	73
랑그르	프랑스	53
로비올라 다이와	일본	181
루이	프랑스	75
루쿨롱	프랑스	74
르 생 오뱅	프랑스	33
르 퀴레 낭테	프랑스	35
르 피에 당글로이	프랑스	74
리바로	프랑스	35
마루왈	프랑스	52
몽 도르	프랑스	70
묑스테르	프랑스	53
생 모르공	프랑스	37
솜	프랑스	86
수맹트랭	프랑스	72
아피델리스	프랑스	72
에르브	벨기에	143
에푸아스	프랑스	71
제라르 프로마주 루	프랑스	36
탈레지오	이탈리아	106
퐁 레베크	프랑스	34
소프트(흰 곰팡이)		
가프롱	프랑스	93
뇌샤텔	프랑스	32
르 카망베르	프랑스	31
르 쿠탕스	프랑스	31
바라카	프랑스	76
부르소	프랑스	43
브리	프랑스	41
브리 드 모	프랑스	40
브리 드 믈룅	프랑스	41
브리 오 그랑 마니에	프랑스	42

CHEESE INDEX
종류(타입)별 색인

치즈 이름	국가명	페이지
생 앙드레	프랑스	92
샤무아 도르	프랑스	56
샤우르스	프랑스	54
셀렉트 카망베르	독일	138
쉬프렘	프랑스	55
제라르 카망베르	프랑스	56
카망베르 드 노르망디	프랑스	30
카스텔로 크리미 화이트	덴마크	158
카프리스 데 디외	프랑스	55
쿨로미에	프랑스	42
파베 다피누아	프랑스	75
프렌드십 카망베르	덴마크	158

파스타 필라타 (세미하드)

치즈 이름	국가명	페이지
모차렐라	덴마크	155
슈테펜	독일	139
프로볼로네 발파다나	이탈리아	114

파스타 필라타 (프레시)

치즈 이름	국가명	페이지
갓 만든 모차렐라	일본	179
모차렐라	이탈리아	115
모차렐라 디 부팔라 캄파나	이탈리아	120
부라타	이탈리아	121
스카모르차 아푸미카타	이탈리아	121

푸른곰팡이

치즈 이름	국가명	페이지
고르곤졸라 돌체	이탈리아	102
고르곤졸라 마스카르포네	이탈리아	103
고르곤졸라 피칸테	이탈리아	102
니세코 쿠	일본	178
다나블루	덴마크	156
로크포르	프랑스	82
미셀라	덴마크	157
브레스 블뢰	프랑스	79
블뢰 데 코스	프랑스	83
블뢰 도베르뉴	프랑스	83
블뢰 뒤 베르코르 사스나주	프랑스	77
블뢰 드 라케이유	프랑스	86
블뢰 드 젝스	프랑스	79
블루 드 그라벤	네덜란드	149
블루 스틸톤	영국	165
블루'61	이탈리아	103
생 아구르	프랑스	84
슈롭셔 블루	영국	166
제라르 셀렉숑 프로마주 블뢰	프랑스	77
카브랄레스	스페인	133
카스텔로 크리미 블루	덴마크	157
캄보졸라	독일	137
케소 데 발데온	스페인	134
크라허	오스트리아	141
푸름 당베르	프랑스	85
푸름 드 몽브리종	프랑스	78
프레 플레지르 드 생 아구르	프랑스	84

프레시

치즈 이름	국가명	페이지
고르곤졸라 마스카르포네	이탈리아	103
다카나시 홋카이도 마스카르포네	일본	179
라 투르	이탈리아	105
리코타	이탈리아	118
마담 로익(갈릭/연어)	프랑스	37
마스카르포네	이탈리아	104
브로슈	프랑스	90
브리야 사바랭	프랑스	43
아메리칸 크림치즈	미국	172
아페리프레(이탈리아/프로방스)	프랑스	70
아페티나 페타	덴마크	159
알 라 부코	덴마크	159
앵커 크림치즈	뉴질랜드	172
예토스트	노르웨이	161
카이에 드 브레비	프랑스	91
프레 플레지르 드 생 아구르	프랑스	84
프로마주 블랑	프랑스	33

REFERENCE LIST
도판 제공처 및 일본 내 수입처

고이와이 데일리 프로덕트
小岩井乳業株式会社
http://koiwaimilk.com/index.html

(유)나스 고원 이마 팜 치즈 공방
有限会社那須高原今牧場チーズ工房
www.cheesekobo.com
http://imafarm.com/

(주)노사와구미
株式会社野澤組
www.nosawa.co.jp

니세코 치즈 공방(유)
ニセコチーズ工房有限会社
www.niseko-cheese.co.jp

니폰 마이세라/치즈 온 더 테이블 본점
NIPPON MYCELLA CO.,LTD. 日本マイセラ
チーズオンザテーブル 本店
www.cheeseclub.co.jp

닛쇼쿠(주)
株式会社日食
www.nisshoku-foods.co.jp

(유)다이와 팜
有限会社ダイヤファーム
www.daiwafarm.net

다카나시 유업(주)
タカナシ乳業株式会社
www.takanashi-milk.co.jp/index.html

(주)도쿄 데일리
株式会社東京デーリー
www.tokyodairy.co.jp

롯코 버터(주)
六甲バター株式会社
www.qbb.co.jp/index.html

(주)메이지
株式会社明治
www.meiji.co.jp

모리나가 밀크 인더스트리(주)
森永乳業株式会社
www.morinagamilk.co.jp

무라카미 팜 밀크 공방 레프레라
村上牧場ミルク工房レプレラ
http://reprera.cart.fc2.com/
www12.plala.or.jp/mkfarm/

무라카와/자코비아
ムラカワ/JUCOVIA
東京都渋谷区渋谷2-21-21
渋谷ヒカリエ ShinQs B2階

미라사카 프로마주

三良坂フロマージュ
www.m-fromage.com

㈜산류

SANYU 株式会社三拓
www.rakuten.co.jp/sanyu33/

세카이 치즈 쇼카이

Sekai Cheese Shokai inc.
世界チーズ商会株式会社
www.sekai-cheese.co.jp

시부야 치즈 스탠드

渋谷チーズスタンド
www.cheesestand.com

쓰루이손 진흥공사 라쿠라쿠칸

鶴居村振興公社 酪楽舘
http://raku2tsurui.jp/index.htm

알파주

アルパージュ
www.alpage.co.jp

오더 치즈

オーダーチーズ
www.order-cheese.co.jp

유키지루시 메구밀크㈜

雪印メグミルク株式会社
www.meg-snow.com

체스코㈜

チェスコ株式会社
www.chesco.co.jp

치즈 오우코쿠/살롱 드 데 치즈 오우코쿠

チーズ王国／サロン・ド・テ・チーズ王国
www.cheese-oukoku.co.jp

치즈 허니

チーズハニー
www.cheesehoney.com

프로마주 내추럴 치즈 통신판매

ナチュラルチーズ通販フロマージュ
www.rakuten.ne.jp/gold/shopfromage

㈜하나바타케보쿠조

株式会社花畑牧場
www.hanabatakebokujo.com

SEKAI NO CHEESE ZUKAN
by CHEESE PROFESSIONAL ASSOCIATION
Copyright © 2015 3season Co., Ltd.
All rights reserved.
Original Japanese edition published by Mynavi Publishing Corporation
This Korean edition is published by arrangement with Mynavi Publishing Corporation, Tokyo
in care of Tuttle-Mori Agency, Inc., Tokyo through Botong Ageny, Seoul.

STAFF
사진 야마가미 타다시
일러스트 니시보리미호코
디자인 NILSON design studio
(모치즈키 아키히데, 사카이다 마나미)
집필 협력 쿠사노 마유, 나카무라 사토시, 다케다 토우잔, 미카미 아이
편집·구성 주식회사 3season(하나자와 야스코, 사토 아야카, 카와무라 마오)
교정 야나기모토 준코
기획 나리타 하루카(주식회사 마이나비 출판)
촬영 협력 Fromagerie Alpage, SANYU, Sekai Cheese Shokai inc., CHESCO LTD., NIPPON MYCELLA CO.,LTD., NOSAWA & CO.,LTD, Murakawa

이 책의 한국어판 저작권은 Botong Ageny를 통한 저작권자와의 독점 계약으로 한스미디어가 소유합니다.
신 저작권법에 의하여 한국 내에서 보호를 받는 저작물이므로 무단전재와 무단복제를 금합니다.

치즈 도감

1판 1쇄 발행 | 2017년 6월 30일
1판 2쇄 발행 | 2023년 2월 15일

감수 NPO법인 치즈프로페셔널협회
옮긴이 송소영
펴낸이 김기옥

실용본부장 박재성
편집 실용2팀 이나리, 장윤선
마케터 이지수
판매 전략 김선주
지원 고광현, 김형식, 임민진

디자인 푸른나무디자인

인쇄 대원문화사
제본 우성제본

펴낸곳 한스미디어(한즈미디어(주))
주소 121-839 서울시 마포구 서교동 양화로 11길 13(서교동, 강원빌딩 5층)
전화 02-707-0337 | 팩스 02-707-0198 | 홈페이지 www.hansmedia.com
출판신고번호 제 313-2003-227호 | 신고일자 2003년 6월 25일

ISBN 979-11-6007-146-7 (13590)

책값은 뒤표지에 있습니다.
잘못 만들어진 책은 구입하신 서점에서 교환해 드립니다.